供给侧结构性改革的
理论创新与路径选择研究

李　标　徐志向／著

西南财经大学出版社
中国·成都

图书在版编目(CIP)数据

供给侧结构性改革的理论创新与路径选择研究/李标,徐志向著.一成
都:西南财经大学出版社,2021.11
ISBN 978-7-5504-5178-0

Ⅰ.①供…　Ⅱ.①李…②徐…　Ⅲ.①中国经济—经济改革—研究
Ⅳ.①F12

中国版本图书馆 CIP 数据核字(2021)第 236982 号

供给侧结构性改革的理论创新与路径选择研究

李标　徐志向　著

策划编辑:李琼
责任编辑:植苗
责任校对:廖韧
封面设计:墨创文化
责任印制:朱曼丽

出版发行	西南财经大学出版社(四川省成都市光华村街 55 号)
网　　址	http://cbs.swufe.edu.cn
电子邮件	bookcj@ swufe.edu.cn
邮政编码	610074
电　　话	028-87353785
照　　排	四川胜翔数码印务设计有限公司
印　　刷	四川五洲彩印有限责任公司
成品尺寸	170mm×240mm
印　　张	16.5
字　　数	237 千字
版　　次	2021 年 11 月第 1 版
印　　次	2021 年 11 月第 1 次印刷
书　　号	ISBN 978-7-5504-5178-0
定　　价	88.00 元

前言

供给侧结构性改革是中国特色社会主义进入新时代之后，党中央主动顺应经济发展客观规律，精准研判、全面把握世界经济发展趋势，深刻解构、科学分析国内经济发展内生结构瓶颈，做出的重大战略决策部署。党的十九届五中全会明确强调"要深化供给侧结构性改革"。习近平总书记指出："马克思、恩格斯根据辩证唯物主义和历史唯物主义的世界观和方法论，批判继承历史上经济学特别是英国古典政治经济学的思想成果，通过对人类经济活动的深入研究，创立了马克思主义政治经济学，揭示了人类社会特别是资本主义社会经济运动规律。""我们要立足我国国情和我们的发展实践，深入研究世界经济和我国经济面临的新情况新问题，揭示新特点新规律，提炼和总结我国经济发展实践的规律性成果，把实践经验上升为系统化的经济学说，不断开拓当代中国马克思主义政治经济学新境界，为马克思主义政治经济学创新发展贡献中国智慧。"在新发展阶段下，供给侧结构性改革的推进与深化事关中国特色社会主义现代化发展全局，运用马克思主义政治经济学基本原理和方法论，聚焦供给侧结构性改革开展理论研究有重要的理论与实践价值。

立足中国经济发展实际，实施供给侧结构性改革是消解新发展阶段下经济结构矛盾的需要，是确保我国成功跻身高收入国家的需要，是构建新发展格局与建设社会主义现代化强国的需要。以习近平总书记关于供给侧结构性改革的若干重要论述为根本遵循，供给侧结构性改革的基本内涵是"三去一降一补"，核心本质是促进生产力与生产关系协调、促进生产力更好发展，根本目标是提高经济发展的潜力、稳定性与持续性，关键环节在于调整经济结构、构建现代经济体系。

历史地看，尽管国外许多国家在20世纪中后期依据供给学派的理论思想在供给领域实施了若干经济政策，但需要注意的是，这并不意味着我国的供给侧结构性改革"复制了"西方供给学派或是其"翻版"。因为我国推进供给侧结构性改革的经济场景不是"滞胀"，而是高质量发展阶段下结构性相对过剩与时有发生的通货紧缩并存，且立足坚实的社会主义基本经济制度基础，坚持政府与市场关系协调，更加注重需求调控与供给调控的兼容，更加强调宏观经济政策的稳妥等。这表明我国的供给侧结构性改革不同于国外的供给改革，凸显了马克思的供需理论与社会再生产理论的指导性、时代性、实践性与创新性。

供给侧结构性改革是一项系统、复杂的工程。由此，厘清供给侧囊括的主要因素、发掘由供给侧要素到结构性改革的机制机理成为高效推进供给侧结构性改革、高质量实现供给侧结构性改革基本目标的内在要求。基于经济制度、科技创新、人力资本、物质资本、资源环境是供给侧结构性变量的认知，本书从要素投入视角分析，发现了供给侧结构性改革的五大实现机制——制度变革保障机制、科技创新驱动机制、人力资本积累机制、物质资本优化机制以及资源环境约束机制，其中制度变革保障机制处于核心关键地位。这五大实现机制并不是孤立割裂的，而是相辅相成、互动协调的，它们通过"双向路径反馈"构成了整体有机系统，协同促进供给侧结构性改革付诸实践。

从经济发展的角度分析，供给侧结构性改革具有显著的增长效应，即依托于结构性变革的推进，促进社会生产力发展，优化供给体系整体效能，重塑经济增长动能，改善国民经济增长潜力，以夯实中长期经济社会发展目标的实现基础。为识别供给侧结构性改革的增长效应，本书将供给侧结构性改革放在全球化大背景下进行考察，基于改革开放以来的经济数据，运用计量模型检验不同结构性变量的增长效应。研究结果表明：全球化、制度变革、科技创新和能源消费绿色化可有效提升潜在经济增长能力；全球化对潜在产出的作用力度最大，制度变革其次，科技创新和能源消费绿色化的增长效应较为接近；最近一轮实际经济增长率的持续下跌始于 2011 年，比潜在经济增长率滞后了 6 年，即本轮实际经济增速下滑是结构性的，源于潜在经济增长能力的下滑；逻辑斯蒂克（Logistic）模型预测的潜在经济增长趋势出现"跃升"后缓慢下滑，2050 年约降至 3.81%；2019—2050 年的潜在经济产出年均提高约 5.5 个百分点，2019—2035 年潜在经济增长率的均值约为 6.40%，2036—2050 年的平均经济增速约为 4.48%；不同情境下中国成功跨越"中等收入陷阱"，跻身高收入国家队列的时间区间是 ［2025，2030］，达到中等发达国家水平的时间范围是 ［2045，2050］。

供给侧结构性改革的目标完成与红利释放需要以高效落实为基础。从部门分工的角度看，产业是国民经济供给体系与供给结构的基本内容，也是深入推进供给侧结构性改革的中观层面着力点，产业部门的结构性改革影响着供给侧结构性改革宏观层面的质效。从供给侧角度看，农业、工业与服务业面临的共性问题一致，比如"三去一降一补"在三个部门中均存在相应表现，也有着自身的独特性。依循马克思的劳动地域分工理论、供需理论、社会再生产理论，并尝试将宏观、中观与微观三个层面的供给侧结构性改革进行有机联系，本书基于要素投入视角，从制度变革、科技创新、人力资本积累、资本结构优化和资源集约节约五个维度入手，分析了农业、工业与服务业的供给侧结构性改革路径。

对中国来说，供给侧结构性改革是"新鲜"事物，其实现需要诸多政策予以保障。依循马克思的辩证唯物主义与历史唯物主义，国外供给领域的改革施策能够给予我们一些有益启发。以美国、日本、英国和德国四个发达国家的供给领域改革实践为典型案例，本书发现我国供给侧结构性改革进程中需要正确认识短期与长期的关系，正确认识供给与需求的关系，正确认识政府与市场的关系，正确认识制度、科技创新以及收入分配的作用。因此，结合我国经济发展实践与"稳增长、调结构、惠民生、防风险"需要，沿着"宏观政策要稳、产业政策要准、微观政策要活、改革政策要实、社会政策要托底"的总体思路，我国有必要设计兼容并继、落地有效的政策组合体系，以确保供给侧结构性改革深入推进。

本书受到西南财经大学中央高校基本科研业务费专著出版项目"供给侧结构性改革的理论创新与路径选择研究（JBK2004015）"与西南财经大学全国中国特色社会主义政治经济学研究中心项目"中国特色社会主义政治经济学理论体系构建研究"的资助。本书由七章内容构成，共计约24万字。本书是集体性的智慧结晶，前言与第一章由李标副教授撰写，第二章由丁任重教授和李标副教授撰写，第三章由丁任重教授、李标副教授和徐志向博士撰写，第四章由李标副教授和齐子豪博士撰写，第五章由李标副教授撰写，第六章由徐志向博士和李标副教授撰写，第七章由李标副教授和陈姝兴博士撰写。希冀此成果能为创新与完善中国特色社会主义政治经济学理论体系贡献一份力量，能为中国社会主义经济发展实践提供有益参考。

李标

2021 年 10 月 10 日

于西南财经大学光华园

目录

供给侧结构性改革的理论创新与路径选择研究

第一章 绪论

第一节 供给侧结构性改革的现实必要性

2015 年 11 月，"供给侧结构性改革"一词引发了中国各界的热议。供给侧结构性改革并不是随意编纂的一个"新词"，其提出也不是一蹴而就的。中国共产党中央委员会（以下简称"中共中央"）依据中国经济社会发展的实际情况，首次提出供给侧结构性改革之后，逐步丰富其内涵与外延。就供给侧结构性改革提出的时间线而言，《供给侧结构性改革的马克思主义政治经济学分析》[①] 一文对这一时间脉络进行了详细描述。具体如下：

2015 年 11 月 3 日，中共中央发布的《中共中央关于制定国民经济和社会发展第十二个五年规划的建议》明确提出了经济社会发展的新要求："培育发展动力，优化劳动力、资本、土地、技术、管理等要素配置，激发创新创业活动，推动大众创业、万众创新，释放新需求，创造新供给，推动新技术、新产业、新业态蓬勃，加快实现发展动力转换。"2015 年 11 月 10 日，在中共中央财经领导小组第十一次会议上，习近平总书记再次强

[①] 丁任重，李标.供给侧结构性改革的马克思主义政治经济学分析 [J].中国经济问题，2017（1）：3-10.

调："在适度扩大总需求的同时，着力加强供给侧结构性改革，着力提高供给体系质量和效率，增强经济持续增长动力。"2015 年 11 月 11 日，国务院召开的常务会议也提出："以消费升级促进产业升级，培育形成新供给新动力扩大内需。"2015 年 11 月 17 日，习近平主席在亚太经合组织工商领导人峰会的发言中进一步指出，中国"必须下决心在推进经济结构性改革发面作更大努力，使供给体系更适合需求结构的变化"。

由上可知，供给侧结构性改革一经提出便上升到了国家战略层面。中国特色社会主义进入新时代，供给侧结构性改革更成了中国经济转向高质量发展进程中必需牢牢抓住的主线。关键是，供给侧结构性改革受到中共中央及领导人如此重视，其缘由是什么？或者说，此时提出供给侧结构性改革有何种现实背景？这是值得深思的。学者们基于经济体内外环境情况已开展了多维的分析。本书认为，除了外在经济环境疲软的影响，更多的是经济体内在的结构性因素及中国社会主义的性质及其中长期发展目标使然。具体表现为：经济发展新常态下消解经济结构性矛盾的需要、成功跻身高收入国家的需要、加快构建新发展格局的需要以及成功建设现代化强国的需要。

一、供给侧结构性改革是消解经济结构性矛盾的需要

新发展阶段下，大力发展社会生产力、不断提高社会生产力发展质量是紧迫、现实的重大任务。中国特色社会主义经济发展中长期远景目标的成功实现不仅建立在超大规模的物质财富上，更需要以"五位一体"的高质量发展基础为根本支撑。这内在规定了经济体内部不应存在或较少存在结构性矛盾，但是结构性问题大量存在的现实给经济健康持续平稳发展带来了挑战。从而，我国极有必要加快深入推进供给侧结构性改革，全力消解经济发展进程中已然生成的结构性矛盾。

改革开放以来，我国的实体经济以年均约 9% 的速度增长。1998 年亚

洲金融危机后，在"小城镇、大战略"、工业化进程加快以及市场化经济体制改革的持续推进等因素共同刺激下，经济体量迅速增加，经济增速一路攀升至2007年的峰值14.23%。2007年美国次贷危机的爆发又引发了世界性金融危机与经济危机，与其他国家一样，我国的对外贸易也受到了显著的冲击。2008年，为避免实体经济"硬着陆"造成更为严重的"内伤"，国家果断出台了"四万亿"的一揽子经济刺激计划，确保了经济增速连续两年保持在9.5%左右，并于2010年达到10.64%，重新实现两位数高速增长。毋庸置疑，不论2008年给出的是"四万亿"，抑或"八万亿"投资需求管理计划，在内外环境低迷的当时，这些宏观调控举措都实实在在地起到了稳定实体经济、保增长、保就业的实际成效，而且也确实挑战了主流西方经济学关于"市场永久有效"的假说，充分说明市场经济下的政府宏观调控不可或缺。然而，上述"大水漫灌"的总需求调控措施也带来了一些明显的"后遗症"，诸如工业企业库存高企、企业运营成本高居不下、社会债务高筑，以及杠杆率水平较高等愈发突出的结构性问题。实体经济生产端衍生的一系列问题在宏观经济层面上的直接表现是实际经济增长速度的持续下滑。

2010年成了中国经济增长的"分水岭"。国家统计局的数据显示，我国2011年的实际经济增速为9.5%，此后一路下滑至2016年的6.7%，2017年略微反弹至6.9%。对于此轮经济下滑的原因，学者们从不同角度给予了回应，代表性的观点可归为两类：一是周期性的冲击。林毅夫教授在2014年"中美欧经济学学术交流会"和2016年"首届国家发展论坛"上指出，金融危机引发经济危机之后，外部环境恶化的周期性冲击是中国经济增速下滑的主因。二是经济体内部结构性的原因。比如，刘世锦（2011）①、袁富华（2012）②认为增长阶段转换过程中，产业结构服务化

① 刘世锦.增长速度下台阶与发展方式转变 [J].经济学动态，2011（5）：3-9.
② 袁富华.长期增长过程的"结构性加速"与"结构性减速"：一种解释 [J].经济研究，2012（3）：127-140.

造成生产率下滑；李杏和 Luke Chan（2012）[①]、蔡昉（2016）[②] 则从人口结构的变化角度加以了解释；陆旸和蔡昉（2016）[③] 特别强调了人口红利消失与改革红利释放的影响。

充分考虑中国大力推进以"一带一路"倡议为引领的对外开放格局建设内蕴的潜在经济效益，并结合以"两两合作""多边合作"为代表的对外经济发展的良好趋势，本书较为认可一种观点，即"这次经济增速下降是结构性的"[④]。经济增速下滑的主要原因在于供给侧，高速增长长期掩盖的供给端结构性痼疾的显性化致使"潜在 GDP 增长率出现了下降"[⑤]，最终拉低了实际经济增速。经济发展进入新常态，实体经济增速的持续下滑加大了小康社会向富裕型社会转型的难度，也制约着经济发展质量的跃升。为在经济增速缓慢下滑的状态下，顺利实现经济发展的转型，扎实推进供给侧结构性改革是可行的，也是极为必要的。

二、供给侧结构性改革是成功跻身高收入国家的需要

以阿根廷、墨西哥、马来西亚等为代表的拉美或东南亚国家在迈入中等收入国家队列后，出现了经济停滞不前、收入差距扩大、社会动荡、体制变革滞后与技术创新瓶颈难以突破等现象，迟迟难以进入高收入国家行列。这被经济学界形象地描述为"中等收入陷阱"。实际上，第二次世界大战后，真正迈入高收入国家序列且经济体量较大的国家仅有两个：日本与韩国。当前，作为转型发展的第二大经济体的中国，人均 GDP 已超10 000 美元，已进入"上中等收入"国家序列。中国能否在未来的 30 余

[①] 李杏，LUKE CHAN M W. 基于 SYS-GMM 的中国人口结构变化与经济增长关系研究 [J]. 统计研究，2012（4）：81-85.

[②] 蔡昉. 认识中国经济减速的供给侧视角 [J]. 经济学动态，2016（4）：14-22.

[③] 陆旸，蔡昉. 从人口红利到改革红利：基于中国潜在增长率的模拟 [J]. 世界经济，2016（1）：3-23.

[④] 沈坤荣. 中国经济增速趋缓的成因与对策 [J]. 学术月刊，2013（6）：95-100.

[⑤] 郭学能，卢盛荣. 供给侧结构性改革背景下中国潜在经济增长率分析 [J]. 经济学家，2018（1）：29-40.

年中成功迈过高收入国家的门槛，成为发展中国家的"新样板"，颇受世界各国关注。

传统粗放发展模式下，"三驾马车"共同发力，快速拉动改革开放以来我国的经济增长。最近的一次全球性经济危机后，物质资本与劳动的边际贡献迅速降低，内需不足与结构性消费调整升级并存，英国脱欧、美国不断"退群"等行为加速衰减了"全球化"红利的情况下，中国如何转换经济增长动力，确保经济顺利转型，成功跻身"高收入国家俱乐部"值得思考。

实际上，这一问题的指向性很强，其解决的关键就在于供给侧。这也是众多发达经济体由高速增长阶段进入次高速增长阶段时采取的实践措施，符合经济发展规律。以美国为例，由里根时期的减税政策，到金融危机爆发后的注资"两房"及通用企业，再到奥巴马主政期间的页岩气革命、3D 打印与高端制造业再造等举措均是跳出主流经济学的框架，关注供给领域。在中国着力跨越"中等收入陷阱"的重要阶段，中共中央已经转变"大水漫灌"的总量需求管理方式，着重实施了以区间调控、定向调控、微调控、预调控为代表的结构性需求管理。与此同时，着力推进供给端的结构性改革，有助于宏观经济实现"双重"协调，即供给与需求在总量和结构层面同时达到更高水平的"新稳态"，有助于经济增长能力持续平稳提升，有助于改善国民收入状况，成功跻身高收入组。

三、供给侧结构性改革是加快构建新发展格局的需要

21 世纪初，中国开始注重加强需求管理，尤为关注内需扩大以及投资和消费的关系。2006 年 3 月，国务院公布的《国民经济和社会发展第十一个五年规划纲要》指出："要进一步扩大国内需求，调整投资和消费的关系，合理控制投资规模，增强消费对经济增长的拉动作用。正确把握经济发展趋势的变化，保持社会供求总量基本平衡，避免经济大起大落，实现

又快又好发展。"① 2007 年,在美国爆发的次贷危机引发了全球性金融危机,中国为规避实体经济"硬着陆"带来的负面影响,果断进行了以基础设施建设为代表的大规模投资,保增长目标顺利实现,且在全球率先走出低谷。虽然"十一五"期间,总量目标得以完成,但结构性目标并未达到预期。就投资和消费拉动经济的效果而言,投资依然占主导,消费率在此期间处于下滑的态势。国家统计局的数据显示,2010 年的居民消费率为35.4%,比 2006 年约低 1 个百分点,比 2000 年低 11.5 个百分点②。"十二五"开局后,中国经济进入了中高速增长的新常态。此阶段下,经济的结构性矛盾突出,投资效率不高、外需持续萎靡,"两头在外"的动力模式已不能扭转经济增速持续下滑趋势。因而,扩大内需已成为新时代下经济发展质量跃升的必然选择与有效之举。

面对 2020 年突然爆发的新冠肺炎疫情,加之中美贸易战、逆全球化浪潮等日益复杂的国际环境,2020 年 5 月 14 日,中共中央政治局常委会提出:"充分发挥我国超大规模市场优势和内需潜力,构建国内国际双循环相互促进的新发展格局。"③ 在随后召开的全国"两会"期间,习近平总书记又多次强调了"要逐步形成以国内大循环为主体、国内国际双循环相互促进的新发展格局"。2020 年 10 月,"构建新发展格局"被写入党的十九届五中全会审议通过的《中共中央关于制定国民经济和社会发展第十四个五年规划和二〇三五年远景目标的建议》(以下简称《建议》)。由此可见,构建新发展格局已被视为中国特色社会主义现代化发展的战略路径与第二个百年目标顺利实现的关键支撑。

新发展格局强调国内外的生产、分配、交换、消费循环畅通。消费在社会再生产循环中的作用极为关键,商品只有完成"惊险的一跃"进入消

---

① 国务院. 国民经济和社会发展第十一个五年规划纲要 [EB/OL]. (2006-03-14) [2021-08-16]. https://baike.baidu.com/redirect/96bezLANdVnjMU4PzxQwMOGLxieHZtokF4fccptb_NnM5Utmi KYA9ahc9i44F4ZgMPVaeg1jdvu5Z1LpqXcZNtcUd7_9wLVZ1qiGRLag-AZ7y03wnX4.

② 数据来源:国家统计局官网,https://data.stats.gov.cn/easyquery.htm? cn=C01。

③ 洪银兴,杨玉珍. 构建新发展格局的路径研究 [J]. 经济学家,2021 (3): 5-14.

费领域，才能使生产有意义，经济循环与财富增长得以持续，人民福祉不断增进的根本目标方能顺利实现。这也是《建议》强调"全面促进消费""增强消费对经济发展的基础性作用，顺应消费升级趋势，培育新型消费，适当增加公共消费"的重要原因所在。从国家统计局公布的数据看，2020年中国的居民消费率与政府消费率之和约为54.3%；其中，居民消费率为37.7%，比2000年低9.2个百分点，且也远低于发达国家以及部分发展中国家（如"金砖"国家、"中等收入陷阱"国家）的水平。理论与实践均表明了，构建新发展格局要以扩大消费为基本起点。正如习近平总书记所强调的："要建立起扩大内需的有效制度，释放内需潜力，加快培育完整内需体系，加强需求侧管理，扩大居民消费，提升消费层次，使建设超大规模的国内市场成为一个可持续的历史过程。构建新发展格局，实现高水平对外开放，必须具备强大的国内经济循环体系和稳固的基本盘。"①

新经济发展时代下，中国的消费也表现出许多新趋势、新特征，例如"新消费数量激增、新消费结构高端、新消费方式多元、新消费受众下沉、新消费环境优良"②，这些新变化预示着中国的消费进入新发展时代。与经济发展进入新常态之前相比较，这一时期的消费支出也在不断增加，消费拉动经济增长的能力也表现出同步上升的态势。国家统计局的数据显示，新发展阶段下的消费贡献数据确实勾勒了明显的平稳爬升轨迹。2020年的最终消费率、居民消费率和政府消费率比2011年分别提高了3.7个百分点、2.5个百分点、1.2个百分点，达到了54.3%、37.7%、16.6%。在消费拉动经济增长趋势向好的背后，还有一些消费现象值得关注，比如以境外旅游消费激增为代表的"国内需求外溢"严重、以购买奢侈品为代表的挥霍型消费突出。就境外旅游消费而言，中国旅游研究院发布的《2020中

---

① 习近平. 习近平在省部级主要领导干部学习贯彻党的十九届五中全会精神专题研讨班开班式上发表重要讲话 [EB/OL].（2021-01-11）[2021-07-30]. https://baijiahao.baidu.com/s? id=1688587488357995836&wfr=spider&for=pc.

② 毛中根，谢迟，叶胥. 新时代中国新消费：理论内涵、发展特点与政策取向 [J]. 经济学家，2020（9）：64-74.

国出境旅游发展年度报告》显示，2019 年全国出境旅游约为 1.6 亿人次，境外消费高达 1 338 亿美元；此外，从《2020 年国民经济和社会发展统计公报》中的对外经济数据看，中国的服务业净出口长期为负且绝对数不断扩大，尤其是计算机和信息服务、知识产权使用、文化娱乐等新兴服务业逆差态势显著。就中国的奢侈品消费来说，中国人已成为全球奢侈品购买的主力。《中国奢侈品报告 2019》的数据显示，2012—2018 年全球奢侈品市场增幅的 50% 来自中国；2018 年，中国人购买的奢侈品总额占全球的33.3%。而且，这些奢侈品消费有较大比重通过海淘、代购等方式完成。

从国内需求外溢趋势日益突出以及享受型消费明显过度的现实情况中至少有两点直观发现：一方面，随着经济水平的上升，国内居民的购买力、消费能力出现明显的飞跃；另一方面，国内市场供给的商品与服务难以匹配品质化、高端化、个性化的消费需求，国内居民只能退而求其次在国外市场消费以更好地满足自身的需求，而且进口商品的价格较高也是消费者采取时间等成本更高的其他方式购买国外商品的主要原因。因而，供给能力不足、供给效率不高的供给体系有较大概率成为"逐步形成以国内大循环为主体、国内国际双循环相互促进的新发展格局"的掣肘。所以，供给侧结构性改革有必要沿着"国内供给升级→满足国外需求、创造国内需求→国内需求升级→引领供给进一步升级"[1] 的逻辑路径加快推进，在支撑内需扩大的同时，推动加快构建新发展格局。从以政策激励新发展格局构建的角度看，也要求紧紧抓住供给侧结构性改革的主线，形成供给侧与需求侧协同的支撑体系。具体来说，"一方面，要沿着需求侧管理政策与深化供给侧结构性改革政策有效组合的方向优化完善中国过去的经济治理和宏观调控体系；另一方面，要围绕提高自主科技创新能力需要建立以竞争政策为基础的产业政策与竞争政策有效协同的技术创新政策体系"[2]。

---

① 黄群慧，陈创练.新发展格局下需求侧管理与供给侧结构性改革的动态协同 [J].改革，2021 (3)：1-13.

② 黄群慧.新发展格局的理论逻辑、战略内涵与政策体系：基于经济现代化的视角 [J].经济研究，2021 (4)：4-23.

四、供给侧结构性改革是顺利建设现代化强国的需要

既有的经济增速下，"全面建成小康社会"的百年目标基本上能够实现。然而，过去多年的发展模式下，企业融资难与招工难并存、关键技术有待突破、制度变革有待深化等约束趋紧，限制了增长的持续性，致使第二个百年目标（"建成富强民主文明和谐美丽的社会主义现代化强国"）的实现风险加大。不论是从西方经济学中经典的生产函数出发，还是从马克思主义政治经济学的基本原理出发，中国要破除这一风险，以永续增长助力实现第二个百年目标终归要落脚于生产力的解放，需以变革破除供给侧的结构性痼疾。

笔者使用生产函数法粗略估算，若延续既有的增长趋势，中国在 2050 年的经济增速将下跌至 1%~3%，人均 GDP 很难达到社会主义现代化强国的要求（比如超越韩国）。伴随资本与劳动对经济增长贡献的日益下降，维持持续的中高速经济增长需要全要素生产率或劳动生产率的提升。如何提升全要素生产率或全劳动生产率呢？我们很容易想到的是改善生产环节，释放生产力。所以，加强优化供给端已成为实现社会主义现代化强国目标的必然之举。

生产环节的优化不仅包括要素投入，也包含生产关系的优化。发达国家的实践经验表明，中高速经济增长阶段不再依赖物质资本与劳动投入的规模效应，而主要由人力资本积累与科技创新改善释放的结构红利推动。对中国这样一个处于转型发展中的国家来说，更离不开通过供给优化的管理与制度供给变革生产关系所产生的改革红利加以促进。由此来看，中国要顺利实现第二个百年目标离不开供给侧的结构性改革。

总之，在世界经济发展环境不稳定，尤其是美国特立独行破坏全球化经济秩序的状况下，中国以供给侧结构性改革提升经济增长潜力，增强经济增长的永续性是"高速增长"阶段转向"中高速增长"阶段变迁的必然结果，是平稳跨越"中等收入陷阱"和实现两个百年目标的要求，也是"生产力适应生产关系、生产关系反作用于生产力"的基本经济规律使然。

第二节　供给侧结构性改革的研究梳理

为对中国供给侧结构性改革展开系统性研究，梳理把握已有的研究成果是不可或缺的步骤。本节主要从供给侧结构性改革的概念定义、理论之源、推进路径以及政策举措四个方面开展综述，为后续章节的思路拓展、研究创新等打下坚实的文献基础。

一、关于供给侧结构性改革概念定义的相关研究

要回答"供给侧结构性改革"的内涵是什么，首先必须明确什么是"结构性改革"。"结构性改革"是近年来学术界常常提及的概念，学者们对此进行了丰富的论述。许多大型的国际组织十分关注经济增长问题，它们的观点很有代表性。经济合作与发展组织（OECD）强调结构性改革应该以市场化为导向，目的是促进人均收入水平的提升。OECD 特别给出了中国结构性改革的建议，本着市场化导向的出发点，它认为中国应该减少对市场的行政干预、提升劳动力素质以及平衡金融领域的自由化和监管[①]。亚太经合组织（APEC）认为结构性改革应该着重于制度改革，转变监管方式、改进政策设计、促进市场化的激励手段和竞争、整合区域一体化，目的是提高市场的运行效率和开放程度，最终实现经济的可持续增长[②]。

国内的学者结合中国新时代的实际情况，往往强调结构性改革是制度架构的改革。从语义的角度来讲，"改革"更多对应的是"制度"，而"经济结构"只能是调整，这一解析逻辑如图 1-1 所示。吴敬琏（2016）强调，经常提到的结构，其实有两种不同的内涵，一种是"经济结构"，

[①] 王一鸣，陈昌盛. 重构新平衡：宏观经济形势展望与供给侧结构性改革 [M]. 北京：中国发展出版社，2016：142.

[②] 王一鸣，陈昌盛. 重构新平衡：宏观经济形势展望与供给侧结构性改革 [M]. 北京：中国发展出版社，2016：141.

另一种是"体制上的结构"。"经济结构"指的是资源配置的扭曲等,而国家强调的"结构性改革",改革的是体制上的结构,经济结构的提升注重的是"结构调整",而经济结构性改革是促进经济结构调整的制度改革①。简新华和余江(2016)明确提出,经济结构性改革是"与经济结构调整优化有关的制度改革,不是经济结构本身的改革","改革的对象只是制度"②。

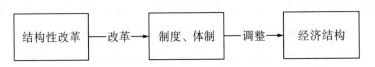

图 1-1　结构性改革与经济结构调整

在理解了结构性改革的内涵之后,学者们又进一步阐述了供给侧结构性改革的内涵,图1-2给出了简要的解析逻辑。

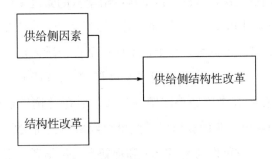

图 1-2　供给侧结构性改革的解析逻辑

吴敬琏(2016)认为:"在供给侧的诸因素中,如资本、劳动、效率,寻找经济结构中出现的问题,并配套的进行体制性改革,才是供给侧结构性改革。"③ 与其较为类似,简新华和余江(2016)认为:"供给侧改革是与供给有关的制度改革,供给侧结构性改革也就是与供给有关的经济结构方面的制度改革。"胡鞍钢等(2016)在已有研究的基础上进一步指出,

---

① 吴敬琏.不能把"供给侧结构性改革"和"调结构"混为一谈[J].中国经贸导刊,2016(10):33-34.

② 简新华,余江.马克思主义经济学视角下的供求关系分析[J].马克思主义研究,2016(4):68-76.

③ 吴敬琏.什么是结构性改革?它为何如此重要?[J].清华管理评论,2016(11):8-16.

供给侧结构性改革要有明确的短期任务，即"三去一降一补"五大"战术级"任务；还要有长期的战略规划，即转变发展方式，落实"创新、协调、绿色、开放、共享"的五大发展理念①。纪念改革开放 40 周年系列选题研究中心（2016）从要素、企业的角度给出的具体界定是："我国的供给侧结构性改革包括要素端与生产端，主要通过优化制度设计提升土地、劳动力、资本与技术等要素资源配置效率，实施减税与优惠政策激发私企、国企生产的积极性与创新活力，采取 PPP 模式引导社会资本参与国有企业经营提高国企效率等关键环节和重点领域改革的方式，实现经济社会的持续健康发展。"②

二、关于供给侧结构性改革理论之源的相关研究

供给学派的供给决定理论。最早从供给学派的角度来研究中国问题的是美国学者 Michael Pettis。Pettis 通过对中国经济的长期大量观察发现中国的供给体系存在严重的问题，整个供给体系都在鼓励人们不计回报地增大投资规模，从而导致了大量的过剩和浪费③。梅新育研究员是较早从供给学派的观点出发研究中国经济问题的学者，他在《选择拉弗，还是凯恩斯?》这篇新闻稿里，明确提出要借鉴里根经济学的部分经验，改革财税体制，尤其强调要改革税制④。Pettis 和梅新育两位学者发表该观点时虽然中央还没有提出供给侧结构性改革，但他们的关注点——供给侧、结构性改革，都和后来中央的精神高度一致，他们的研究有很强的先导性，说明了西方供给学派是供给侧结构性改革的一个重要理论源头。李璐明确指出，中国的供给侧结构性改革的源流在西方的供给学派，但在结合中国的实际情况之后有了新的变化，并梳理了以习近平同志为核心的党中央在结

---

① 胡鞍钢，周绍杰，任洲．供给侧结构性改革：适应和引领中国经济新常态 [J]．清华大学学报（哲学社会科学版），2016（2）：17-22.

② 纪念改革开放 40 周年系列选题研究中心．重点领域改革节点研判：供给侧与需求侧 [J]．改革，2016（1）：35-51.

③ PETTIS M. Will China's new "supply side" reforms help China? [J]. Global economics, 2016 (2).

④ 梅新育．选择拉弗，还是凯恩斯? [N]．人民网，2004-2-24.

合中国实际的基础上供给侧结构性改革的实践探索①。

在经典的供给决定论的基础上，近年来国内兴起了"新供给经济学"，新供给学派将经济周期划分为供给形成、供给扩张、供给成熟和供给老化四个阶段。该学派强调新供给创造新需求，认为可以通过供给侧因素的调整实现经济转型②。许多学者根据新供给经济学的思想提出了对供给侧结构性改革的认识。贾康明确指出，"新供给经济学"研究群体面对供给侧结构性改革提出的基本主张可以概括为"八双、五并重"，即以"双创、双化、双减、双扩、双转、双进、双到位、双配套"，"'五年规划'与'四十年规划'并重、'法制经济'与'文化经济'并重、'海上丝绸之路'与'陆上丝绸之路'并重、柔性参与 TPP 与独立开展经济合作区谈判并重、高调推动国际货币体系改革与低调推进人民币国际化并重"来确保中国经济的可持续健康发展③。滕泰是"新供给经济学"研究群体中的重要一员，他指出，供给侧结构性改革要放松对供给的约束、解除对供给的抑制、提高供给的效率、降低供给的成本，从而刺激新供给，创造新的需求④。

结合中国的实际，许多学者认为供给侧结构性改革的理论源头是马克思主义政治经济学。许多研究人员都谈到，供给侧结构性改革中的重要一环——供给与需求的辩证关系，是由马克思最先进行详细论证的。丁任重和李标认为，马克思在其著作《〈政治经济学批判〉序言、导言》中详细论证了供给与需求的辩证关系，包括供给与需求具有同一性、需求决定供给、供给创造需求⑤。并且，马克思一直强调供给和需求的辩证关系，供给和需求两个都重要，而不是只刺激总供给，这与当前的供给侧结构性改

---

① 李璐. 供给侧改革视角下的研究生教育调控机制研究［D］. 北京：中国科学技术大学，2016.
② 闫超. 基于耦合理论的高技术产业金融供给侧改革研究［D］. 北京：中国科学技术大学，2016.
③ 贾康. 供给侧结构性改革要领［J］. 中国金融，2016（1）：25-28.
④ 滕泰. 供给侧的觉醒：从财富原点再出发［M］. 北京：化学工业出版社，2016.
⑤ 丁任重，李标. 供给侧结构性改革的马克思主义政治经济学分析［J］. 中国经济问题，2017（1）：3-10.

革的精神相吻合。供给侧结构性改革强调生产力的发展，这也是直接来源于马克思的生产力发展理论，贾康提出，"供给侧结构性改革必须把核心内涵放在进一步深化改革来解放生产力上"①。许梦博和李世斌认为供给侧结构性改革的理论依据是马克思的社会再生产理论，再生产理论中的两大部类均衡原理已经充分阐明了社会生产中结构均衡和结构优化问题的重要性②。

三、关于供给侧结构性改革推进路径的相关研究

1. 农业供给侧结构性改革的实现路径

为了推进农业供给侧结构性改革，许多学者提出了提高农业供给水平和质量的实现路径。江维国指出，我国农业面临农产品有效供给不足的问题，必须从供给侧的诸因素中，如劳动力、土地、资本、创新等方面入手，加快农业供给侧的结构调整，增加有效供给③。刘红岩和朱守银提出农业供给侧结构性改革的推进必须着眼于供给端的效率，提高劳动生产率、提高资本利用率和利润率、提高土地产出率、提高农业资源利用率、提高全要素生产率，从而提高农业的供给水平④。中央农村工作领导小组办公室主任陈锡文表示，推进农业中粮食生产的供给侧结构性改革要追求粮食的总供给平衡，要提高粮食的产能；要调整粮食品种的结构，适应市场需求；要依靠科技创新推出优良新品种，提高农业的效率⑤。李国祥研究员明确表示，农业供给侧结构性改革的路径就是以提高农产品的供给质量为主攻方向⑥。

---

① 贾康.供给侧改革的核心内涵是解放生产力 [J].中国经济周刊，2015 (49)：12-12.
② 许梦博，李世斌.基于马克思社会再生产理论的供给侧结构性改革分析 [J].当代经济研究，2016 (4)：43-50.
③ 江维国.我国农业供给侧结构性改革研究 [J].现代经济探讨，2016 (4)：15-19.
④ 刘红岩，朱守银.农业供给侧结构性改革的推进方略探讨 [J].经济研究参考，2016 (30)：5-9.
⑤ 陈锡文.中国粮食既"多"又"少"需推进供给侧结构性改革 [EB/OL]. (2016-03-06) [2021-07-30]. http://www.xinhuanet.com/politics/2016ch/2016-03/06/c_1118247745.htm.
⑥ 李国祥.农业供给侧结构性改革 要主攻农业供给质量 [J].农经，2017 (1)：11-13.

为了切实实现供给侧结构性改革中"三去一降一补"的任务,许多学者提出了农业领域实现"三去一降一补"的路径。江小国和洪功翔认为,农业领域的供给侧结构性改革应主要关注补短板和降成本,要通过采用规模经营和变更发展模式降低农业生产成本、交易成本和生态成本,要通过加强农业基础设施的建设和提供高品质农产品来补齐农业供给的短板①。罗必良提出农业供给侧改革核心路径还是要补短板,农产品连续多年表现为"三量齐增",即产量、进口量和库存量齐增,同时又伴随着成本上升,因此,必须采用规模经营的方式来补足短板②。张海鹏也认为面对"三量齐增"的现实,农业的供给侧结构性改革必须从去库存、降成本和补短板入手③。

许多学者认为从根本上推进农业的供给侧结构性改革,还是要进行制度改革,走农业领域市场化的路径。姜长云和杜志雄指出,农业供给侧结构性改革不等于农业结构调整,不能轻视体制方面的改革,农业供给侧结构性改革的路径应该是促进农产品价格形成机制和农业补贴政策的转型④。孔祥智认为农业供给侧结构性改革必须着力于粮食体制改革,而粮食体制改革的路径是理顺粮食的价格形成机制,真正让市场来调节粮食的生产,以及完善粮食的补贴政策⑤。黄祖辉等提出,我国农业从供给端来看,主要的问题是农业供给制度变迁滞后,因此必须推进农业调控制度改革、农业治理结构优化、农业经营制度改革、农业要素制度改革⑥。

2. 工业供给侧结构性改革的实现路径

工业是本次供给侧结构性改革的重点领域,本书从企业层面、产业层

① 江小国,洪功翔.农业供给侧改革:背景、路径与国际经验 [J].现代经济探讨,2016 (10): 35-39.

② 罗必良.农业供给侧改革的关键、难点与方向 [J].农村经济,2017 (1):1-10.

③ 张海鹏.我国农业发展中的供给侧结构性改革 [J].政治经济学评论,2016,7 (2):221-224.

④ 姜长云,杜志雄.关于推进农业供给侧结构性改革的思考 [J].南京农业大学学报 (社会科学版),2017,17 (1):1-10.

⑤ 孔祥智.农业供给侧结构性改革的基本内涵与政策建议 [J].改革,2016 (2):104-115.

⑥ 黄祖辉,傅琳琳,李海涛.我国农业供给侧结构调整:历史回顾、问题实质与改革重点 [J].南京农业大学学报 (社会科学版),2016 (6):1-5.

面和区域层面这三个层面展开说明，经过笔者的研究和相关文献的支撑，这三个层面基本上可以概括工业领域的供给侧结构性改革的实现路径问题。

从企业层面推进工业的供给侧结构性改革。从企业层面推进工业的供给侧结构性改革是指从改善企业的结构、增加优质企业的数量、淘汰落后企业甚至是"僵尸企业"、改革国有企业、改善企业的产品结构和质量等方面实现工业的供给侧结构性改革。为了触发企业层面的供给侧变革力量，周密和盛玉雪认为，必须给予创新型企业良好的社会环境，注重劳动的价值和企业家的价值[①]。工业和信息化部的苗圩部长明确提出，我国工业的供给侧结构性改革的动力来源于资本、劳动、科技等生产要素生产效率的提升，而我国劳动力总量逐年减少，资本的使用效率不高，所以企业就必须把科技创新放在突出的位置之上[②]。陈晓珊和刘洪铎认为，要化解国有企业的过剩产能，可以采用提升金融发展效率和提升开放程度来实现[③]。

从产业层面推进工业的供给侧结构性改革。从产业层面推进工业的供给侧结构性改革是指从提升中国企业在国际产业链中的分工地位；调整产业的结构，降低重化工主导的资源型企业的比重，提高新一代信息技术企业、高科技企业的比重；产业融合的比重上升，工业化和信息化的高度融合等方面来实现工业的供给侧结构性改革。张富禄认为，新一轮产业革命的浪潮即将到来，中国工业的供给侧结构性改革必须紧紧抓住这一重大的历史机遇，增强工业产业的中长期发展动力[④]。温毅娴和占娟娟在研究湖南省的工业供给侧结构性改革问题时提出，湖南省的传统产业和新兴产业的发展质量都不高，传统的粗放式增长模式已经难以为继，迫切需要促进

---

① 周密，盛玉雪. 互联网时代供给侧结构性改革的主导性动力：工业化传统思路的局限 [J]. 中国工业经济，2018 (4)：39-58.

② 苗圩. 推进工业供给侧结构性改革是一场硬仗 [J]. 中国经贸导刊，2016 (18)：6-7.

③ 陈晓珊，刘洪铎. 对外开放、金融发展与产能过剩化解：基于我国国有企业供给侧结构性改革的视角 [J]. 财经科学，2016 (10)：1-10.

④ 张富禄. 推进工业领域供给侧结构性改革的基本策略 [J]. 中州学刊，2016 (5)：32-37.

产业的升级转型①。杨垚立和贺京同对比了中美两国的工业产业水平，认为我国的工业产出水平落后于美国，因此必须从技术和效率方面着手提升产业整体的实力②。

从区域层面推进工业的供给侧结构性改革。从区域层面推进工业的供给侧结构性改革是指从提升中国工业企业的全球化水平、优化生产要素的国际化配置、促进区域分工一体化等方面实现工业的供给侧结构性改革。黄群慧指出，要积极推进"一带一路"倡议，促进中国的工业企业与沿线国家合作，推进中国企业"走出去"的步伐，实现中国工业生产从采购到销售的全球配置③。时杰从全球视角提出，我国工业的区域优化布局的潜力很大，国际产业的分配格局的变化也对我国工业的可持续发展有利，这都是供给侧结构性改革的重要路径④。渠慎宁提出，推进工业的供给侧结构性改革，在国际层面上要抓住"一带一路"建设的大平台促进国际产能合作，在国内的区域合作中，要突出京津冀协同发展的国家战略⑤。

3. 服务业供给侧结构性改革的实现路径

由于服务业所包含的行业非常多，所以服务业的供给侧结构性改革相对复杂。从现有的文献来看，对于服务业的供给侧结构性改革研究得还很不够，主要表现在相关学术论文的质量均不高，服务业的供给侧结构性改革如何推进还需学界继续探讨。本书梳理了服务业中相对主要的金融业、交通运输业、科学研究和技术服务以及文化、体育和娱乐业的相关研究。

金融业的供给侧结构性改革。陈璇雯和闫强明指出金融业的供给侧结构性改革必须扩大金融综合改革的试验区、创新人民币跨境业务⑥。张晓

① 温毅娴，占娟娟. 工业供给侧结构性改革的路径研究 [J]. 北方经贸, 2017 (8)：102-106.
② 杨垚立，贺京同. 我国工业行业供给侧改革的提升空间：基于中美对比分析 [J]. 现代管理科学, 2016 (6)：27-29.
③ 黄群慧. 论中国工业的供给侧结构性改革 [J]. 中国工业经济, 2016 (9)：5-23.
④ 时杰. 中国工业供给侧结构性改革的全球视角 [J]. 现代国企研究, 2016 (9)：35-47.
⑤ 渠慎宁. 供给侧结构性改革与国际产能合作暨第五届中国工业发展论坛综述 [J]. 中国工业经济, 2017 (2)：193-194.
⑥ 陈璇雯，闫强明. 服务业供给侧改革的难点与着力点 [J]. 人民论坛, 2018 (17)：90-91.

波指出，金融业的供给侧结构性改革必须加快金融体制的改革，发展普惠金融、互联网金融，消除金融抑制①。王国刚关注了金融的"脱实向虚"问题，他指出金融脱实向虚的深层原因在于体制机制的制约，因此必须大力推进供给侧结构性改革才是化解金融脱实向虚的治本之策，他提出的措施是去行政化、深化"住行学"领域的金融体制改革、增强资产的可交易性②。王立平和申建文提到可以通过利率政策来推进金融行业的供给侧结构性改革，要进一步推进利率的市场化畅通价格传导机制，要利用利率政策为金融业的供给侧结构性改革创造合适的货币条件③。

交通运输业的供给侧结构性改革。葛晓鹏和王庆云指出，经济的发展对交通运输业提出了新的课题，产业结构的转型对交通运输有了新的要求，科技进步大大影响了交通运输的需求，因此交通运输业的供给侧结构性改革十分必要，为了推动改革必须要厘清政府和市场的边界、推进事权改革、发展"互联网+便捷交通"、补齐交通设施的短板以及淘汰落后的交通设施和装备④。张新等认为，交通运输业面临着转型升级的重要任务，而对于交通运输业的供给侧结构性改革来说，从系统性和战略性的高度来考虑，必须要坚持"综合交通、绿色交通、智慧交通、平安交通"的理念，大力发展低碳交通体系⑤。荣朝和教授表示交通运输业经过多年的发展债务杠杆比较高，重建设轻运营的情况严重，加上还本付息的压力，致使行业亏损严重，财务风险十分显著，因此交通运输业的供给侧结构性改革要特别注意去杠杆⑥。

---

① 张晓波.金融供给侧结构性改革、消费需求与经济增长的动态关系分析 [J].统计与决策，2018（15）：158-161.

② 王国刚.金融脱实向虚的内在机理和供给侧结构性改革的深化 [J].中国工业经济，2018（7）：5-23.

③ 王立平，申建文.利率政策推进供给侧结构性改革的有效性检验 [J].统计与决策，2018（14）：152-155.

④ 葛晓鹏，王庆云.交通运输系统供给侧结构性改革探讨 [J].宏观经济管理，2017（5）：46-50.

⑤ 张新，张毅，郑晓彬.基于供给侧结构性改革的低碳交通体系研究 [J].北京联合大学学报：人文社会科学版，2016，14（2）：104-111.

⑥ 荣朝和.论运输业发展阶段及其新常态和供给侧改革 [J].综合运输，2016（12）：1-6.

科学研究和技术服务的供给侧结构性改革。对于科技创新领域的供给侧结构性改革，赵志耘认为必须促进科技创新的共生化，所谓共生化就是指相关的科技创新企业与相关的利益方连接成创新共同体，从而构建良好的创新企业产业生态，还要推动科技创新的公私合作，提高公共资金的使用效率①。白春礼院士提出，要推动科技领域的供给侧结构性改革必须加速科技成果的转化，而加速科技成果的转化必须依托于科技体制的改革②。校办企业是我国科技服务行业的重要参与主体，翁凌燕和朱俐认为，校办企业的供给侧结构性改革必须打通科技产业升级的瓶颈，推动新型产业协同发展，加快科研成果的产业化进程，强化企业内部的现代化管理体制③。

文化、体育和娱乐业的供给侧结构性改革。邢金明等认为，中国体育行业的供需存在严重的不匹配的情况，有效供给严重不足，包括高质量的赛事供给不足、体育基础设施供给不足、体育产品的无效供给过剩，因此必须推进体育行业的供给侧结构性改革，包括挖掘人才红利、推进场馆开放创新场馆运营、引进体育资本、运用新技术创新健身休闲模式④。焦斌龙提出，中国的文化产业的突出问题是文化消费的消费潜力难以激发以及无效供给严重，推进中国文化产业的供给侧结构性改革必须提高文化产业的创新能力，整合和优化发展资源，加强文化产业的有效供给⑤。傅才武和曹余阳关注了互联网技术对我国文化产业供给侧结构性改革的促进作用，他们认为借助新兴的移动互联网技术可以打通文化产业的业务边界，实现文化消费领域的供需对接，改善传统的供需不匹配问题⑥。

① 赵志耘. 以科技创新引领供给侧结构性改革 [J]. 中国软科学，2016 (9)：1-6.
② 白春礼. 加速科技成果转化，推动科技供给侧改革 [J]. 新重庆，2017 (4)：12-14.
③ 翁凌燕，朱俐. 加快校办科技产业供给侧改革的几点建议 [J]. 中国高校科技，2017 (8)：79-80.
④ 邢金明，刘波，欧阳井凤. 体育产业供给侧改革路径研究 [J]. 体育文化导刊，2017 (10)：101-105.
⑤ 焦斌龙. 新常态下我国文化产业供给侧结构性改革的思考 [J]. 经济问题，2017 (5)：10-14.
⑥ 傅才武，曹余阳. 探索文化领域供给侧与消费侧协同改革：政策与技术路径 [J]. 江汉论坛，2016 (8)：120-128.

四、关于供给侧结构性改革政策举措的相关研究

2015 年年底中央提出供给侧结构性改革之后，为了配合改革的推进，中央各部委及中国人民银行、证监会等各大行政机构都出台了相关的推进所属领域改革的措施，本书在这里进行一个简单的梳理，结果见表 1-1，文件的相关信息均来源于各个机关单位的门户网站。

表 1-1　2016 年以来部分政府部门关于供给侧结构性改革的文件

文件名称	发布单位	发布时间
《国家创新驱动发展战略纲要》	中共中央　国务院	2016 年 5 月 19 日
《关于加快推进粮食行业供给侧结构性改革的指导意见》	国家粮食局	2016 年 7 月 12 日
《关于在中级人民法院设立清算与破产审判庭的工作方案》	最高人民法院	2016 年 6 月 21 日
《关于适当调整地方资产管理公司有关政策的函》	银监会	2016 年 10 月 14 日
《关于落实降低企业杠杆率税收支持政策的通知》	财政部 国家税务总局	2016 年 11 月 22 日
《市场化银行债权转股权专项债券发行指引》	国家发展改革委	2016 年 12 月 19 日
《关于深入推进农业供给侧结构性改革加快培育农业农村发展新动能的若干意见》	中共中央　国务院	2016 年 12 月 31 日
《关于创新政府配置资源方式的指导意见》	中共中央办公厅 国务院办公厅	2017 年 1 月 11 日
《关于加强乡镇政府服务能力建设的意见》	中共中央办公厅 国务院办公厅	2017 年 2 月 20 日
《关于取消工业企业结构调整专项资金的通知》	财政部	2017 年 6 月 15 日
《关于深入推进供给侧结构性改革做好新形势下电力需求侧管理工作的通知》	国家发展改革委 工业和信息化部 财政部 住房城乡建设部 国务院国资委 国家能源局	2017 年 9 月 20 日

表1-1(续)

文件名称	发布单位	发布时间
《关于加强保险资金运用管理支持防范化解地方政府债务风险的指导意见》	中国保监会 财政部	2018年1月8日
《关于完善市场约束机制 严格防范外债风险和地方债务风险的通知》	国家发展改革委 财政部	2018年5月11日
《关于做好党和国家机构改革有关国有资产管理工作的通知》	财政部 中直管理局 国管局	2018年5月31日
《关于深入推进农村一二三产业融合发展开展产业兴村强县示范行动的通知》	农业农村部 财政部	2018年6月12日
《关于实施绿色循环优质高效特色农业促进项目的通知》	农业农村部 财政部	2018年6月13日
《地方政府债券公开承销发行业务规程》	财政部	2018年7月30日
《地方政府债券弹性招标发行业务规程》	财政部	2018年8月14日
《关于贯彻落实全国深化"放管服"改革转变政府职能电视电话会议精神 优化税收营商环境有关事项的通知》	国家税务总局	2018年8月20日
《关于钢铁煤炭行业化解过剩产能国有资产处置损失有关财务处理问题的通知》	财政部 国资委	2018年1月3日

资料来源：笔者自行整理。

从表1-1可以看出，国家相关部门对供给侧结构性改革的方方面面都做出了布局和安排，包括农业的供给侧结构性改革、化解地方政府债务、去除企业杠杆、创新驱动、化解过剩产能，有许多政策都是一个部门牵头多部门联动，反映了此次改革的力度、广度和深度。

在政界围绕供给侧结构性改革特定政策推进相关工作的同时，学界也特别关注了供给侧结构性改革的产业政策措施与政府的功能作用。

供给侧结构性改革的产业政策措施。学术界在讨论供给侧结构性改革的政策措施时，谈论比较多的是产业政策的相关安排。王君和周振提出，在供给侧结构性改革的背景下产业政策需要转型，要统一认识，从国家层面对产业政策转型做出明确的表达，统一政府部门和社会各界的思想；要加快政府职能的转变，提高执政能力；要建设信用体系，维护市场经济运行①。贾康谈到，产业政策与供给侧结构性改革关系密切，必须要科学决策、多规合一、发展绩效考评、建立纠偏和问责机制②。李翀指出，产业政策必须倾向于战略性新兴产业，为此要设立战略性新兴产业投资基金和专项资金，还要利用财政优惠和税收支持来扶持这些产业发展③。

供给侧结构性改革中政府的功能作用。在供给侧结构性改革政策措施的执行和推动过程中，学者们讨论了政府在此次改革中的作用和功能问题。金碚指出，发挥政府的作用要注意以下几点问题：第一，政策对象的可识别性；第二，政策目标和政策的相关行为主体的行动是否约束激励相容；第三，政府能否合理地权衡各方的利益；第四，政策通路的各环节是否通畅；第五，政策效果的可评估性④。吴敬琏指出，在此次的供给侧结构性改革中，政府应该做到有所为有所不为，有所为的方面包括稳定的宏观环境、基本的社会保障和良好的科研教育体系；有所不为的方面包括不要直接组织融资、操办项目、指定技术路线，不要违法设定市场准入、行政许可等⑤。王丽和王宁提出供给侧结构性改革过程中必须转变政府职能，要改革行政审批制度，简政放权；要构建政府与各种社会组织的良好关系，向社会组织让渡一部分权力；政府的决策权、执行权和监督权要互相制约，推进中央政府和地方政府的权限划分⑥。

第三节　供给侧结构性改革的内涵释义

自 2015 年供给侧结构性改革被提出以后，中共中央在多次会议与多个文件中对供给侧结构性改革的相关内容以及重要作用进行了阐释。

① 王君，周振. 从供给侧改革看我国产业政策转型 [J]. 宏观经济研究，2016（11）：114-121.
② 贾康. 产业政策与供给侧改革 [J]. 经济，2016（31）：9.
③ 李翀. 论供给侧改革的理论依据和政策选择 [J]. 经济社会体制比较，2016（1）：9-18.
④ 金碚. 供给侧政策功能研究：从产业政策看政府如何有效发挥作用 [J]. 经济管理，2017，39（7）：6-18.
⑤ 吴敬琏. 供给侧结构性改革政府要有所不为有所为 [J]. 中国经贸导刊，2016（16）：14-15.
⑥ 王丽，王宁. 供给侧改革背景下的政府职能转变 [J]. 统计与管理，2017（2）：138-139.

2017 年，党的十九大报告再次明确地指出："建设现代化经济体系，必须把发展经济的着力点放在实体经济上，把提高供给体系质量作为主攻方向，显著增强我国经济质量优势。" 2020 年，党的十九届五中全会进一步强调："坚定不移贯彻创新、协调、绿色、开放、共享的新发展理念，坚持稳中求进工作总基调，以推动高质量发展为主题，以深化供给侧结构性改革为主线，以改革创新为根本动力，以满足人民日益增长的美好生活需要为根本目的，统筹发展和安全，加快建设现代化经济体系，加快构建以国内大循环为主体、国内国际双循环相互促进的新发展格局。"由此可见，社会主义市场经济发展新阶段下，供给侧结构性改革起着十分关键的作用，因而客观地明确供给侧结构性改革的科学内涵、核心本质、根本目标、关键环节极为必要。

一、基本含义：多维深入的界定与解析

基于马克思的再生产、供给与需求等经济学理论，本书认为供给侧结构性改革是中国经济由高速增长转向高质量发展时期，在制度革新、创新驱动、要素矫正以及资源环境倒逼等机制作用下，通过要素配置和经济结构的持续优化，不断提升全要素生产率，推动生产环节完善与有效供给增加，促进供给端与需求端在更高水平上形成"新稳态"，最终达到社会总供给与社会总需求在总量及结构两方面"双重平衡"的经济体自我革新过程。

1."三去一降一补"

2015 年 12 月 18 日召开的中央经济工作会议再次提及"供给侧结构性改革"，并将供给侧结构性改革的基本内容具体描述为"去产能、去库存、去杠杆、降成本、补短板"①，即社会各界频繁热议与讨论的"三去一降一补"。

---

① 2015 年中央经济工作会议 [EB/OL]. (2015-12-21) [2021-07-31]. http://www.gov.cn/xinwen/2015-12/21/content_5026332.htm.

一是去产能。受经济发展模式、经济发展阶段、体制机制、国内需求减缓以及世界经济环境等因素的影响，我国部分行业表现出供给与需求不匹配矛盾，诸如钢铁、水泥、玻璃化工等高耗能、高排放、高污染的传统制造行业的供需错位问题尤为突出。为避免产品供给大于需求可能引发的负面冲击，积极稳妥化解产能过剩成为破解新常态下经济平稳运行难题的关键抓手。具体地，遵循市场经济规律化解过剩产能的同时，需兼顾社会稳定和结构性改革，既要坚决依法推进破产，也要更多运用资本市场手段兼并重组"僵尸企业"，并辅以财政与税收政策支持不良资产处置、失业人员再就业和生活保障等工作；妥善处理落后产能化解与新动能培育之间的关系，要严格控制既有产能增量，着力防止新的产能过剩，积极培育新动能填补落后产能腾挪的空间。

二是去库存。马克思的社会总资本再生产理论表明，国民财富能否稳定增加取决于生产的产品是否能够顺利销售进入消费领域。经济新常态下，部分行业出现的产品滞销、存货持续增加的现象说明产业资本循环不畅通，国民经济运行出现阻滞。为消除产品积压对经济增长的制约，选择产品库存大、关联性强的行业予以突破是可行之举。由此，国家通过稳步化解房地产库存带动过剩行业乃至整个经济体的库存消减。从房地产供给的角度看，一方面，政府适度放缓房地产开发土地指标的供应，并增加公租房供给；另一方面，鼓励房地产开发企业顺应市场规律，适度降低商品房价格，并鼓励有条件的房地产企业兼并重组，提升商品房开发实力。从房地产需求的角度看，一方面，主动促进户籍人口城镇化率提升、推动城镇城市化、加快农民工市民化等，扩大房地产的有效需求；另一方面，积极落实户籍制度改革和深化住房制度改革，提升新市民与非户籍人口购房、长期租房的需求，逐步扩大公租房的适用对象人群，鼓励有条件的自然人、法人和机构投资者购房投资或用于租赁。

三是去杠杆。"杠杆"在经济学领域中通常指微观主体以自有资产或信用为基础，运用直接融资或间接融资途径借入更多资金，以更快地扩大生产、投资或消费规模。国家统计局数据显示，包括居民部门、非金融企业部门和政府部门的中国宏观杠杆率在 2009 年已超过 200%，2018 年约为 244%，这在全球主要国家和地区中处于中等偏上水平。世界经济发展史表明，合理的加杠杆行为有利于经济发展，过高的、畸形的杠杆率会加大微观主体还贷压力，可能引发金融风险甚至系统性风险，制约经济发展。因而，在中国经济增长进程中合理适度加杠杆、及时防范化解金融风险对宏观经济平稳运行有重要意义。首先，应顺应市场经济规律，依法、合规、坚决地处置微观主体信用违约问题；其次，把握经济发展新阶段的现实情况，主动改善债务结构，继续推动债转股，增加权益资本占比，有序、可控地降低杠杆率；再次，沿着有效化解地方政府债务风险的思路，规范审批地方政府债券发行，优化地方政府债券发行办法，按照可控节奏逐步减少城投债比重以及稳妥推进地方政府存量债务置换工作；最后，严格各类债务监管，谨防发生系统性和区域性风险。

四是降成本。成本是微观主体开展经济活动、进行经济预测与决策的重要参考指标，也是影响企业自我积累及存续期限的关键变量。当前，中国企业经营主要面临着较高的制度性交易成本、税收和费用成本、财务成本、要素成本以及物流成本等。高企的运营成本不利于微观经济与宏观经济持续健康发展，降成本已成为中国以供给侧结构性改革促进经济转向高质量发展而必须解决的关键问题之一。从制度性交易成本的降低看，继续推进服务型政府建设，加大简政放权力度，完善"一站式"办理的便民服务和清理规范第三方中介服务。从降低税费负担视角看，循着止税清费、营造公平税负环境的思路，进一步减少不合时宜的收费，切实降低微观主体增值税税负，着力落实"五险一金"归并工作。从降低财务成本的角度看，以金融支持实体为导向，明确要求正规金融和民间金融主动为各类企业提供规范的资金融通服务，继续推动金融部门遵循市场化原则打造利率正常化的环境，鼓励降低信贷资金成本。此外，还应加快要素市场化改革和流通体制改革，推动电力、煤炭、原材料等生产资料价格下降，通过有序减少高速收费、完善物流体系建设等着力降低物流成本。

五是补短板。按照木桶原理或短板理论，中国现代化经济体系的建设面临着城乡发展差距大、区域发展不平衡、经济结构不协调、软硬基础设施水平提升空间大等诸多制约。在去产能、去库存、去杠杆、降成本的结构性改革过程中，通过补短板增加有效供给也是不可或缺的，这是促进经济社会发展质量跃升的基础。从城乡融合发展角度看，在打赢脱贫攻坚战、全面建成小康社会基础上，贯彻落实乡村振兴战略，补齐乡村发展短板，缩小城市与农村的发展差距。从区域发展不平衡角度看，培育增长极的同时注重释放"涓滴效应"，补齐落后区域的发展短板，以区域性增长极辐射带动不发达地区加快发展。从经济结构不协调角度看，要弥补现代农业发展短板，促进三大产业协调；推动传统产业技改升级的同时，培育发展新产业，补齐新动能发展短板，促进新旧动能顺利转换；丰富金融产品供给，解决金融发展与实体经济脱钩矛盾，促进金融与实体经济协同发展。从软硬基础设施角度看，着力补齐城市与农村道路、管网、绿地等物质基础设施以及公共服务和基本公共服务等社会性设施建设短板，提升城市与农村居民开展生产生活的软硬基础设施支撑水平；补齐创新驱动发展短板，解决创新活力不足、创新能力不强、创新投入不高、创新成果转化效率较低等问题，夯实高质量发展的创新基础；补齐人才队伍建设短板，化解人力资源政策滞后、人才管理体制机制与人才队伍建设不匹配、拔尖优秀人才相对匮乏、各类人才待遇偏低等问题，筑牢现代化发展的人才基础保障。

2. 进一步解析

要充分、全面地理解供给侧结构性改革的基本概念，可以从如下四个方面入手把握：

第一，供给侧结构性改革不是只侧重供给端，而是供需两侧兼顾，着力于形成供给与需求的"新稳态"。供给与需求协调与否关系到社会再生产能否良性循环。受凯恩斯主义的影响，中国的黄金增长十年以需求端管理为主的特点尤为显著，对供给端管理的重视程度稍显不足，致使经济快速增长所掩盖的结构性问题在经济新常态下全面显化，影响可持续发展。中共中央基于多年积累的经验，顺应经济发展阶段与改革大势适时提出供给侧结构性改革，是注重加强供给端管理，优化供给结构以更好地适应需求侧，"注重需求调节与供给调节的功能互补，采取需求调节与供给调节相结合的定向调控思路"①，以"双侧新稳态"提升经济发展质量。这充分体现了马克思主义政治经济学原理的实践指导特色。

第二，供给侧结构性改革不仅要求经济体内部总供给与总需求总量均衡，更要求二者达到横向与纵向的结构平衡。马克思从抽象层面提出生产与消费同一的理论要义暗示了供给与需求是有机整体，不能将二者割裂来看。具体到宏观经济运行层面，实体经济既要保持总供给与总需求的总量平衡，还应达到横纵向的结构平衡状态。改革开放之初至加入世界贸易组织之前的时间范围内，中国的商品与服务供给相对不足，处于总供给小于总需求阶段。2001年后，中国侧重需求总量管理的政策，货币供给水平快速提升，有力地增加了物质产品和服务的供给，宏观总供给逐步超越了总需求的同时却又出现传统商品供给过剩、中高端及新兴产品供给不足等结构失衡，这在2008年金融危机之后，特别是2011年以来表现得极为突出。所以，中国当前推进的供给侧结构性改革既是总量层面的结构变革，又是产业、行业内部与外部之间相协调的结构变革。

第三，供给侧结构性改革注重矫正要素扭曲机制，盘活生产要素，提升要素配置效率。经济增长归根结底由要素投入推动，市场经济条件下要素配置机制的运行与经济增长的持续性显著相关。20世纪90年代至21世纪初中国经济快速增长时期，形成了以价格与供需为基础的生产要素配置机制，有效地释放了要素配置红利。然而，要素扭曲矫正机制的缺乏致使土地、自然资源、资本、劳动等要素大量向传统制造业、建筑业等已然过

---

① 丁任重，李标．供给侧结构性改革的马克思主义政治经济学分析 [J]．中国经济问题，2017（1）：3-10.

剩行业转移，反而降低了要素配置的结构效率，拉低了潜在经济增长能力。经济新常态背景下，供给侧结构性改革依然尊重市场配置资源的基础性地位，借助政府矫正要素扭曲配置机制的能力，着力改革健全要素配置机制，增强结构化要素配置作用，引导生产要素由过剩的"三高（高消耗、高排放、高污染）""三低（低附加、低效益）"行业向短缺的且具备高利润率、高效率、高市场认可的行业转移。

第四，供给侧结构性改革不再过度偏倚传统生产要素规模性投入的效应，而是重视发挥其他结构性因素的作用。国家或地区的经济增长不仅源于生产要素投入的规模效应，更依赖结构调整效应。在资源环境承载能力较强、市场广阔、物质产品紧缺的经济起飞发展阶段，以资本、劳动为代表的传统生产要素大规模的投入能有效促进经济增长。但是，此种模式不在适用于资源环境约束趋紧、大量行业出现过剩的发展阶段，只能向其他结构性因素要红利。在中国处于上中等收入重要关口与高质量发展阶段的当下，供给侧结构性改革正是重视提升制度变革、科技创新与人力资本高级化等结构因素增长贡献，以结构调整红利保障经济新常态下长期经济增长的一种变革。

如上所述，中国的供给侧结构性改革兼顾了供给与需求、总量与结构的双重均衡，不仅重视市场配置要素的基础作用，而且充分发挥了政府矫正市场扭曲机制的作用，既注重生产要素规模的增长效应，也强调根据经济发展阶段与需要适时调整要素投入结构、寻求结构调整红利的重要性。它不仅是对凯恩斯主义的扬弃，更是对西方供给学派注重供给端单侧管理的否定。在中国特色社会主义现代化建设进程中，供给侧结构性改革充分体现了马克思主义否定之否定的辩证思维逻辑以及社会主义经济发展理论逻辑与现实逻辑的统一。

二、核心本质：生产力与生产关系协调

生产力决定生产关系、生产关系反作用于生产力是经济发展的基本规律。本质上，供给侧结构性改革正是顺应了这一经济规律，通过生产领域

以及非生产领域的变革协调生产力与生产关系，实现要素配置与经济结构优化，从而提升经济增长的可持续性，改善经济增长质量。

改革开放以来，我国经济能够以年均约 9.2% 的速度（以 1978 年的价格水平为准）高速增长得益于生产关系领域的变革。中国要建成富强民主文明和谐美丽的社会主义现代化强国更离不开生产力与生产关系"双重解放"的支撑。伴随资本与劳动等传统生产要素对经济增长贡献的日益下降，维持持续的中高速经济增长需要全要素生产率或全劳动生产率的提升。前文已指出提升全要素生产率或全劳动生产率要求改善生产环节。这既是抽象的生产，也是具体的生产。生产环节的优化不仅仅包括要素投入的优化，也包含生产关系的优化。

生产力的构成要素除了西方经济学基本的资本、劳动、土地及其蕴含的资源以外，还包括人力资本、科技创新、管理、数据、制度等其他因素。由于物质资本存量的大量积累、人口老龄化背景下劳动力供给增加的难度较大、土地与自然资源有限性以及生态环境承载力约束的趋强，中国建设社会主义现代化强国时期在优化基本投入要素的同时更多地偏向其他生产力要素。这些要素并不像基本要素那样对经济增长有较快的刺激作用，而是一种缓慢释放积极效应的"慢效药"，具备持续改善经济增长潜力的功效。

从生产关系的角度看，中国高质量发展阶段，迈向社会主义现代化强国之际不仅需要关注"人与物"之间的关系，更需要关注"人与人"之间的关系。实际上，我国实体经济增速下滑背后深层次的原因是生产力与生产关系的不协调。人与物的关系在过去高速经济增长阶段已经体现得淋漓尽致且有恶化倾向，此阶段则要求加以改善，更多地依靠人力资本（劳动质量）与科技创新，而非延续增加资本与劳动投入提升生产力的模式。对于人与人之间的关系来说，不论是微观层面的管理，还是宏观层面的制度设计都应坚持以人民为中心的根本导向，这对尽早实现第二个百年目标十分必要。所以，供给侧的结构性改革亟须增加制度供给优化生产关系，提高其与高质量发展阶段生产力需要的匹配度，以进一步解放、释放与发展生产力。

三、根本目标：增强经济增长的持续性

作为人口众多的发展中国家，做大经济体量是中国全面建成小康社会与建设社会主义现代化强国的内在要求。目前来看，经历四十余年的改革开放，中国已经成为世界第二大经济体，2020 年业已实现全面建成小康社会的目标。必须强调，囿于资源环境等约束，既有高速经济增长模式难以为继，制约第二个百年目标的实现，这就要求经济增长具备持续性。从时间跨度看，这里的持续性不是二三十年，而是五十年、甚至更长。

罗马俱乐部于 20 世纪 70 年代出版的《经济：增长的极限》一书早已警告了粗放发展模式的不可持续性，特别强调了自然资源的有限性与生态环境的重要性。此书的主旨要义与中国的发展实际相契合，及时扭转经济增长模式既是现实的倒逼，也是第二个百年目标的要求。所以，中国如若要保持如此时长区间的经济增长，必须变革传统的要素投入模式、经济增长模式，以及优化生产关系。这并不是侧重需求管理的经济学内容，而是供给管理的重点。

供给侧结构性改革注重改善生产要素及最终产品的供给，通过健全要素配置机制引导基本生产要素跨行业、跨部门流动，充分发挥科技创新、高级人力资本与制度变革等结构性因素的作用，更加重视物质产品或服务供给与需求的结构性均衡。对生产要素供给及其再配置的变革将对全要素生产率或全劳动生产率产生积极影响，从而使得潜在经济增长趋势拉升成为可能。在供给与需求结构性均衡方面的努力将有利于优化要素配置，促进社会再生产良性循环，为经济持续增长提供动力。由此可见，供给侧结构性改革正是围绕提升潜在经济增长能力，改变旧有的经济增长趋势而开展的自我革命，以促进经济增长稳定、增强经济增长的持续性。

四、关键环节：促进经济结构优化升级

进入新常态以后，我国生产领域存在五个主要问题：经济增速下滑，供给能力下降；部分行业产能过剩；创新驱动不足；发展方式和产业结构不合理；生产和投入效率不高①。在宏观经济中，这些生产领域的问题直接表现为经济总量问题，但更主要表现为经济结构问题。党的十八届三中全会提出，要创新和完善宏观调控方式，在区间调控基础上加大定向调控力度。这表明我国目前的宏观调控将从总量调控转向结构调控，促进经济结构优化升级成为供给侧结构性改革的核心问题与关键环节。丁任重和李标（2017）②的文章中，着重描述了供给侧结构性改革以优化经济结构为关键的原因③：

就供需结构而言，我国商品服务市场形势较为复杂，呈现供需结构性失衡特征——总需求不足与需求转移外溢并存、有效供给不足与相对过剩并存，既存在供需间的不对称，也存在供需内部的不对称。从需求端来看，我国目前一直强调需求不足，但实际上更多的是需求结构性问题，既存在总需求不足的问题，更存在需求转移和需求外溢。以出境游为例，每年有大量中国人赴境外旅游，并在境外购物。2015 年 7 月 28 日，《经济参考报》和 Visa 在北京联合发布的《中国跨境消费年度指数报告》显示，2014 年中国出境旅游规模达 1.07 亿人次，中国居民境外旅游消费达到10 127 亿元人民币，增长率达 27%，略高于 2013 年 24% 的水平，这表明国内的部分消费需求转移外溢到海外市场。按照供给需求的辩证统一关系，需求的结构问题本质上还是生产结构、供给结构的问题。从供给端来看，经过改革开放以来的几十年快速发展，我国市场形势已经发生了根本

① 逄锦聚. 经济发展新常态中的主要矛盾和供给侧结构性改革 [J]. 政治经济学评论, 2016 (13)：15, 28.

② 丁任重, 李标. 供给侧结构性改革的马克思主义政治经济学分析 [J]. 中国经济问题, 2017 (1)：3-10.

③ 丁任重. 高度重视供给侧结构性改革 [N]. 经济日报（理论版）, 2015-11-19 (14).

性的变化，已由全面商品短缺转变为相对市场过剩。2001 年年底，加入世界贸易组织以后，我国商品市场结构性过剩与有效供给不足的特点逐渐显现。近几年，传统产业的快速萎靡与新兴产业发展滞后、低层次产品的积压过剩与高端产品和新兴产品供给不足共存的现象表现得尤为突出。

从产业结构层面考察，我国三次产业结构有所优化，但改善的空间依然较大。一方面，服务业占国内生产总值（GDP）比重的提升空间较为充足。国家统计局的数据显示，我国 2015 年的一、二、三次产业结构为 9.0：40.5：50.5，第三产业的比重较 2011 年提高了 6.2 个百分点，成功跨越了生产型经济向服务型经济转变的分界点。但是，这一比重与高收入国家 70% 以上的服务业比重还有较大差距，表明要完全转型为服务型经济、消费型经济的时间仍较长。另一方面，传统产业、行业过剩问题严重。我国虽已经形成了比较完整的工业体系，但是传统工业比重大，战略性新兴产业虽有所增长，但难以弥补传统工业的快速萎靡，加剧了产业内部矛盾。具体行业中，房地产行业的不景气迅速向钢铁、水泥、玻璃、电解铝等关联行业传导，导致这些行业出现大面积过剩。

从具体产品分析，传统产品供给相对过剩，反而以市场为导向，以需求为核心，精益求精的新兴产品供给明显不足。受外部经济环境影响，一些传统轻工业产品如服装、鞋、帽、玩具等也出现销售困难，传统制造业产品如汽车、船舶等也出现销售量急剧下滑的现象，传统产品去库存压力较大。相对地，新兴产品则表现出供给不足的特征。以手机为例，苹果手机的最大销售市场在中国，每一代苹果手机的上市均引起国人在全球的抢购，说明当前我国在特定产品上的创新能力与供给能力不高。再如养老服务，我国仍以家庭养老为主，面临日益加重的老龄化问题，社会养老、社区养老、智能养老等模式处于起步发展阶段，短时间内难以形成有效和安全可靠的供给，加剧了这一领域的供需矛盾。

从制度设计角度看，我国供给端质量安全监督制度建设的滞后进一步加剧了供需不均衡的矛盾。近些年，奶粉、皮包、钟表、马桶盖等产品出现"代购潮""海淘热"现象，反映出我国生产环节管理制度相对缺失。不健全的质量安全监督机制导致了较为严重的产品质量安全问题，大大降低了国人对国内企业的产品尤其是精细产品的信任度，加剧了有效供给不足的矛盾。

经过多年的改革开放，中国经济保持了较快的发展速度，发展成效显著。中国不仅在2010年已超越日本成为世界第二大经济体，而且按照世界银行2011年的标准于2014年就已进入了中等偏上收入国家行列。必须清醒地看到，长期以来的粗放式、外延式发展模式促进了我国供给能力快速提升，但同时引发了突出的结构性过剩问题。在整个国民经济行业中，严重过剩的产业主要是传统产业，如冶金、煤炭、化工等，而在环境保护、资源节约、公共服务、社会保障等产业与行业的产品还存在着供给不足的现象。因此，供给侧结构性改革关键是解决经济发展中的结构性问题，方向是优化经济结构，加快转型升级。

第四节　研究内容、方法、思路与贡献

一、研究内容

本书共计七章内容。

第一章为绪论。本章主要围绕推进供给侧结构性改革的现实必要、供给侧结构性改革的已有相关研究、供给侧结构性改革的内涵释义等问题进行整体性、总揽性的阐述，以为其后各章节的具体研究提供统领。

第二章是供给侧结构性改革的理论创新：比较分析视角。本章研究的重点是基于马克思主义政治经济学基本原理，寻找中国供给侧结构性改革的马克思主义理论基础——马克思的供给与需求理论和社会再生产理论。进一步，通过将之与西方供给学派加以比较，挖掘我国供给侧结构性改革的五大马克思主义特色。

第三章是供给侧结构性改革的实现机制：要素投入视角。本章研究的重点在于，基于供给端涵盖的五大主要因素，阐述促进供给侧结构性改革的实现机制，如制度变革保障机制、科技创新驱动机制、人力资本积累机制、物质资本优化机制以及资源环境约束机制，并进一步描述五大机制的有机组合框架。

第四章是供给侧结构性改革的红利效应：增长趋势视角。本章由潜在经济增长趋势出发，考察供给侧结构性改革的效应。具体地，本章运用改革开放以来的经济数据，对纳入结构性因素的经济增长趋势开展实证评价研究；进一步，评估判断按照结构化的增长趋势中国是否能够跨越"中等收入陷阱"、顺利跻身"高收入国家俱乐部"，又是否能够成为中等发达国家。

第五章是供给侧结构性改革的路径选择：产业分工视角。本章立足国民经济部门视角，尝试分析农业、工业和服务业开展供给侧结构性改革的路径。具体地，本章结合供给端的影响因素，从制度变革保障、资源集约节约、人力资本积累、资本结构优化和科技创新驱动五大方面，详细论述农业、工业和服务业推进供给侧结构性改革的具体路径。

第六章是国外供给侧的施策路径与启示：经验借鉴视角。本章注重从经验借鉴角度，归纳梳理美国、日本以及典型欧洲国家（英国、德国）推进供给领域改革的主要做法，进而挖掘可供我国开展供给侧结构性改革参考借鉴的经验。

第七章是供给侧结构性改革的政策组合体系：制度设计视角。为确保供给侧结构性改革有显著的质效，党中央提出了"宏观政策要稳、产业政策要准、微观政策要活、改革政策要实、社会政策要托底"的政策组合体系。本章着重分析阐释"五大政策支柱"，以期能为更好地制定相关政策提供学理支撑。

二、研究方法

本书使用的主要研究方法如下：

一是归纳演绎结合法。这是本书较为重要的一个研究方法。为探讨供给侧结构性改革的提出缘由、实现机制与路径选择等内容，本书采用了从特殊到一般、从一般到特殊的分析思路，有助于提高结论的稳健性。

二是比较分析法。通过对比分析，找出关注事物或样本的区别，突出其创新之处是开展定性研究常用的方法。比较分析主要在第二章供给侧结构性改革的理论创新中使用，比较马克思的相关理论与西方供给学派观点，体现中国供给侧结构性改革所持观点与西方供给学派的不同之处。此外，第六章国外供给侧的施策路径与启示也主要使用了比较分析法。

三是规范分析法。该方法强调价值判断，给出分析问题的标准及如何符合这些标准的具体建议。此种方法在本书供给侧结构性改革的内涵释义、路径选择及政策组合体系分析中使用得较多。

四是实证分析法。该方法注重基于已发生的经验对相关推理或判断给出具体验证，与规范分析相对应、相互补充。基于规范分析及发达国家经验给出供给侧结构性改革有益于经济持续增长的推理，为验证这一推论，本书使用中国的经济数据在第四章中从考虑结构性因素的经济增长趋势角度开展了计量分析。

三、研究思路

本书循着"中国为什么提出供给侧结构性改革→国内外关于供给侧结构性改革的研究进展如何→马克思主义政治经济学视角下供给侧结构性改革是什么→中国的供给侧结构性改革有哪些马克思主义意蕴→基于要素投入角度的供给侧结构性改革有哪些实现机制→供给侧结构性改革是否存在显著的红利效应→部分发达国家供给侧的施政举措对我国有何启示→供给侧结构性改革顺利落地需要何种政策"的逻辑思路开展研究工作。

本书首先从供给侧结构性改革的现实必要性入手回答了为什么中国要提出这一重大理论与实践的命题。其次，基于国内外关于供给侧结构性改革的概念定义、理论基础、推进路径、政策举措等相关研究情况，针对供给侧结构性改革的内涵给出了富有中国特色社会主义政治经济学意蕴的阐释。最后，立足比较分析视角，将中国基于马克思的供给与需求理论和社会再生产理论提出的供给侧结构性改革与西方供给学派加以对比，挖掘其背后的马克思主义特色。

此外，供给侧结构性改革的着重点是变革生产环节，因而本书计划从要素投入的角度对供给侧结构性改革的实现机制机理展开分析。立足经济发展的宏观视角，供给侧结构性改革最终是为了实现高质量发展，而高质量发展的核心在于存在持续的潜在增长能力，由此本书试图将与要素投入相关的结构性变量纳入增长模型，实证供给侧结构性改革释放的"红利效应"，并进一步判断供给侧结构性改革背景下的经济增长能否支撑中国实现跨越"中等收入陷阱"的短期目标与顺利实现现代化强国的长期发展目标。

中国自提出供给侧结构性改革以来，发展任务突出明确、指向明确的方针已由最初的"三去一降一补"变为"破、降、立"，而后又调整为"巩固、增强、提升、畅通"八字方针。那么，如何切实有效地推进供给侧结构性改革呢？本书从产业分工维度、经验借鉴维度与政策设计维度给出解决方案。具体地，基于马克思的劳动分工理论，从产业部门的角度阐释农业、工业、服务业推进供给侧结构性改革的途径；基于中国发展社会主义市场经济的事实，总结发达国家依循供给学派的理论要义推进相关改革的做法，挖掘适用于中国发展实际的经验；为保障不同部门、不同行业顺利推进供给侧结构性改革，并结合实现机制、推进路径与国外经验，本书尝试进行系统化的政策设计以确保供给侧结构性改革的深化工作能够稳妥推进。

四、研究贡献

与前期相关成果相比较，本书主要的贡献集中在如下三个方面：

一是立足马克思主义政治经济学视角深入阐释了供给侧结构性改革的

内涵。既有研究多是依据中共中央相关文件解释供给侧结构性改革，政策解析特征突出。在既有文献基础之上，本书基于马克思主义政治经济学基本原理，认为供给侧结构性改革是中国经济增长转向"中高速"发展时期，在制度保障、创新驱动及要素矫正等机制的作用下，通过优化要素配置效率、全要素生产率和经济结构，推动生产环节完善与有效供给增加，促进供给端与需求端"新稳态"形成，最终达到总供给与总需求在总量及结构两方面"双重平衡"的经济体自我革新过程。而且，本书从四个方面对此概念做了进一步的深度解析，并明确给出"供给侧结构性改革以生产力与生产关系协调为本质，以增强经济增长的持续性为根本目标，以促进经济结构优化升级为关键环节"等观点。

二是系统地给出供给侧结构性改革的实现机制。就已掌握的资料来看，关于供给侧结构性改革的焦点是如何推进供给侧结构性改革，对我们的研究展开给予了较大启发。同时，学者们却也较多地忽视了合理的机制在推进供给侧结构性改革方面的重要作用。本书由结构性因素入手，详细描述了供给侧结构性改革的五大实现机制：制度变革保障机制、科技创新驱动机制、人力资本积累机制、物质资本优化机制、资源环境约束机制。

三是实证供给侧结构性改革的增长效应。与供给侧结构性改革关联较为紧密的文献依然集中于定性分析，定量分析稍显薄弱，为本书提供了进一步拓展的空间。为充分考虑结构性因素的影响，本书在生产函数中纳入对潜在产出有重要影响的结构变量，进而测算结构化的潜在经济增长率，并通过其描述的潜在经济增长趋势识别供给侧结构性改革的增长效应，进一步判断供给侧结构性改革背景下中国能否平稳跨越"中等收入陷阱"、实现第二个百年目标。本书发现：全球化、制度变革、科技创新和能源消费绿色化四个结构性变量具备有效提升潜在经济增长能力的显著作用；中国 1981—2018 年结构化的潜在经济增长率均值约为 9.70%，高于实际平均经济增速 0.14 个百分点；潜在经济增长能力的下滑始于 2005 年，早于实际经济增长率持续下跌的开始时间 2011 年；供给侧结构性改革使得

Logistic 模型预测的潜在经济增长趋势在出现了明显"跃升"后缓慢下滑，2050 年约降至 3.81%；2019—2050 年的潜在经济增长年均提高约 5.5 个百分点，2019—2035 年潜在经济增长率的平均值约为 6.40%，2036—2050 年的平均经济增速约为 4.48%；倘若供给侧结构性改革能够顺利进行，不同情境下中国成功跨越"中等收入陷阱"，跻身高收入国家队列的时间区间是〔2025，2030〕，达到中等发达国家水平的时间区间是〔2045，2050〕。

当然，"水无常形，人无常态"。在未来的研究生涯中，笔者将继续努力尝试将马克思的生产力发展思想、劳动分工理论、科技创新思想以及生态文明思想等运用于供给侧结构性改革的路径设计等专题研究，着力提升分析的理论深度与高度；同时笔者也将进行深入调查研究，将调查分析反馈运用于供给侧结构性改革路径选择的理论框架构建，并在一般性框架下完善不同产业视角下的供给侧结构性改革路径，使其更具指导参考意义。此外，笔者还计划针对本书提及的五大机制与供给侧结构性改革之间的关系分别开展专题性质的理论与实证研究，最大程度细化研究，提高研究问题的针对性，提升研究结果的理论价值、实践价值与政策参考价值。

第二章　供给侧结构性改革的
　　　　理论创新：比较分析视角

准确把握中国经济发展进入新常态的实际国情，党中央积极应对改革开放以来（特别是 20 世纪 90 年代以来）经济高速发展累积已久的结构性问题，着力通过供给侧结构性改革破除经济高质量发展的阻滞因素。供给侧结构性改革一经提出便在学界引起激烈讨论，其中的焦点议题是：中国的供给侧结构性改革是否以西方供给学派的思想与理论为基础？是不是西方供给经济学的相关主张在中国大地的灵活套用？是不是西方供给学派在中国的改头换面？这些问题直接关系到党中央治理中国经济的根本，需要勇于直面、审慎回答。

2016 年 1 月 18 日，习近平总书记在省部级主要领导学习贯彻党的十八届五中全会精神专题研讨班上主要讲了四个方面的大问题：关于深入认识经济发展新常态、关于深入理解新发展理念、关于供给侧结构性改革、关于新发展理念落到实处。在谈到供给侧结构性改革问题时，习近平总书记明确指出："我们讲的供给侧结构性改革，同西方经济学的供给学派不是一回事，不能把供给侧结构性改革看成是西方供给学派的翻版，更要防止有些人用他们的解释来宣扬'新自由主义',借机制造负面舆论。"① 这为本书探讨中国供给侧结构性改革的理论创新提供了方向指导与基本依循。

本章由马克思主义政治经济学入手,通过梳理马克思的供给与需求理论、社会再生产理论,致力于论证供给侧结构性改革内蕴的马克思主义特色,尝试在与西方供给学派比较的过程中,批判地回应基于形而上学认知而给出供给侧结构性改革是西方供给学派"翻版"的观点。

---

① 习近平. 习近平总书记在省部级主要领导干部学习贯彻党的十八届五中全会精神专题研讨班上的讲话 [EB/OL]. (2016-06-10) [2021-07-30]. http://www.xinhuanet.com/politics/2016-05/10/c_128972667.htm.

第一节　马克思的供给与需求理论

理论上，马克思的供给与需求理论（以下简称"供需理论"）源于生产与消费的对立统一关系①。实质上，供给是商品与服务的生产，需求是商品与服务的消费（生产性消费和生活性消费）。从这个意义上说，供给和需求的辩证关系就是生产和消费的辩证关系。所以，生产与消费的同一性、消费决定生产、生产创造消费也等同于供给与需求的同一性、需求决定供给、供给创造需求。

一、供需的同一性

供给与需求的同一性主要表现在如下两个方面：

第一，供给是需求，需求是供给。从本质上考察，马克思将其称为"直接的同一性：生产是消费；消费是生产"②。在商品的具体生产过程中，一直存在着两种消费：一方面，作为主体的个人支出和消耗着自身的劳动能力，即劳动力；另一方面，燃料、原材料、生产工具等作为客体物质的价值伴随着活劳动转移至新产品的同时也被消耗掉了。"因此，生产行为本身就它的一切要素来说也是消费行为。"③ 就消费是生产而言，马克思指出："吃喝是消费形式之一，人吃喝就生产自己的身体，……而对于以这种或那种形式从某一方面来生产人的其他任何消费形式也都可以这样说。……这种与消费同一的生产是第二种生产，是靠消灭第一种生产的产品引起的。在第一种生产中，生产者物化，在第二种生产中，生产者所创

---

① 丁任重，李标.供给侧结构性改革的马克思主义政治经济学分析 [J].中国经济问题，2017（1）：3-10.

② 马克思.政治经济学批判：序言、导言 [M].北京：人民出版社，1971：18.

③ 马克思.政治经济学批判：序言、导言 [M].北京：人民出版社，1971：15.

造的物人化。"① 现实的生产生活中也确实如此。人们在向社会提供种类繁多的商品与服务的同时，也要通过物质消费与精神消费，满足自己不同层次、不同类别的需求，促进了劳动力的再生产以及创造了更高的劳动力素质，也实现了生产的目的。

第二，供给与需求相互依存，互不可缺。国民经济的平稳运行实际上是供给与需求或商品、服务的生产与消费的均衡运动过程，缺少其中任何"一极"，社会化大生产都将难以为继，经济体系也将随之崩溃。作为宏观经济的两翼，"每一方都为对方提供对象，生产为消费提供外在的对象，消费为生产提供想象的对象；两者的每一方不仅直接就是对方，不仅媒介着对方，而且，两者的每一方当自己实现时也就创造对方，把自己当做对方创造出来"②。某种程度上，我们可以认为"没有生产就没有消费，没有消费就没有生产"③。所以，供给与需求二者相辅相成，缺一不可。

二、需求决定供给

需求决定供给也就是消费决定生产。马克思认为："没有消费，也就没有生产，因为如果这样，生产就没有目的。"④ 这可以从两方面加以理解：一方面，消费使生产得以顺利进行。按照商品二重性理论，劳动产品成为商品一个必不可缺的环节是进入消费领域，寻找到对应的主体，否则内在于使用价值的价值难以实现，生产的目的与意义难以体现。马克思认为："产品不同于单纯的自然对象，它在消费中才证实自己是产品，才成为产品。消费是在把产品消灭的时候才使产品最后完成，因为产品之所以是产品，不是它作为物化了的活动，而只是作为活动着的主体的对象。"⑤ 另一方面，消费能够创造出新的生产需要，促进生产往复循环。"显而易见

---

① 马克思.政治经济学批判：序言、导言 [M]. 北京：人民出版社，1971：16.
② 马克思.政治经济学批判：序言、导言 [M]. 北京：人民出版社，1971：19.
③ 马克思.政治经济学批判：序言、导言 [M]. 北京：人民出版社，1971：19.
④ 马克思.政治经济学批判：序言、导言 [M]. 北京：人民出版社，1971：16.
⑤ 马克思.政治经济学批判：序言、导言 [M]. 北京：人民出版社，1971：16-17.

的是，消费在观念上提出生产的对象，作为内心的意象、作为需要、作为动力和目的。消费创造出还是在主观形式上的生产对象。没有需要，就没有生产。而消费则把需要再生产出来。"① 可知，需要是生产进行的前提，满足主体需要是生产的目的。如果没有消费，生产也就失去了意义，人们就不会去从事各种生产活动。商品或服务被人们消费时证明了自身的价值，主体的需要也得到满足，同时也产生了新的需要，为新一轮的生产提供了内在动力。

三、供给创造需求

与需求决定供给相对应，供给也能够创造需求。本质来看，供给创造需求意味着生产创造消费。首先，生产创造了消费对象。生产提供了有形的或无形的消费材料或对象，为主体创造了具体的使用价值，使得消费需要得以满足。消费而无对象，不成其为消费；因而，生产在这方面创造出、生产出消费②。其次，生产决定消费的方式③。生产不仅仅创造消费对象，而且也创造了消费工具，最终形成特定的消费方式。例如，"饥饿总是饥饿，但是用刀叉吃熟肉来解除的饥饿不同于用手、指甲和牙齿啃生肉来解除的饥饿"。最后，生产为消费对象生产主体。消费本身作为动力是靠对象作媒介的④。生产者生产出的产品，为消费者的知觉所感知，在主体身上引发需要，形成消费动力。因此，生产不仅为主体生产对象，而且也为对象生产主体⑤。

马克思的供给与需求理论启示我们，供给与需求是国民经济的"两翼"，二者相辅相成、缺一不可。供给是为了满足需求，不符合消费要求的产品，不能满足有效需求，难以进入消费领域成为真正的商品。只有供

---

① 马克思.政治经济学批判：序言、导言 [M]. 北京：人民出版社，1971：17.
② 马克思.政治经济学批判：序言、导言 [M]. 北京：人民出版社，1971：17.
③ 马克思.政治经济学批判：序言、导言 [M]. 北京：人民出版社，1971：18.
④ 马克思.政治经济学批判：序言、导言 [M]. 北京：人民出版社，1971：18.
⑤ 马克思.政治经济学批判：序言、导言 [M]. 北京：人民出版社，1971：18.

给的劳动产品被消费（生产性或生活性）了，劳动产品才被证明为商品，生产才有目的，才有继续下去的动力，由此需求牵引供给的作用得以体现。中国宏观经济面临的供需失衡突出地表现为供给领域出现结构性过剩，即中高端产品尤其是高精尖产品的供给明显不足、低端产品供给过剩。因而，在供给侧结构性改革深入推进的当前，有必要重新审读供给与需求的辩证关系，以深入理解供给与需求的对立统一关系作为制度设计与政策制定的前提。总体上，践行供给侧结构性改革本质要义的基本目标方向在于由供给端入手，以减少有效供给不足、提高供给能力与效率为抓手，着力解决供需失衡的问题，促进国民经济持续平稳发展。

第二节　马克思的社会再生产理论

马克思的社会再生产理论①（也是社会总资本再生产理论）主要研究"资本的直接生产过程，就是资本的劳动过程和价值增殖过程。这个过程的结果是商品产品，它的决定性动机是生产剩余价值"②。所以，社会再生产过程包括商品的直接生产过程和流通过程。商品的生产过程与流通过程在同一时空范围内往复不断地更替形成商品与资本周转的同时，也就生成了社会再生产循环。正如马克思所说的那样："资本的再生产过程，既包括这个直接的生产过程，也包括真正流通过程的两个阶段，也就是说，包括全部循环。这个循环，作为周期性的过程，即经过一定期间不断地重新反复的过程，形成资本的周转。"③ 总的来说，社会再生产顺利循环内在规定了流通要顺畅、生产与消费要匹配。这里任何一个环节出现问题均会成为社会再生产循环的阻滞。中国当前的供给侧结构性改革就是由社会再生

---

① 马克思. 资本论：第 2 卷 [M]. 北京：人民出版社，2004：435–523，553–586.
② 马克思. 资本论：第 2 卷 [M]. 北京：人民出版社，2004：389.
③ 马克思. 资本论：第 2 卷 [M]. 北京：人民出版社，2004：389.

产理论出发，疏通社会再生产各环节当前面临的制约以及潜在的堵塞，促进供给与需求总量与结构的匹配，促进国民经济的循环畅通。

一、社会再生产的核心问题

马克思认为社会总资本再生产的核心问题是社会总产品的实现问题，即价值补偿和物质补偿，"这个运动不仅是价值补偿，而且是物质补偿，因而既要受社会产品的价值组成部分相互之间的比例的制约，又要受它们的使用价值，它们的物质形态的制约"①。这一思想对经济新常态下，供给侧结构性改革的深化与推进有很强的指导意义。

可以说，社会总产品的价值补偿与物质补偿是讨论社会再生产循环首要分析的两个基本问题，这也是理解社会再生产循环畅通的核心关键问题。

所谓价值补偿，用通俗的语言来讲就是"卖得出去"，即企业生产出来的商品要能够顺利销售出去，才能实现商品的价值，补偿生产商品所耗费要素的价值。如何能够更好地实现价值补偿呢？用供给侧结构性改革的术语来表述就是"降低无效供给"。落后产能的企业之所以经营困难，就是因为它们生产的产品是落后的、低端的、过剩的产品，是不符合市场需求的商品，社会也就不会承认它的价值，难以获得价值补偿符合理论逻辑。供给侧结构性改革进程中的"降低无效供给"即是对此类商品而言。

所谓物质补偿，可直观地理解为"买得回来"，即原材料、机器设备、半成品等生产资料以及创造价值的劳动力的市场供给要能满足企业生产商品的规模需要与质量需要，才能补偿上一轮生产的要素耗费，确保再生产不断循环。如何能够更好地实现物质补偿呢？用供给侧结构性改革的术语来表述就是"提高有效供给"。就目前的实际情况而言，尽管中国的企业数量众多，但其中有大量企业缺乏自主创新能力和高端制造能力，面临着核心技术受制于人、最终制成品所需的关键中间产品在国内市场上难以获

---

① 马克思. 资本论：第 2 卷 [M]. 北京：人民出版社，2004：438.

取等掣肘，导致许多企业再生产进行物质补偿时被迫转向国外市场。这些既成的"卡脖子"事实及其冲击说明，物质补偿的问题能否在国内得到解决直接关系着企业竞争力能否顺利提升，而且对国家能否安全发展也有着不可估量的影响。从价值链的角度看，中国大部分企业处于国际分工与国际价值链的低端位置，供给的商品与服务被国外企业瓜分了绝大部分利润。具体到消费领域，国内供给满足居民消费需求的提升空间较大，表现为居民以境外旅游、海淘、代购等形式大规模消费境外商品。这意味着居民在国内劳动赚取收入、积累财富，但相当一部分居民家庭收入却通过消费形式转移至了国外，在导致本国财富流向他国的同时，一定程度上也确实降低了本国商品与服务的周转速度，不利于社会再生产循环。所以，加大供给侧结构性改革力度，提升供给能力极为必要，这也是对马克思社会再生产理论的深刻理解与具体应用。

二、社会再生产的理论假设

为深入探讨分析社会再生产顺利循环的充分和必要条件，马克思给出了两个基本的理论假设：一是社会总产品价值（W）由三部分构成；二是社会再生产由两大部类构成。这是充分理解马克思社会再生产理论的关键，也是马克思运用科学抽象法分析宏观经济运行问题的精妙之处。

就社会总产品价值三部分构成而言，马克思认为，社会总产品终归是用来消费的，其生产出来就是为了在满足社会需要的同时实现自身内在的价值，依据劳动价值论既然个别商品的价值能够分解为不变资本、可变资本和剩余价值三个部分，那么，社会总产品的价值也将由这三部分组成。由此，马克思巧妙地运用分解与合成法将社会总产品的价值（W）划分为三个部分，也即"不变资本价值（c），可变资本价值（v）以及剩余价值（m）"。进而，社会总产品的价值（W）可表示为简化的结构方程式：$W = c + v + m$。

就社会再生产两大部类构成来说，马克思按照社会总产品的两个最终去向与最终用途（流向生产环节的生产性消费和流向个人消费环节的生活性消费）将社会再生产部门分成了两大部类：生产生产资料的第Ⅰ部类和生产消费资料的第Ⅱ部类。进一步，将社会总产品的价值三部分构成与社会再生产两大部类构成两个理论假设加以结合可知：$I(W) - I(c+v+m) = I(c) + I(v) + I(m)$；$Ⅱ(W) = Ⅱ(c+v+m) = Ⅱ(c) + Ⅱ(v) + Ⅱ(m)$。

当然，马克思还给出了诸如资本有机构成不变、剩余价值率不变、资本周转时间为一年、不考虑对外贸易（也即封闭经济）、不存在市场失灵、自由市场竞争等直观的或隐含的理论假设，此处只着重介绍两个关键理论假设，对其他相关理论假设的具体内容以及原因不再赘述。

三、社会再生产的实现条件

社会生产循环畅通的理论层面之意是社会再生产能够顺利实现。马克思在阐释社会再生产的核心问题与理论假设后，抽象地分析归纳了两种情境下的社会再生产实现条件：一是原有规模上的社会简单再生产，这种情形下的剩余产品均被用于资本所有者的生活消费，不进行追加投资与生产规模的扩大，使得经济在原有技术条件与要素基础上重复运行，财富不增进或者说不存在经济增长；二是以规模扩张为基础的社会扩大再生产，这种情形下的剩余产品被资本所有者分成了个人消费部分和追加生产资料与劳动力的资本积累部分。

（1）当不考虑生产规模扩大与财富增进时，社会再生产循环畅通要求两大部类生产的最终产品恰好能够实现价值补偿与实物更新，而不出现剩余。

两大部类产品的价值补偿与实物更新逻辑是：在第Ⅰ部类中，不变资本的价值实现与实物更新在第Ⅰ部类内部通过交换即可完成；第Ⅱ部类的可变资本与剩余价值对应着消费资料，也即第Ⅱ部类工人与资本所有者的消费，所以这两部分的价值问题在第Ⅱ部类内部即可解决；第Ⅰ部类的可变资本与剩余价值需要通过向第Ⅱ部类购买消费资料，满足第Ⅰ部类工人与资本所有者的消费需要，与此同时，第Ⅱ部类的不变资本则需要向第Ⅰ

部类购买生产资料进行实物更新，由此两大部类需要进行交换，且交换价值量恰好满足 $\mathrm{I}\,(v+m)=\mathrm{II}\,(c)$。

所以，不考虑增长的社会再生产循环顺利实现的条件有三个：第一，两大部类生产要保持一定的比例关系，即 $\mathrm{I}\,(v+m)=\mathrm{II}\,(c)$。第二，第 I 部类生产的生产资料恰好满足两大部类更新生产商品耗费的不变资本所需，价值量的关系可以表示为：$\mathrm{I}\,(c+v+m)=\mathrm{I}\,(c)+\mathrm{II}\,(c)$。第三，第 II 部类生产的生活资料恰好满足两大部类工人和资本所有者的消费需要，这一经济意蕴背后隐含的价值量关系是：$\mathrm{II}\,(c+v+m)=\mathrm{II}\,(v+m)+\mathrm{I}\,(v+m)$。

（2）消费福利改善的直观表现是市场上可供个体消费的使用价值规模与类别不断增多，由此要求生产规模扩大与财富增进。此时，没有财富增长的社会再生产必须出现剩余产品，以支撑后续再生产规模的扩张。这里需要首先解决的关键问题在于满足消费需要与生产资料更新之后的剩余产品是如何出现的。

在前述模式中资本所有者获得的剩余价值 m 全部被用于消费。扩大生产规模意味着追加生产资料与劳动力投入，因为生产是由资本所有者主导，所以资本所有者必须调整剩余价值 m 的使用结构。易言之，剩余价值 m 全部用于资本所有者的消费不符合资本追逐剩余价值或利润的天性，所以用于资本所有者生活消费支出的费用（记为 m-mx）只可能是全部剩余价值 m 的其中一部分，而其余部分则被资本所有者用于下一轮扩大生产规模所规定的不变资本 c 和可变资本 v 的追加投入（记为 Δc 和 Δv），也即资本积累（记为 mx）。所以，有 $mx=\Delta c+\Delta v$。

不考虑技术进步，即两大部类的资本有机构成（c∶v）保持不变，在前述模式下进行剩余产品使用结构调整后的价值恒等式可具体表述为：$\mathrm{I}\,(c+v+m)=\mathrm{I}\,(c+\Delta c)+\mathrm{I}\,(v+\Delta v)+\mathrm{I}\,(m-mx)$ 和 $\mathrm{II}\,(W)=\mathrm{II}\,(c+v+m)=\mathrm{II}\,(c+\Delta c)+\mathrm{II}\,(v+\Delta v)+\mathrm{II}\,(m-mx)$。需要指出，由于生产资料生产要求的技术水平、劳动时间以及资本投入等一般高于消费资料，所以这里要求的是第 I 部类按照既定的资本有机构成先行调整剩余产品构成进行积累；第

Ⅱ部类则是相应积累，即根据两大部类交换的比例关系，决定需要追加的Ⅱ(Δc)，进而依据本部类的资本有机构成确定需要追加的Ⅱ(Δv)，第Ⅱ部类追加的投资（mx=Δc+Δv）均要从剩余产品Ⅱ(m)中扣除。

依循前述的价值补偿与实物更新逻辑，可得蕴涵国民经济社会再生产循环顺利实现的三个条件：第一，两大部类扩大再生产依然需要保持一定的比例关系，即Ⅰ[(v+Δv)+(m-mx)]=Ⅱ(c+Δc)。第二，第Ⅰ部类生产的生产资料恰好满足两大部类扩大再生产更新生产商品耗费不变资本的需要，价值量关系描述为：Ⅰ(c+v+m)=Ⅰ(c+Δc)+Ⅱ(c+Δc)。第三，第Ⅱ部类生产的生活资料能够满足两大部类扩大再生产工人和资本家对消费资料的需要，这一经济意蕴背后隐含的价值量关系是：Ⅱ(c+v+m)=Ⅱ[(v+Δv)+(m-mx)]+Ⅰ[(v+Δv)+(m-mx)]。

在中国深入推进供给侧结构性改革的当前，从马克思的社会再生产理论中能够发掘的有益启示如下：第一，供给侧结构性改革要紧紧抓住供给与需求失衡的主要矛盾，以提升整体供给效能为根本目标。生产资料部门的过度生产一方面导致了相对过剩，另一方面使供给在满足有效需求的过程中出现了结构性错位问题，即市场供给难以满足实际消费需求，所以供给侧结构性改革需要加快去除无效产能、增加有效供给。第二，供给侧结构性改革应以不同部门、不同产业以及不同行业之间的协调为抓手，重构国民经济的生产体系，不仅要促进两大部类之间协调发展，而且要促进两大部类内部协调发展，从而形成有利于支撑现代化经济体系加快构建的供给体系。第三，供给侧结构性改革不能仅仅关注生产环节，还应关注分配环节、交换（流通）环节与消费环节。就生产环节变革而言，在创新生产模式、改善全要素生产率的同时，还应坚持市场导向，生产匹配市场需求的产品；就分配环节变革而言，合理的分配制度与分配结构有利于实现公平的分配，充分调动劳动、资本、管理、技术、知识、数据等要素的生产积极性，促进社会生产力与社会消费力的发展；就交换或流通环节变革而言，加快基于互联网、移动互联网、大数据等技术的虚拟消费平台建设，不断创新交换模式，再加上以现代物流为核心的现代流通体系，能够大幅降低交易成本，极大地提高商品周转速度，畅通经济循环；就消费环节革新而言，既要以发放消费券等形成引导居民消费，也要注重发挥税收杠杆作用，着力降低边际税率、提升消费能力，更要加强收入再分配制度改革与公共服务支出，降低居民预防性储蓄动机，免除居民家庭消费的后顾之忧，从而形成消费牵引供给的效能。

第三节　不同于西方供给学派的表征

西方供给学派，也被称为供给经济学，起源可追溯至古典经济学家亚当·斯密在《国富论》一书中提出的"斯密定理"。这一经济学派的基本信条是萨伊提出的"供给创造需求"。尽管供给经济学的起源较早，但直至20世纪70年代在凯恩斯主义遇到经济增长停滞与高通货膨胀率的挑战之后，在英国撒切尔夫人执政时期与美国里根执政时期被运用于宏观经济调控，于20世纪70年代逐渐盛行。西方供给学派的理论与政策的核心要义可以归纳为：经济失衡的原因在于产能利用率与有效供给不足，且两者的提升并不会造成通胀、阻碍经济发展；应采取特定的减税政策，降低经济部门与劳动者的生产经营与纳税成本，为其注入经济活力；应减少政府干预，即简政放权，促进自由市场竞争；供给创造需求是有效的，应注重对经济供给端的调节①。

2011年后，中国经济进入新常态发展阶段，经济增速持续下滑。为解决经济发展进程中的结构性瓶颈，中国政府于2015年年底及时、果断地提出供给侧结构性改革，并付诸实施。站在学理的角度考察，中国的供给侧结构性改革不是简单复制西方供给学派的思想要义，而是有着坚实、厚重

---

① 弗里德曼，布坎南，萨金特，等. 欧美经济学家论供给侧 [M]. 武良坤，译. 上海：上海财经大学出版社，2018：2.

的马克思主义政治经济学特色，是马克思主义经典理论指导中国经济社会发展实践的又一重要体现。通过比较马克思供需理论和社会再生产理论的精髓与西方供给学派的思想要义可以发现，中国基于新的发展实际而提出的供给侧结构性改革，背后隐含着浓厚的马克思主义特色创新，主要表现在基本经济制度基础、政府与市场关系、经济发展背景、宏观调控着力点以及政策路径五个方面。

一、马克思主义特色一：更坚实的制度基础

西方供给学派的形成是以资本主义私有制为基础的，根本目的是强化这一基本制度，促进私有经济发展。与之不同，中国提出的供给侧结构性改革则是以社会主义经济社会制度为基础的，根本目的是着力优化"公有制为主体、多种所有制共同发展，按劳分配为主体、多种分配方式并存，社会主义市场经济体制"等基本经济制度设计，提升要素资源的配置效率与全要素生产率，挖掘新经济增长点，塑造经济增长新动能，促进经济发展质量迈上更高台阶，最终实现国民经济财富与全体人民福利的同步增进。

资本主义私有制下无序的社会化大生产带来了生产相对过剩与政府支出扩大以及扩张的货币政策，直接导致了通货膨胀并进一步恶化为"滞胀"，由此孕育产生了供给学派。以西方供给学派实践案例中最具代表性的英国"撒切尔主义"和美国"里根主义"进行考察，其主要目的是从供给端优化私有经济结构，夯实资本主义的发展根基。面对 20 世纪七八十年代资本主义世界出现的经济增长停滞与通货膨胀并存现象，时任英国首相撒切尔夫人在能源、钢铁、交通等制造业领域开展了大刀阔斧的私有化运动，进一步巩固了私有制的地位。美国总统里根尤其注重减税以及降低政府干预对微观经济主体的影响。里根时代，美国个人与企业所得税边际税率分别降至 28% 和 33%，极大程度上增加了个人可支配收入和企业利润总量，刺激了劳动供给意愿与投资意愿，加快了私有经济的恢复与发展，但

并没有解决美国经济的深层次问题。

总的来说，英美等国家基于供给学派主张由供给侧入手调整本国经济起到了提升经济活力的作用，但没有改变资本主义生产资料私人所有制与社会化大生产之间的矛盾，依然存在着导致经济危机爆发的根源性制度。相对地，中国推行的一系列改革，始终坚持国家的社会主义性质不变，是在社会主义根本制度、基本制度以及重要制度的制度框架下实施相应的变革措施，而且始终秉持发展为民的基本原则与目的导向，这为改革的继承性、延续性、创新性等提供了坚实的制度保障，极大程度上避免了贫富的两极分化，不存在爆发资本主义经济危机的制度基础。由此，中国推进供给侧结构性改革所依托的制度基础无比牢固。

就实际情况而言，中国政府为应对最近的两次金融危机，果断地推行了"总量双扩张"的宏观货币政策与财政政策，确保经济平稳增长。以公有制企业占主体地位、关联性与传导性较强的基础设施建设领域为突破口，迅速加大投资，避免了实体经济的硬着陆，但也带来钢铁、煤炭、水泥与电解铝等行业的产能过剩。面对生产领域的结构性过剩问题，供给侧结构性改革应运而生。纪念改革开放40周年系列选题研究中心（2016）认为，中国的供给侧结构性改革包括要素端与生产端，应主要通过优化制度设计提升土地、劳动力、资本与技术等要素资源配置效率，实施减税与优惠政策激发私企、国企生产的积极性与创新活力，采取PPP模式引导社会资本参与国有企业经营提高国企效率等关键环节和重点领域改革的方式，实现经济社会的持续健康发展[1]。由此可知，供给侧结构性改革必然涉及不同所有制类型的企业改革，关停并转与扶植支持的优胜劣汰并存，但在整个改革过程中，鼓励、支持、引导非公有制经济发展的同时，应坚持公有制主体地位与国有经济主导作用不能动摇（逄锦聚，2016）[2]。这既

---

[1] 纪念改革开放40周年系列选题研究中心. 重点领域改革节点研判：供给侧与需求侧 [J]. 改革, 2016 (1): 35-51.

[2] 逄锦聚. 经济发展新常态中的主要矛盾和供给侧结构性改革 [J]. 政治经济学评论, 2016 (2): 49-59.

是以供给侧结构性改革优化社会主义基本经济制度，也是进一步筑牢供给侧结构性改革制度基础的实践做法，是供给侧结构性改革与基本经济制度辩证统一的具体表现。

二、马克思主义特色二：更协调的政市关系

政府与市场在经济发展过程中的角色定位一直是市场经济关注的问题。西方供给学派坚持自由主义，倾向于反对政府干预的自由市场。相对地，中国则更加主张尊重市场机制在调节资源配置方面的决定性作用，但是需要正确认识有为政府在解决市场经济失灵，尤其是政府在应对经济危机与诸如自然灾害、新冠疫情等重大突发公共事件方面的重要作用。所以，中国坚持在社会主义市场经济运行过程中，充分发挥政府的经济调控职能，促进经济社会平稳发展。

西方供给学派强调自由主义，认为市场机制下经济能够自我调节至均衡状态，政府只需充当"守夜人"的角色。以英国与美国为首的老牌资本主义国家为例，撒切尔夫人执政期间尤其信奉哈耶克的自由主义，崇尚市场经济。她一方面采用紧缩的货币政策，控制通货膨胀；另一方面大刀阔斧地推进完全私有化运动，加快私有经济发展。在美国，里根政府实施了与凯恩斯主义需求侧管理针锋相对的供给侧管理政策，除了减少货币供给以控制财政扩张带来的通胀问题以外，还推进了美国历史上最大幅度整体降税法案的实施，同时特别强调减少政府对市场的干预，实现微观经济效率的改善，以解决供需失衡带来的短期经济增长难题。

与西方供给学派坚持市场自动恢复、自由市场竞争、不需政府监管的偏执主张不同，中国的供给侧结构性改革更加强调厘清政府与市场界限，应发挥各自的优势，不能偏废一方，形成和谐的政府与市场关系。具体来说，中国的供给侧结构性改革主张承认市场机制的基础地位，注重市场机制的调节功能，但同时也坚持不能忽视政府调控经济的作用。市场经济的发展历程表明："现代市场经济中，不可能没有政府的作用，问题的关键

是政府发挥什么样的作用，以及如何发挥作用。"① 党的十八大报告明确指出："经济体制改革的核心问题是处理好政府和市场的关系，必须更加尊重市场规律，更好发挥政府作用。"党的十八届三中全会强调："经济体制改革是全面深化改革的重点，核心问题是处理好政府和市场的关系，使市场在资源配置中起决定性作用和更好发挥政府作用。"综上可见，在中国供给侧结构性改革过程中，市场的作用由以往的"基础性"上升为"决定性"，生产力将得到进一步的解放，同时"更好地发挥政府作用"也强调了政府的经济管理职能不能偏废。这表明市场经济在中国已经由最初的经济管理方法、调节手段转变为社会主义的基本经济制度（党的十九届四中全会正式明确了社会主义市场经济体制为基本经济制度的主要内容之一），政府与市场的关系不仅没有割裂，反而在社会主义市场经济发展实践过程中切实做到了有机融合与辩证统一。

三、马克思主义特色三：更新特的发展背景

从经济现象来看，与 20 世纪七八十年代的英美等资本主义国家相似，中国也出现了经济增长增速下滑、宏观经济政策效果不明显、产能过剩以及国有企业效率不高等经济事实，然而表面的相似难以掩盖内在的经济发展理论生成土壤与经济发展实践环境的迥异。

英国与美国当年面临的是经济"滞胀"，缘起于超越发展阶段过度建设福利社会、石油供给冲击、资本主义条件下过度发展国有企业等政治经济社会方面的多重因素（陈彦斌，2016）②。以弗里德曼为代表的货币主义学派认为："无论何时，通货膨胀都仅仅是一种货币现象。"所以，侧重于需求侧管理的财政政策与货币政策很难同时实现经济高速增长与低通货膨胀的双重宏观经济目标。实际上，在更综合、更本质的层面上讲，经济发展的停滞其实不是需求不足，而是供给（包括生产要素供给和制度供给）

---

① 刘世锦."新常态"下如何处理好政府与市场的关系 [J]. 求是，2014（18）：9-13.
② 陈彦斌. 理解供给侧改革的四个要点 [N]. 光明日报（理论版），2016-01-06（15）.

不足引起的（贾康 等，2013）①，由供给侧入手有较大可能改变经济增长进程中遇到的"滞胀"问题。历史地看，英国与美国以萨伊定律与拉弗曲线为理论基础，推行了国有企业私有化、降低税负与减少政府干预等供给侧的改革政策，确实在一定程度上破除了经济增长的藩篱，同时控制了通货膨胀，实现了经济的复苏。

从发展阶段看，中国正处于高速增长转向高质量发展的新阶段。新发展阶段下中国经济仍然保持了中高速的增长，并没有出现"滞胀"现象，而是遇到了经济增速持续缓慢下滑映射的结构性供给过剩依然存在以及通货紧缩时有显现的新颖、特别的情形。一方面，结构性产能过剩仍然存在。由于前期应对 2008 年的国际金融危机，国家果断实施了货币与财政双扩张的需求调控政策，从而引发了低端与传统产品过度供给，而高端与新兴产品供给相对不足的现象。另一方面，通货紧缩的迹象有所显现。2016年，中国人民银行发布的《4 月份金融市场运行情况》相关数据显示：4 月 M2 的同比增速为 12.8%，较上月低 0.6 个百分点，季节调整后的 M2 环比增速也由 3 月的 0.9%下滑至 4 月的 0.7%；新增人民币贷款 5 556 亿元，较 3 月的 1.37 万亿元显著回落，其中，非金融企业及机关团体贷款仅增加 1 415 亿元，中长期贷款共计减少了 43 亿元。这表明，供给侧结构性改革背景下，货币总量供应趋缓，银行信贷或有所收紧，再加上大规模的外汇占款，实体经济资金供给条件不容乐观。此外，上述报告中的数据还显示，当月社会融资规模出现大幅下滑，但地方债发行创下历史新高达到 1.06 万亿元，超出前 4 月总和的 50%，其中地方债置换规模占比为 88.8%，说明尽管中国的财政赤字水平整体可控，但地方债务风险的压力较大。

---

① 贾康，徐林，李万寿，等. 中国需要构建和发展以改革为核心的新供给经济学 [J]. 财政研究，2013（1）：2-15.

四、马克思主义特色四：更兼容的宏观调控

西方供给学派强调供给会自动创造需求，应当从供给着手推动经济发展，而增加生产和供给首先要减税，以提高人们储蓄与投资的能力和积极性。这就是供给学派代表人物拉弗提出的"拉弗曲线"。供给学派还认为，减税还需要有两个条件加以配合：一是削减政府开支，不以平衡预算为硬性标准；二是限制货币发行量，以稳定物价。总体来看，供给学派的观点和方法都比较绝对，这表现为它只重视市场功能而忽视政府作用，只重视供给而忽视需求。

与西方供给学派关于宏观调控所持的看法不同，中国认为需求侧和供给侧是平衡国民经济发展的"两翼"，二者缺一不可，供给侧结构性改革进程中的宏观调控不能只讨论供给侧，而忽视需求侧，应该两侧兼顾。尽管中国政府强调"着力加强供给侧结构性改革"，但这并不意味着中共中央把宏观调控的重点从需求侧转向供给侧，并不是用供给侧的管理来否定需求侧的管理。2015 年 11 月 10 日，习近平总书记指出："在适度扩大总需求的同时，着力加强供给侧结构性改革"；11 月 17 日，李克强总理在国务院召开的"十三五"《规划纲要》编制工作会议上进一步强调："要在供给侧和管理侧两端发力，促进产业迈向中高端"。12 月 2 日，李克强总理在国务院召开的经济工作专家座谈会上再一次说明："面对当前错综复杂的国际国内经济形势，要创新发展理论，从供给侧和需求侧两端发力，推进结构性改革，着力培育壮大新动能，下决心提升改造旧动能。"由此可见，中央强调的供给侧管理，是为了在新的发展水平上实现供给与需求的再匹配，在新的发展阶段上增进经济增长质效。

马克思主义政治经济学原理表明，需求调节和供给调节的功能各有所长、互为补充。在经济发展过程中，供给与需求的调节作用既有统一性又有差别性。首先，供给与需求是相互统一的关系，需求决定供给、引导供给；供给一方面既能满足需求，另一方面又能创造新需求。其次，供给与

需求在发挥作用过程中又有不同点：一是需求调节主要是发挥政府的作用，而供给调节主要是发挥市场的作用；二是需求调节主要是短期调节，通过政府扩大投资、增加投入等方式来拉动经济增长，这种方式的时滞过程短，在短期内能产生明显的效果，相对地，供给调节更加突出产业、企业的作用，注重培育动能和转型升级，发挥作用的过程则较长；三是需求调节主要着眼于经济运行的结果，注重经济增长的成效，而供给调节则主要着眼于经济运行的起点，注重经济增长的动力。

总的来说，宏观调控的新一轮变化，既不是以需求总量调节为主，也不是以供给总量调节为主，而是把需求总量调节与供给总量调节相结合的结构性的调控方式，这是符合中国经济发展所处阶段的正确选择。这种选择的突出表现，在于充分发挥供给侧与需求侧的不同调节功能，基于两者的相辅相成与协调配合，共同推进经济发展质量向更高水平跃升。

五、马克思主义特色五：更稳妥的政策路径

不论是西方供给派，还是中国的供给侧结构性改革，都有着扭转宏观经济颓势、促进经济持续健康平稳增长的具象化目标。这一目标的实现是理论预期结果转为现实的过程，其中较为重要的中介工具是特定的、指向突出的宏观经济政策。中国提出供给侧结构性改革所依托的经济制度、政市关系、现实背景、宏观调控方式等现实土壤有着显著的特殊性，由此使得国家制定相关政策的导向也与西方供给学派的主张有明显不同。简言之，中国供给侧结构性改革在政策路径设计方面有着自己的特色。

历史地看，西方供给学派是沿着"加强资本主义私人所有制、削弱政府干预和监管、实现自由市场"的思路设计改革政策。具体来说，西方供给学派的改革主要是遵循"恪守资本主义私有制，加快经济总量提升"的政策路径。诸如针对企业与个人的减税政策，针对减少市场干预的缩减政府财政开支、去监管化与私有化等举措，无疑是有利于富人阶层的，是给整个资产阶级松绑；最终目标是强化资产阶级力量，同时坚持削弱工会力

量，最大程度上降低资本主义生产恢复的一切阻力，刺激经济加快繁荣①。

与西方供给学派不同，中国推进的供给侧结构性改革是一场全面深刻的自我革命，无论怎么改革，也不改变国家的社会性质，也不损害人民群众福利的增进。因而，在供给侧结构性改革的推进过程中，职能部门制定相关政策坚持采用"改革为民，政府协同，供需匹配"的特色设计思路，更加注重政策的指向性、可操作性与预期引导性，更加强调政策的安排与实施要落地平稳、路径合理、方法妥当、效应明确等。

总的来说，中国的供给侧结构性改革则是明确遵循"坚持社会主义基本经济制度，提高供给体系质量和效率，增强持续经济增长能力"的政策路径导向，着力"实行宏观政策要稳、产业政策要准、微观政策要活、改革政策要实、社会政策要托底的政策"②。比如，为确保经济平稳运行，充分尊重发挥市场机制配置资源的决定性作用，在减少行政审批的同时，政府也充分运用了"区间调控、定向调控、预调控与微调控"等结构性调控方式，着力提升宏观经济管理效能；为推动经济结构优化，坚持"调整存量与做优增量"相结合，积极推动要素投入方式转变；为刺激微观主体的生产积极性，由结构性减税转向大规模减税，同时坚决推进国有企业股权多元化改革；为加快输出创新性的制度产品，坚定推进金融、财税、土地以及价格体制机制改革；为促进产品质量提升，强化生产消费安全监督管理，加强高质量的一般性商品与公共服务的供给③。

① 王朝明，张海浪. 供给侧结构性改革的理论基础：马克思价值理论与西方供给学派理论比较分析 [J]. 当代经济研究，2018（4）：41-48，99.
② 习近平. 习近平总书记在中央财经领导小组第十一次会议上的讲话 [EB/OL].（2015-11-10）[2021-07-30]. http://www.xinhuanet.com/politics/2015-11/10/c_1117099915.htm.
③ 王朝明，张海浪. 供给侧结构性改革的理论基础：马克思价值理论与西方供给学派理论比较分析 [J]. 当代经济研究，2018（4）：41-48，99.

本章小结

供给侧结构性改革是中国经济进入新常态发展阶段后，党中央准确把握世界经济发展大势，主动适应经济发展客观规律，精准识别经济发展制约，而做出的重大战略部署。中国的供给侧结构性改革既立足供给侧，推进结构性变革，也注重需求侧的管理，发挥需求主动牵引供给的作用。供给侧结构性改革的主攻方向是减少无效供给，增加有效供给，提高供给结构对需求结构的适应性。供给侧结构性改革是新发展阶段下进一步推动中国经济发展质量成功跃升、促进共同富裕加快向前的关键举措。

从学理的角度看，中国提出的供给侧结构性改革有着厚重的马克思主义政治经济学底蕴。马克思的供给与需求理论给出了供给与需求是同一的、供给创造需求、需求决定供给的本质要义，支撑了供给侧结构性改革兼顾供给与需求两侧的理论取向与实践取向。马克思的社会再生产理论从最终产品两大类别的角度缜密推理出社会生产在保持原有规模与生产规模扩大两种情形下，实现经济循环畅通的具体条件，这给予了推进供给侧结构性改革要紧紧抓住协调这一"牛鼻子"的启示，也即总供给与总需求要保持协调，供给体系与需求体系内部各产业、各行业之间也要保持协调。

中国的供给侧结构性改革并不是西方供给学派观点的"复制与翻版"，而是对其的批判式超越。这突出地表现为，中国的供给侧结构性改革有着更坚实的制度基础、更协调的政市关系、更新特的发展背景、更兼容的宏观调控以及更稳妥的政策路径。中国推进供给侧结构性改革始终以确保社会主义性质为根本导向，以新时代中国特色社会主义基本经济制度为根本基础，在充分调动各种要素生产积极性的同时，大力释放体制机制变革红利，着力促进居民福利增进，从制度根源上有效地避免了经济危机爆发。中国不断深化对市场经济的认识，在供给侧结构性改革过程中将市场机制视为资源配置的决定性机制，最大程度上肯定了市场的作用，但同时也正确把握了市场存在"失灵"及其可能导致的风险，所以特别强调政府应该适度发挥经济职能，尽可能地消除市场不确定性及其潜在冲击。供给侧结构性改革在中国的经济"土壤"是结构性产能过剩与通货紧缩并存，不是生成西方供给学派的"滞胀"环境。由此，供给侧结构性改革的宏观调控方式与宏观经济政策也会有自身特色。为匹配供给侧结构性改革的结构性目标，中国的宏观调控思路更加注重兼顾供需协调，具体方式也由过去"大水漫灌"的总量调控，逐步转向"区间调控、预调控、微调控、中长期调控"等结构性调控。在施策方面，中国更加注重通过集成化、兼融化、系统化、结构化的政策体系推进相关供给侧结构性改革工作，极大程度上打破了"条块分割"的制度壁垒，降低了政策执行成本，提高了政策实施效率。

供给侧结构性改革不仅是中国社会主义经济发展的具体实践，而且是习近平新时代中国特色社会主义经济思想的重要内容构成。供给侧结构性改革不是短期内一蹴而就的，而是一项长期、艰巨、复杂的系统性改革工程。扎实推进供给侧结构性改革有利于新发展阶段下经济发展质量跃升，有利于支撑"以国内大循环为主体，国际国内双循环相互促进"新发展格局的加快构建，有利于第二个百年目标顺利实现。

第三章 供给侧结构性改革的
实现机制：要素投入视角

马克思主义政治经济学表明，财富的创造与增进是以生产要素投入为基本条件的，要素配置与组合的效率直接关系着创造财富与增进财富的效率，更影响着潜在经济增长能力改善。中国在改革开放之后的经济高速增长过程中遇到的诸多结构性问题以及经济发展进入新常态以来的实际经济增速持续下滑现象，均与要素投入结构不合理、要素扭曲配置等有关。所以，中国供给侧结构性改革重点的找寻、改革路径的畅通、改革目标的实现等确实难以回避要素投入问题。

自我国经济发展进入新常态以后，生产领域主要存在的问题大致表现为五个方面：经济增速下滑与供给能力下降、部分行业产能过剩、创新驱动不足、发展方式和产业结构不合理、生产和投入效率不高[1]。在省部级主要领导学习贯彻党的十八届五中全会精神专题研讨班上，习近平总书记明确指出："供给侧结构性改革，重点是解放和发展社会生产力，用改革

---

① 丁任重，李标. 供给侧结构性改革的马克思主义政治经济学分析 [J]. 中国经济问题，2017（1）：3-10.

的办法推进结构调整，减少无效和低端供给，扩大有效和中高端供给，增强供给结构对需求变化的适应性和灵活性，提高全要素生产率。供给侧管理，重在解决结构性问题，注重激发经济增长动力，主要通过优化要素配置和调整生产结构来提高供给体系质量和效率，进而推动经济增长。"① 由此，供给侧结构性改革的重要抓手在于优化要素配置、提高全要素生产率，这离不开科学的实现机制保障。

本章运用马克思主义政治经济学原理，基于马克思劳动价值论、财富理论以及中国社会主义生产力发展理论的精髓要义，尝试从要素供给角度挖掘供给侧结构性改革的实现机制，如制度变革保障机制、科技创新驱动机制、人力资本积累机制、物质资本（结构）优化机制、资源环境约束机制，以确保供给侧结构性改革任务的顺利完成与目标的成功实现。

---

① 习近平. 习近平总书记在省部级主要领导干部学习贯彻党的十八届五中全会精神专题研讨班上的讲话 [EB/OL]. (2016-05-10) [2021-07-30]. http://www.xinhuanet.com/politics/2016-05/10/c_128972667.htm.

第一节　供给侧涵盖的多种要素界定与释义

供给侧涉及因素较多，既包括社会性因素，也包括经济性因素，还包括制度性因素，等等。这里着重界定对生产力发展较为重要的投入要素及其可能影响生产投入的一些重要根源性因素。具体来说，主要对经济制度、科技创新、人力资本、物质资本与资源环境五个供给侧的要素内涵进行精简阐释。

一、经济制度的界定与释义

所谓"制度"是一个宽泛的概念，一般是指在特定社会范围内统一的、调节人与人之间社会关系的一系列习惯、道德、法律、戒律、规章等因素的总和。从经济制度的视角来看，马克思主义基本原理指出，经济制度是人类社会发展到一定阶段占主要地位的生产关系的总和。一定社会的经济制度构成了这个社会的经济基础，并决定着这一社会的政治制度、法律制度以及人们的社会意识等上层建筑。同时，经济制度也包含经济体制的范畴，且二者存在辩证统一的关系。一方面，一定社会经济制度都是按一定的资源配置方式所决定的经济体制实现经济运行和发展的，一定社会经济制度决定着其经济体制的根本性质和主要特点，规定着经济体制的发展方向和活动范围，影响着经济体制运行效率的高低。另一方面，经济体制较经济制度具有相对独立性和易变性，而经济制度则是深层次的生产关系，体现一个社会生产关系的根本性质，具有相对稳定性。马克思明确指出："社会的物质生产力发展到一定阶段，便同它们一直在其中运动的现存生产关系或财产关系（这只是生产关系的法律用语）发生矛盾。于是这些关系便由生产力的发展形式变成生产力的桎梏……随着经济基础的变更，全部庞大的上层建筑也或慢或快地发生变革。"① 这意味着，在一切社会的发展过程中，必须不断变革制度设计以适应生产力的发展需要。

供给侧结构性改革从实质上理解，是通过制度创新促进生产关系与生产力相适应、相匹配，从而实现生产力的快速发展。因此，供给侧结构性改革进程中的相关工作不能流于表面，仅仅开展一些生产环节层面的改革，还应从制度领域入手寻找其制度症结所在，加大制度创新供给力度，促进经济制度、经济体制及其运行机制高效完善，以激励约束相容的制度体系、政策体系等保障我国供给侧结构性改革的持续深化。

二、科技创新的界定与释义

美国经济学家熊彼特在 20 世纪 30 年代首次提出了"创新"的概念。在熊彼特看来，"创新"活动分为五种情况：采用新产品、运用新的生产方法、开辟新市场、原材料等的新的供应来源以及实现新组织，而所谓"企业"就是新组合的实现，"企业家"扮演着实现新组合的职能，是"创新"活动的主要组织者和推动者。"创新"的过程包括发明、创新与模仿三个过程。熊彼特假设发明是一种新产品或新的生产过程的发现，而创新是新发明的首次应用或者是现有产品和工艺的改进过程，以适应不同的市场需求。在此基础上，熊彼特指出："长达半世纪左右的长波周期，是由那些影响深远，实现时间长的创新活动所引起的。确切地说，这种创新活动是指以产业革命为代表的技术创新活动。"② 循着熊彼特的创新理论，当前供给侧结构性改革的关键就是要以创新为抓手和动力，贯穿经济发展的各领域和全过程。

需要强调的是，熊彼特所讲的创新特指的是科技创新，也是马克思在《资本论》第一卷中提到的影响生产力的重要因素之一。在现代经济中，

---

① 马克思，恩格斯．马克思恩格斯选集：第 2 卷 [M]．中共中央编译局，译．北京：人民出版社，2012：2-3.

② 熊彼特．经济发展理论 [M]．郭武军，吕阳，译．北京：商务印书馆，2017：86.

创新是一个庞大系统的体系，包括理论创新、制度创新、科技创新、文化创新等，已成为现代经济持续发展的根本动力。世界经济发展经验表明，在创新的体系中科技创新处于核心关键地位，美国、英国、日本等主要发达国家均在成功抢占科技创新战略高地之后取得了经济发展实质性的飞跃。党的十九大报告明确指出："创新是引领发展的第一动力，是建设现代化经济体系的战略支撑。"① 党的十九届五中全会提出要坚持创新驱动发展，全面塑造发展新优势。坚持创新在我国现代化建设全局中的核心地位，对于我国在百年未有之大变局中顺利转危为机，为实现中华民族伟大复兴打下坚实基础，具有重要意义。

供给侧结构性改革进程中必须要把科技创新作为关键支撑，以科技创新要素与其他供给侧要素积极相容，形成集成科技创新格局，促进经济加快结构性转型调整，加速迈向高质量发展。坚持供给侧结构性改革目标与我国中长期发展战略目标相容，沿着加快实现由要素驱动、投资规模驱动向创新驱动根本转变的总体思路，在更开放的环境下积极推进科技创新。科技创新活动要积极面向世界科技前沿、面向经济主战场、面向国家重大需求、面向人民生命健康，加快科技人才队伍建设，深化科技体制改革，努力提升科技成果转化效率。

三、人力资本的界定与释义

劳动力是最为基本的生产要素，也是马克思劳动价值论中最为关键的生产投入要素之一。在马克思那里，劳动是价值的唯一源泉，并与其他非劳动要素成为财富创造或使用价值生产的源泉。具体来说，劳动者的抽象劳动创造了价值，而具体劳动（这个过程需要非劳动要素的辅助）生产的则是使用价值，无形的价值内嵌于使用价值中。充分考虑生产过程中劳动要素存在的受教育水平、技能水平等现实差异，马克思进一步将劳动划分

---

① 习近平. 决胜全面建成小康社会 夺取新时代中国特色社会主义伟大胜利 [N]. 人民日报, 2017-10-28 (1).

为复杂劳动和简单劳动，不考虑其他因素的影响，相同的劳动时间内，复杂劳动创造的价值量更大、使用价值规模也更大，要多倍于简单劳动。马克思虽然区分了复杂劳动与简单劳动，但是为了便于价值量在劳动与资本之间分配行为的分析，更多的时候马克思将劳动者的异质性进行了抽象舍弃，在分析劳动生产率对财富创造与使用价值生产、价值实现以及相对剩余价值生产等的影响时，却也或直接、或潜在地运用了这一思想。

马克思提出复杂劳动的"复杂"直接来源于接受教育、技能培训、医疗卫生保健等诸多环节的投入，他尤其突出了教育和技能培训的作用。现代经济学中常常述及的"人力资本"概念是由诺贝尔经济学奖获得者美国经济学家舒尔茨于 20 世纪 60 年代提出的，这实际上与马克思的复杂劳动思想不谋而合。但是，必须强调的是舒尔茨提出的人力资本概念远远晚于马克思，其内涵也没有对马克思形成实质性的超越，而且其更多的是将人力资本运用于解决财富创造的问题，并没有真正地深入到经济制度领域，也没有将之真正上升到价值分配层面，更没有深入分析人力资本可能带来的生产关系变化及其更广泛的社会制度影响。

在现代经济学中，对于人力资本，一般将之视为劳动者的知识技能、文化水平、技术水平与健康状况等，而且成为现代经济社会发展的关键性投入要素。随着新一轮科技革命的滚滚来袭，人力资本已成为生产力发展的重要源泉之一。因此，面临当前深入推进供给侧结构性改革的阶段背景，不仅离不开人力资本的重要推动，而且需要加快人力资本积累支撑经济的结构性变革。比如，我国需要继续加大公共教育、公共医疗、健康养老等领域的投入，不断优化提升人才队伍建设质量，持续深化人才发展体制机制改革，加大人才引进政策创新力度，加快优化完善收入分配政策，以更好地借助人力资本积累推进供给侧结构性改革，促进其目标加快实现。

四、物质资本的界定与释义

相较于劳动力，资本也是生产不可或缺的重要投入要素。不论是在马克思的劳动价值论那里，还是在以柯布-道格拉斯（C-D）生产函数为代表的新古典经济增长理论那里，都是如此，但是它们之间还是有着明显的本质区别。具体地，在马克思那里劳动创造价值，资本不创造价值、只是辅助价值创造，经济体的价值量取决于劳动投入量，尤其是复杂劳动的投入量，但是劳动从属于资本，对价值分配没有决定权。相对地，新古典生产函数表现或关注的问题是货币化的使用价值或者财富的增长，而非价值量及其实现；表面上劳动与资本在财富生产过程中的地位一致，在剔除人口因素或劳动因素之后（一般而言，相较于资本，一定时期内人口或者劳动力供给不会出现太大波动），财富的增加则完全取决于物质资本积累。易言之，在财富创造及其增进过程中，相较于劳动，资本投入有着更加重要的作用，从而理应占据更大比例的财富。尽管二者的逻辑分析的起点均是由要素投入开始，但二者的基本目标有着显著差别，显然是"殊途不同归"的。

不论由马克思主义政治经济学视角出发，还是由新古典经济学等西方经济学流派出发，资本在形式表现上具有一致性，均表现为可触摸的物质形态，由此也称之为物质资本。一般地，物质资本被界定为长期存在的生产物质形式，也即原材料、燃料动力资料、机器、工具设备、厂房、建筑物、交通运输设施等一切以非劳动形式存在的辅助商品或服务生产的物质资料。在马克思那里更多的是称之为不变资本，在新古典经济学中则称之为固定资产或物质资本。我国改革开放以来的产业发展进程中，物质资本投入长期占据主导优势，并一度成为"黄金增长十年"的主要动力源之一。

然而，随着以知识经济、信息经济以及人工智能等为代表的新一轮科技革命浪潮的来袭，单纯依靠物质资本投入的规模优势获取高速经济增长的时代已经成为过去。新经济发展时代，物质资本投入依然有着重要作用，但这源于资本投入结构调整形成的结构效应，而非规模效应。我国正在持续深度推进供给侧结构性改革，依然需要加大投资力度，但必须注重投入结构的调整。比如，我国应该适度减少一般性的物质基础设施投资，相应增加新型基础设施投资与社会性基础设施投资，以夯实经济高质量发展的基础，提升经济结构转型实效；应该特别注重产业投资中的结构调整，坚决减少存在过剩产能的落后产业投资，增加技术改造投资与新兴产业投资，积极发展以战略性新兴产业为主体的先导产业，加快推动产业结构优化升级，以更好地发挥物质资本支撑经济结构性改革的作用。

五、资源环境的界定与释义

理论上，资源、环境是两个体系、两套系统。人类通过不断开发自然、改造自然、创造自然而实现财富持续增加，以满足日益增长的物质需求。这一过程实际上也是消耗资源的过程，向自然环境排放生产剩余物的过程，由此资源与环境因经济发展而产生了紧密联系。自《寂静的春天》出版以来，人们对资源与环境的关注度不断提升，罗马俱乐部出版的《增长的极限》一书更是让集约节约资源与生态环境保护成为密不可分的话题。就中国的经济发展实践而言，尤其是改革开放以来高速增长阶段形成了"高消耗、高排放、高污染、低附加、低效益"的粗放经济增长模式，极大程度上降低了资源环境承载力。矿藏资源的明显枯竭、湿地的日益减少、生物物种的缩减、雾霾由局部逐步向全国蔓延等现象是我国资源环境约束趋紧的较好印证。由此看来，将资源与环境合并处理具有一定的合理性，符合资源环境经济学分析习惯，当然这也是出于便利分析的考虑。

资源有广义与狭义之分。狭义的资源是自然资源，指人类能够从自然界直接获取并运用于生产和生活的物质。自然资源一般分为三类：一是以金属和非金属矿藏、煤炭与石油等化石燃料等为代表的不可再生资源；二是以风能、太阳能等为代表的可再生资源；三是以水、土地、生物等为代表的可更新资源。广义的资源不仅包括自然资源，还涵盖诸多非自然资源。非自然资源通常可归纳为社会经济资源和技术资源两类：社会经济资源主要指对经济发展能产生直接或间接影响的因素，如人口、劳动力、制度、文化、资本等因素；技术资源主要指运用于经济发展过程中的自然科学知识等，能够促进社会生产力出现明显跃升，这也是对当今经济社会发展日益重要的资源。

与资源的划分一致，环境也有狭义和广义之分。狭义的环境主要是指自然环境，即人类生产生活赖以存在的空间以及对生产生活有直接或间接影响的所有自然因素的综合。通常来说，如果经济社会发展与自然环境保持了和谐关系，那么生态环境至少不会恶化，而且存在优化的可能。反之，生态环境会出现恶化，最终反作用于经济社会发展，降低经济社会发展成效。广义的环境是自然环境与非自然环境之和。非自然环境是指社会环境，主要包括政治环境、人文环境、心理环境以及微观个体与组织的社会关系网络等。

本书提到的资源环境约束是基于狭义的资源与环境而言，指代的是自然资源不富足、生态环境恶化对人们生产生活产生的限制。资源环境约束是资源环境反作用于经济社会发展的直接体现，意味着人们在生产生活过程中做出决策时应充分考虑资源环境因素，以长远的眼光促进生产生活可持续、经济社会发展质量稳步提升。恩格斯在《自然辩证法》中曾给出了明确的警示："我们不要过分陶醉于我们人类对自然界的胜利。对于每一次这样的胜利，自然界都对我们进行报复。"[①] 可见，人类永续发展的前提是正确认识和运用自然规律，而不是无节制地利用和破坏。要想实现人与自然环境的和谐，决不能忽视自然环境的承载能力和容纳能力而一味地索取和排污，破坏人们生活和社会生产赖以存在的自然环境[②]。所以，由资源坏境的角度考量供给侧结构性改革可知，我们应坚持贯彻新发展理念，尤其是绿色发展理念，大力推进生态文明建设，认真走好"资源节约型、环境友好型"生态文明发展之道，将生态文明与绿色发展深度融入"三去一降一补"进程，从而促进供给侧结构性改革质效提升。

---

① 马克思，恩格斯. 马克思恩格斯文集：第9卷 [M]. 中共中央编译局，译. 北京：人民出版社，2009：559-560.

② 李标. 中国集约型城镇化的理论与实证 [M]. 成都：西南财经大学出版社，2016：138.

第二节 供给侧结构性改革的要素推动机制

供给侧结构性改革是系统性工程，其顺利推进需要抽丝剥茧，找到经济发展结构性症结的根源所在。从供给侧涉及的诸多要素揆入，至少能够发现推动供给侧结构性改革持续深化的五大机制：制度变革保障机制、科技创新驱动机制、人力资本积累机制、物质资本（结构）优化机制、资源环境约束机制。

一、制度变革保障机制

依循马克思的唯物史观和辩证法可知，人类社会的一系列变革源于生产力与生产关系的作用与反作用规律，是在一定的经济社会制度下进行的，变革方式或缓和、或激烈。就中国当前推进的供给侧结构性改革而言，其本质是促进生产力与生产关系相互协调，是在中国特色社会主义经济社会制度下开展的，其顺利实现离不开相关经济体制机制、经济政策等制度变革的保障。

一方面，坚持中国特色社会主义道路，进一步完善中国特色社会主义基本经济制度是深化供给侧结构性改革的根本前提。坚持社会主义道路就是坚持马克思主义、坚持党的领导和坚持以人民为中心的发展思想。列宁在评价马克思的学说时曾指出："马克思主义是无产阶级解放运动的理论"，"马克思学说具有无限力量，就是因为它正确"[①]。同时，他还进一步认为，马克思主义的活的灵魂和根本的理论基础就是辩证法——"最完备最深刻最无片面性的关于发展的学说"[②]，从而进一步深刻回答了马克思主

---

① 列宁. 列宁选集：第2卷 [M]. 中共中央编译局，译. 北京：人民出版社，2012：469，309.

② 列宁. 列宁选集：第2卷 [M]. 中共中央编译局，译. 北京：人民出版社，2012：310.

义为什么"行"的问题。可见，只有坚持马克思主义的指导才是发展社会主义的真谛，而坚持马克思主义内在规定了必须始终坚持党的领导。马克思和恩格斯在《共产党宣言》中提出："在实践方面，共产党人是各国工人政党中最坚决的、始终起推动作用的部分；在理论方面，他们胜过其余无产阶级群众的地方在于他们了解无产阶级运动的条件、进程和一般结果。"① 在中国这样一个社会主义国家，必须始终坚持中国共产党的领导，因为只有中国共产党始终代表中国人民的根本利益。习近平总书记在纪念马克思诞辰 200 周年大会上强调："马克思主义是人民的理论"，"学习马克思，就要学习和实践马克思主义关于坚守人民立场的思想。人民性是马克思主义最鲜明的品格"②。中国特色社会主义制度的最大优势就是始终坚持党的领导和以人民为中心的发展思想，在此根本旨归的指引下，中国共产党带领全国各族人民立足中国发展实际，不断完善中国特色社会主义基本经济制度，形成了包括以公有制为主体、多种所有制经济共同发展，以按劳分配为主体、多种分配方式并存以及社会主义市场经济体制的制度内涵。这为供给侧结构性改革提供了稳定的政治制度体系与经济制度体系保障，有利于其持续稳妥深化推进。

另一方面，加快完善社会主义市场经济体制，促进各类要素合理流动和高效集聚是深化供给侧结构性改革的关键环节。市场经济条件下进一步完善社会主义市场经济体制，规范市场秩序，完善政府职能有助于"三去一降一补"的有序推进和顺利实现。具体地，一是通过积极稳妥推进国有企业混合所有制改革和自然垄断行业改革，为非公有制企业发展营造良好的制度环境。特别是在"做强做优做大"国有企业的目标指引下，规范有序发展混合所有制经济，能够提高自然垄断行业的供给质量，依法破除行政性垄断。同时，要不断加强非公有制企业的融资增信支持力度，可以进

---

① 马克思，恩格斯. 马克思恩格斯选集：第 1 卷［M］. 中共中央编译局，译. 北京：人民出版社，2012：413.

② 习近平. 在纪念马克思诞辰 200 周年大会上的讲话［J］. 党建，2018（5）：4-10.

一步激发市场活力。二是加快完善市场经济基础性制度，包括产权制度、市场准入负面清单制度、公平竞争审查制度等，能够规范市场秩序，保障公平竞争。三是创新政府管理和服务方式，特别是要创新宏观调控机制，借助新技术着力创新丰富调控手段，以增强调控的前瞻性、针对性、协同性。此外，通过加快推进要素市场化配置体制机制改革，努力建设现代流通体系，以更好地促进各类要素合理流动和高效集聚。例如，在土地流动方面，可以通过建立健全城乡统一建设用地市场，深化产业用地市场化配置改革，鼓励盘活存量建设用地，完善土地管理体制。在劳动力和人才流动方面，通过继续深化户籍制度改革，提供全方位公共就业服务，可以增加就业创业渠道，破除妨碍劳动力、人才社会性流动的体制机制弊端。在资本流动方面，可以加快建立规范、透明、开放、有活力、有韧性的资本市场，完善股票市场，发展债券市场，加大重点外资项目支持服务力度。在技术和数据流动方面，通过加快实施创新驱动发展战略，培育数据要素市场，可以促进"技术+数据"的有效融合发展①。

二、科技创新驱动机制

中国特色社会主义进入新时代以后，我国经济社会发展逐渐步入了体制转轨、增速换挡、结构转换的"三期叠加"阶段。"大而不强""快而不优"的问题日趋凸显，传统发展条件、发展环境显然已经不适应高质量等新发展目标。因而，无论是发展方式、经济结构、要素投入以及资源环境承载力等诸多方面，我们都需做出新的认识，需要聚焦创新，尤其是要将科技创新作为解决这一系列结构性问题的关键突破口。当前，我国在关键领域、关键环节、关键技术等方面的科技创新能力、水平、产出与发达国家之间存在着较大的差距，形成我国经济发展质量跃升的"阿喀琉斯之踵"。我国推进供给侧结构性改革恰逢新一轮科技革命兴起与世界经济长

---

① 徐志向，丁任重，张敏. 马克思社会再生产理论视域下中国经济"双循环"新发展格局研究 [J]. 政治经济学评论，2021（5）.

期持续低迷的历史交汇点，加快科技创新、破除结构问题，成为历史赋予的重大使命。供给侧结构性改革必须坚持需求导向和问题导向相结合，坚持要素驱动、投资规模驱动向创新驱动加快转变的基本方向，促进供给侧的相关要素与科技创新要素深度融合，加快形成高效的集成科技创新格局。正如习近平总书记所强调的那样："抓住了创新，就抓住了牵动经济社会发展全局的'牛鼻子'。"① 供给侧结构性改革过程中只有充分发挥科技创新的动力，我们才能真正有效推进"三去一降一补"。

第一，科技创新有利于化解过剩产能和消化库存。国家统计局的数据资料显示，我国当前的科技进步贡献率虽然已达60%，但其与美国、日本等发达国家科技进步贡献率超过了70%的现实差距不容忽视。如果科技创新成果不能快速有效地应用于推动经济增长，不能充分发挥引领经济增长的动力作用，就将妨碍经济发展方式的转变，进而影响发展的速度、效能与可持续性②。长期以来，我国传统产业的产能过剩问题突出，关键原因就在于产业结构布局不合理，传统产业发展滞后，始终处于产业链的中低端水平。中国的高质量发展以及供给侧结构性改革"要依靠科技创新，加快向产业链中高端迈进，持续推进以现代服务业为主、战略性新兴产业引领、先进制造业支撑的新型产业体系建设"③。理论上，只有将科技创新与产业发展相融合，通过提高产品技术含量、延长产业价值链、增加产品附加值才能有效应对产能过剩问题。

第二，融合科技创新要素有利于降低企业成本和杠杆水平，有效防范化解金融风险特别是系统性金融风险。一方面，科技创新有利于降低企业成本。根据马克思主义观点，科技创新是经济增长的推动力，在科技创新的有力推动下，不仅最终产品的社会必要劳动时间会下降，而且原材料和

① 习近平. 在省部级主要领导干部学习贯彻党的十八届五中全会精神专题研讨班上的讲话 [N]. 人民日报，2016-05-10 (2).
② 丁任重，徐志向. 科技创新开启国家发展新征程 [N]. 中国社会科学报，2021-01-06 (3).
③ 习近平. 在参加十二届全国人大五次会议上海代表团审议时的讲话 [N]. 人民日报，2017-03-06.

生产资料等产品的社会必要劳动时间同样也会下降，从而可以为实体企业生产过程成本的降低提供现实可能。另一方面，科技创新能够基于金融服务的传导，从而产生降低企业杠杆率的积极效应。与创新驱动发展战略的实践相匹配，健全推动企业技术创新的税收政策，加大企业研究开发费用税前扣除的力度，可以为企业开展各种创新活动减轻负担；引导金融机构加强和改善对企业科技创新的金融服务，加大资本市场对科技型企业的支持力度，可以为有效解决经济"脱实向虚"提供助力。

第三，融合科技创新要素有利于解决物质性基础设施和社会性基础设施建设相对滞后的问题，推动经济发展后劲增强。科技创新是一项复杂的系统工程，应以满足社会需要、市场需求和人民要求为根本原则，遵循"创新推动发展，发展造福人民"的导向，积极运用科学技术加快物质性基础设施和社会性基础设施建设，促进发展短板加快补齐。

我国一些地区发展相对落后的部分原因在于物质性基础设施落后导致其与外界的经济联系度较低。以交通设施为例，不通畅的道路限制了这些地区与外界经济联系的增强，其优质的产品与服务等难以有效输出。因而，运用新科学技术支撑架桥、打洞、铺路、通信基站等物质性基础设施建设是极有必要的，这有利于加快弥补这些地区的发展短板，增强与发达地区的经济联系，形成内生的自我发展能力，向富裕之路加速挺进。当前，尽管我国总体上已基本实现了基本公共服务的"均等化"，但是对部分地区、部分群体来说，基本公共服务的"均等化"依然存在较大的提升空间，基于云服务、大数据、"互联网+"技术的云课堂、云医疗、云康养以及云文化等公共服务能够让落后地区、贫困群体享受更优质的公共服务资源。总的来说，科技创新应始终遵循"以创新推动发展，以发展造福人民"的基本逻辑，秉持"服务人民是科技创新的本质要求"①，将更多的创新资源，尤其是创新成果引向革命老区、民族地区、边疆地区、连片贫困

---

① 习近平. 习近平主席在出席亚太经济组织第二十六次领导人非正式会议时的讲话 [M]. 北京：人民出版社，2018：7.

地区等，加速其经济发展提质增效，大幅提升当地居民的生活水平，使其消费更高质量的物质与精神产品，从而促进全体人民福利增进。

三、人力资本积累机制

2018 年，习近平总书记在北京大学师生座谈会上指出："建设社会主义现代化强国，发展是第一要务，创新是第一动力，人才是第一资源。"①何为人才？在经济学视域下，人才就是"活的劳动"，是接受过一定层次的教育，身体健康状况良好，有较高的专业技能，且具备一定的智力思维创新、管理创新、技术创新等创新能力的劳动者个体，这也是人力资本的具体体现。按照供给侧结构性改革关于优化供给体系、提高全要素生产率等深层次要义来看，加强人力资本积累已成为深入推进供给侧结构性改革必要的经济行为。

首先，加强创新型人才队伍建设是深化供给侧结构性改革的基本前提。人才作为建设社会主义现代化强国的第一资源，在我国长期存在流失严重和结构畸形的问题，通过完善人才培养机制，可以充分发挥劳动者的积极性、主动性和创造性。一方面，我国固有的体制机制、区域界限曾经一度在很大程度上制约了人才在政府、企业、高校之间以及国内和国外之间的自由有序流动。所以，创新人才流动机制，打破阻碍人才流动的制度藩篱，提高人才对外开放水平是有效实施供给侧结构性改革的前提。另一方面，健全人才激励机制是当前深入实施供给侧结构性改革的关键。实行多元化分配激励机制，鼓励人才入股、技术入股，让更多劳动者拥有股权、期权、产权，可以有效提高劳动者的工作动力。与此同时，要积极培养劳动者的创新意识、创新思维，提高学校教育质量，积极鼓励、支持、引导劳动者进行创新活动，有利于更好发挥人力资本的作用。

其次，创新人才引进政策是供给侧结构性改革的重要环节。人才是第一资源，供给侧结构性改革的各个领域都离不开人才的作用。一方面，坚

---

① 习近平. 在北京大学师生座谈会上的讲话［N］. 人民日报，2018-05-03（2）.

持以满足社会需要和市场需求为准则，始终坚持"不拘一格降人才"的根本导向，是引进人才的基本原则。习近平总书记指出，要"实施更开放的创新人才引进政策，聚天下英才而用之"①。这就表明，人才引进要用开放和发展的眼光科学看待，正确认识且要综合运用国际、国内两种人才资源的创新能力，提高劳动力市场配置的灵活性，精准引进"高精尖缺"人才。另一方面，人才的引进离不开各项配套制度的有力保障，努力构建具有全球竞争力的人才制度体系，不仅可以保护企业家和科研人员的财产权和创新收益，而且还可以增加知识价值，尽可能为人才营造良好的工作环境，充分发挥人力资本的作用。

再次，完善人力资本的收入分配政策是供给侧结构性改革的内在要求。继续深化收入分配制度改革，规范收入分配秩序，明确按劳分配与生产要素按贡献分配的具体途径，在提高城乡居民整体收入水平的基础上力争有效缓解和缩小收入差距，同样有利于人力资本作用的充分展现。一是调节过高收入，在垄断行业的过高收入逐渐得到控制的同时将重点转向打击由非法收入引起的过高收入，可以确保收入来源正规化。二是保护合法收入，尤其是保护农民和中等收入阶层的合法收入，加快建立农产品的市场价格体制，增强政府转移支付的针对性和有效性，在完善工资标准的基础上，提高收入透明度，可以进一步提高劳动者的积极性。三是继续深化社会保障体制改革，强化各级地方政府对发展社会事业的重视，努力实现教育、科技、文化、医卫、生态环境等领域的协调发展，可以有效解决劳动者的后顾之忧。要做到这一点，当务之急是建立健全符合社会主义市场经济体制要求的、多元化的资金筹措机制，吸引社会投资基础设施建设和社会保障事业②，促进人力资本积累加快。

最后，完善知识产权保护制度是更好激发人力资本创新活力，提高供

---

① 习近平. 在省部级主要领导干部学习贯彻党的十八届五中全会精神专题研讨班上的讲话 [N]. 人民日报，2016-05-10 (2).

② 徐志向，丁任重. 新时代中国省际经济发展质量的测度、预判与路径选择 [J]. 政治经济学评论，2019, 10 (1)：172-194.

给侧结构性改革效能的重要保障。巴泽尔曾在对产权进行经济分析时指出："有些缔约方由依照他们自己利益行动的个人组成。另一些缔约方由成对的组织如企业、政府、俱乐部和家族组成。此外，还有个人和这些组织之间的合同。因为个人的目的相当清楚，把所有的产权都定义为个人占有的权利是有好处的。最后，个人总是与其他个人相互影响，不管互相影响的一方或双方是否在某种程度上代表组织。"① 这深刻地揭示出当产权在个人与组织之间有所徘徊时，个人总是会追求最大的权利，占有可以占有的经济利益。这是一个理性的经济行为，同样也是人类社会还未到达共产主义社会所面临的一种正常现象。这就意味着，在权益边界界定方面要明晰各个参与创新的主体间享有的权利边界，凭借合理的评估体系界定创新主体对创新成果的贡献程度，依据法律法规规范和保障创新主体分享经济效益的量度，鼓励以法律法规的形式，结合不同行业的不同情况，制定分行业和领域的职务发明人和单位收益分享比例，实现单位与职务发明人的互利共赢，以提升职务发明成果的转化利用效能②。

四、物质资本优化机制

回顾中华人民共和国成立 70 余年来的产业发展历程可以发现，物质资本结构层面的优化对经济中长期增长产生了巨大推动作用，这可由产业结构优化升级与经济周期的关联看出。其中，大致每隔 20 年左右我国就会经历一次产业结构升级。第一次产业结构升级发生在 1949—1952 年，主要表现为产业发展摆脱了旧中国的混乱无序状态而步入正常生产轨道，推动1953—1969 年年平均 GDP 增速达到了 6.3%；第二次产业结构升级发生在1969 年左右，主要表现为第二产业增加值占 GDP 的比重超过第一产业，推动 1970—1985 年年平均 GDP 增速达到了 9.0%；第三次产业结构升级发

---

① 巴泽尔. 产权的经济分析 [M]. 费方域，段毅才，译. 上海：上海人民出版社，1997：9.
② 徐志向，褚妍鹏. 数字经济背景下专利保护对技术创新的双向激励作用研究 [J]. 中国西部，2021 (3)：77-86.

生在 1985 年左右，主要表现为第三产业增加值占 GDP 的比重超过了第一产业，推动 1986—2012 年年平均 GDP 增速达到了 10.0%；第四次则发生在 2012 年左右，主要表现为第三产业增加值占 GDP 的比重超过了第二产业，且 2015 年开始第三产业增加值占 GDP 的比重已经超过了 50%。在当前新一轮科技革命和产业变革的背景下，继续推动产业结构优化升级必然还会为经济发展起到进一步推动作用。

深化供给侧结构性改革，深入推进"三去一降一补"，作为一项长期性的工作任务，不可能完全"毕其功于一役"。当前，坚持以创新为引领，以物质资本投入结构调整优化经济体的产业结构，有利于加快解决经济"脱实向虚"的问题，有利于"做实做强做优"实体经济，有利于提高资源配置效率，形成高质量发展的产业结构新格局。

首先，实现新一轮供给侧结构性改革与宏观调控政策、创新驱动以及产业结构优化升级的协调配合，可以提高供给侧结构性改革对需求侧变化的适应性和灵活性。其中，关键环节就是要努力打通科技和经济转移转化的通道，尽快建立以企业为主体、市场为导向、产学研深度融合的技术创新体系。一是可以发挥政府的激励和保障作用，当务之急是尽快完善产权制度、专利制度和融资制度。二是坚持企业在创新中的主体地位，并发挥大学和科研单位的基础研究能力。企业作为市场信息最快和最直接的接收者，坚持以企业的创新应用需求为导向，可以更好引导大学和科研单位发挥在核心技术攻关方面的优势。三是加快形成全方位的创新协同效应。在充分借助数字经济和数字金融发展的同时，积极组建"互联网+"联盟、高端芯片联盟，加强战略、技术、标准、市场等领域的沟通协作，可以加快新产业、新业态、新模式的发展步伐[①]。四是坚持产业化导向，大力推进产业结构优化升级。通过以提高技术含量、延长产业价值链、增加附加值为重点，大力发展以海洋高新技术、航空航天技术、关键高端材料、高

---

① 徐志向，丁任重，张敏. 马克思社会再生产理论视域下中国经济"双循环"新发展格局研究［J］. 政治经济学评论，2021（5）.

端医疗装备、高端装备制造业等为代表的一系列战略性新兴高端产业，可以为传统产业的转型升级提供思路引导，更好推动传统产业发展。此外，在农业发展方面，可以着重把培育农村中介组织、提高农民的组织化程度作为工作重点，在保障分散农户的合法权益的同时，充分利用农村中介组织的技术与资源，加大对农民的教育、培训，分离出有能力的农民实行规模生产，从而提高农业生产效率[①]。

其次，做好"加减乘除法"，可以促进经济结构优化升级。经济结构的优化升级调整涉及多个方面，具体路径也有所不同。一是做好加法。通过将产业政策的制定适当向新兴的生产性服务业和生活性服务倾斜，优化服务业供给结构，有利于加快现代服务业发展；在消除传统产业萎靡带来的增长动力不足问题的同时，优化升级产业结构，有利于加快战略性新兴产业发展。二是做好减法。面临产能过剩的问题，以充足的外汇储备为基础，抓住"一带一路"建设机遇，鼓励向国外输出过剩产能，加快去库存的速度，同时加快淘汰"僵尸企业"，能够提高资源利用效率。三是做好乘法。以创新发展为指导，抓住信息化与工业化深度融合机遇，运用先进信息技术改造提升传统产业，更新淘汰落后设备，加快传统产业升级换代是关键。四是做好除法。坚持绿色发展，扩大节能减排领域的投资，严把企业节能减排审核关口，提高违规排污的成本，降低资源消耗与排放规模，有利于提升经济发展质量[②]。在此基础上，紧紧抓牢利用互联网转变发展方式的关键机遇，向绿色化、智能化、柔性化、网络化的制造业发展方向迈进，逐步实现"制造业+服务业+高科技"融合发展模式。同时，在产业发展过程中，正确处理好创新和就业的关系，科学把握科技创新和稳定就业的平衡点，有利于更好发挥整个社会的活力和创造力。另外，政府通过中期内实行适度紧缩的货币政策，抑制资产价格的过度膨胀，并严格

---

① 徐志向，丁任重. 新时代中国省际经济发展质量的测度、预判与路径选择 [J]. 政治经济学评论，2019, 10 (1)：172-194.

② 丁任重，李标. 供给侧结构性改革的马克思主义政治经济学分析 [J]. 中国经济问题，2017 (1)：3-10.

土地管理制度，增加土地的有效供给，还可以加强对房地产行业泡沫问题的防范与治理。

再次，努力化解当前我国各类债务的偿还压力，扭转经济"脱实向虚"的局面，可以为实体经济的发展提供长远保障。一是压缩国有企业经营性、竞争性领域支出，加大推进企业的改革力度，继续清理"僵尸企业"，有利于加快传统产业升级步伐；二是继续大力推进地方债置换工作，减轻地方政府的利息负担，缓解地方偿债压力；三是通过"结构性去杠杆"提高资金配置效率。2008 年金融危机后国内杠杆率上升速度过快，致使加杠杆背后的投资资金出现资源错配现象，降低了杠杆的利用效率，所以短期内通过对杠杆率进行结构性调整，可以实现长期的可持续发展[1]。另外，进一步促进经济发展"脱虚向实"，降低企业成本，提高实体经济的投资收益率，有利于分散人们的投资行为，从而化解房地产及金融行业存在的泡沫风险[2]。当然，要尽快扭转经济"脱实向虚"局面，前提是要加强金融服务实体经济的能力。实体经济作为国家经济的立身之本，必须拥有充足的资金支持才能得到更好的发展。过去一段时期，资金流向虚拟经济现象明显，不仅增加了系统性风险，而且限制了实体经济的发展。当前，伴随我国数字普惠金融发展的强劲势头，在大力发展智能制造的同时，应尽快引导资金流向实体经济的优质项目[3]。

五、资源环境约束机制

资源环境约束既是经济社会发展需要着重破解的结构性制约，也是顺利实现供给侧结构性改革诸多目标必须重视并消解的重大问题。党的十九大报告明确强调，必须树立和践行绿水青山就是金山银山的理念，坚持节

---

① 李优树，张敏. 金融结构视角下杠杆率对经济增长的影响 [J]. 统计与决策，2021, 37 (9)：147-151.

② 徐志向，丁任重. 新时代中国省际经济发展质量的测度、预判与路径选择 [J]. 政治经济学评论，2019, 10 (1)：172-194.

③ 徐志向，丁任重，张敏. 马克思社会再生产理论视域下中国经济"双循环"新发展格局研究 [J]. 政治经济学评论，2021 (5).

约资源和保护环境的基本国策，像对待生命一样对待生态环境。然而，长期以来，生态经济、绿色经济、循环经济、低碳经济等发展要求始终没有得到地方政府的足够重视，从而造成了积重难返的局面。新时代背景下，通过深入贯彻绿色发展理念，可以进一步明确改革的逻辑，抓住改革的重点，加大改革的力度。加快落实将绿色发展理念纳入地方官员晋升考核机制，并赋予适当的权重，同时充分利用地方政府的决策权、执行权与监督权，完善有利于能源资源节约和生态环境保护的法律法规，"双管齐下"可以共同推动全社会树立绿色发展意识。在此基础上，我们应充分认识到发展绿色经济是一项长期系统工程，改革要循序渐进，通过主要矛盾的解决来缓解次要矛盾的影响①，以更好地推进供给侧结构性改革。

新经济发展时代，应该重点突出创新发展对绿色发展的引领和带动作用，加快破解资源环境约束，促进供给侧结构性改革深化。马克思所言如是："科学的进步，特别是化学的进步，发现了那些废物的有用性质。"②这就意味着，重视技术进步的绿色价值本身也属于创新驱动的规定范畴。新时代背景下，我国尚处于转变经济发展方式的关口期，传统的粗放型发展模式所造成的资源浪费、环境污染、生态恶化等问题正在凸显，如何正确处理经济发展和环境保护之间的关系显得尤为重要。为此，习近平总书记多次强调："绿色发展是生态文明建设的必然要求，代表了当今科技和产业变革方向，是最有前途的发展领域"③，而"绿色科技成为科技为社会服务的基本方向，是人类建设美丽地球的重要手段"④。例如，水资源方面，习近平总书记指出："从全球范围看，目前节水、治污、水生态修复方面都有大量成熟适用技术……发挥先进适用技术对保障水安全的重要支

---

① 徐志向，丁任重. 新时代中国省际经济发展质量的测度、预判与路径选择 [J]. 政治经济学评论，2019，10（1）：172-194.

② 马克思. 资本论：第3卷 [M]. 中共中央编译局，译. 北京：人民出版社，2004：115.

③ 习近平. 为建设世界科技强国而奋斗 [N]. 人民日报，2016-06-01（2）.

④ 中共中央文献研究室. 习近平关于科技创新论述摘编 [M]. 北京：中央文献出版社，2016：98.

撑作用。"① 能源方面，2013 年习近平总书记在听取科技部汇报时对能源安全问题的研究提出了新的要求，并指出："我国资源特色是煤，如何保护生态，在煤的清洁化等方面要下功夫，科技要攻关"②，此外，习近平总书记还明确表示："发展新能源汽车是我国从汽车大国迈向汽车强国的必由之路"③。能源技术创新要以绿色低碳为主导方向，以"三个一批"为发展路径④，努力推动以太阳能电池、智能电网、储能技术等为代表的新能源技术不断取得重大突破。"保护环境就是保护生产力，改善环境就是发展生产力"⑤，只有深入贯彻绿色发展理念，坚持走绿色科技创新道路才是实现人与自然和谐共生新格局、切实推进供给侧结构性改革的根本途径。

供给侧结构性改革中，一方面政府应在综合考虑各地区资源禀赋与环境承载力的基础上，通过制定完善的绿色科技投入和成果转化扶持政策，着力形成具有低能耗、低污染、高效率的绿色产业链。另一方面，要通过加快实现有助于节能减排、新能源和可再生能源高效利用的核心技术攻关，尤其是地方政府需根据当地高校办学特色，以公开、公平、公正的招标形式吸引社会各界参与绿色科技投资，有助于推动形成产学研一体化。此外，从发展生态经济的维度，继续加大退耕还林、退牧还草、退田还湖的补助力度，加强森林资源的保护和再培育，全面实施排污费征收管理，并相应提高征收标准，可以倒逼一些"高污染""高耗能""高耗水"的传统行业加快转型升级；从发展循环经济的维度，规范环境管理体系认证的程序，为高污染行业的从业者提供清洁生产的教育和培训，一律采取持证

① 中共中央文献研究室. 习近平关于科技创新论述摘编［M］. 北京：中央文献出版社，2016：95.

② 中共中央文献研究室. 习近平关于科技创新论述摘编［M］. 北京：中央文献出版社，2016：92.

③ 中共中央文献研究室. 习近平关于科技创新论述摘编［M］. 北京：中央文献出版社，2016：96.

④ "三个一批"是 2014 年习近平总书记在中央财经领导小组第六次会议上提出的，具体指应用推广一批、示范试验一批、集中攻关一批。

⑤ 习近平. 习近平谈治国理政：第 2 卷［M］. 北京：外文出版社，2017：209.

上岗是传统行业改革的关键；从发展低碳经济的维度，通过抓试点、树典型、强宣传，既可以保证生产、生活及消费方式向低碳化转型，也有利于限制高耗能、高污染产品的进口①。2020年9月22日，习近平总书记在第75届联合国大会一般性辩论发言时宣告，中国将努力争取在2030年之前实现二氧化碳排放量达到峰值，在2060年之前实现碳中和。2021年3月，习近平总书记在中央财经委会议上强调，实现"碳达峰""碳中和"是一场广泛而深刻的经济社会系统性变革，要把"碳达峰""碳中和"纳入生态文明建设整体布局，拿出抓铁有痕迹的劲头，如期实现"双碳战略"目标。"双碳战略"的稳妥推动实施，对供给侧结构性改革提出了更高的新要求，由此形成了供给侧结构性改革持续深化的资源环境约束动力。

第三节　多种要素推动机制的有机组合框架

供给侧结构性改革本就是一项系统、复杂的变革工程，其实现必然也是多个因素发挥协同作用的过程。由要素投入视角看，深入推进供给侧结构性改革主要有多种机制——制度变革保障机制、科技创新驱动机制、人力资本积累机制、物质资本优化机制、资源环境约束机制。供给侧结构性改革诸多重大任务的成功完成以及诸多改革目标的顺利实现，需要这些要素推动机制能够做到传导畅通、搭配合理、充分协同，从而充分发挥驱动作用。

制度变革保障、科技创新驱动、人力资本积累、物质资本优化和资源环境约束五大要素推动机制并不是孤立割裂的，而是相辅相成、互动协调的。这五个方面彼此的双向反馈构成了推动供给侧结构性改革的要素推动机制组合框架，简要的互动系统框架如图3-1所示。

---

① 徐志向，丁任重. 新时代中国省际经济发展质量的测度、预判与路径选择 [J]. 政治经济学评论，2019，10（1）：172-194.

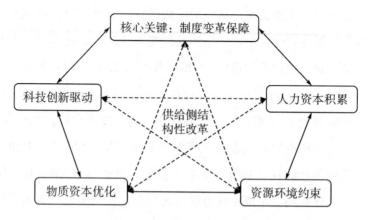

图 3-1　供给结构性改革的要素推动机制组合框架

在五大要素推动机制中，对供给侧结构性改革来说，制度变革保障机制处于核心关键的地位。一是这由中国改革开放以来经济制度变迁与经济发展的紧密关联所决定；二是对上层领域制约生产力发展的相关制度变革，促进生产关系与生产力之间相互协调，从而推动生产力发展是供给侧结构性改革的重要突破口；三是制度领域中涉及的诸如科技、教育、投资、环境保护等方面体制机制的变革，有利于为科技创新驱动、人力资本积累、物质资本优化、资源环境约束四个机制充分发挥结构变革作用"松绑"。而且，这四个机制的运行情况又将反馈于制度领域，从而产生强化既有制度安排或促进制度创新，形成更合理的制度体系。

相应地，其他四个机制彼此之间也存在着双向反馈作用，并共同作用于供给侧结构性改革。首先，科技创新离不开人力资本的重要支撑，科技创新又可以通过人力资本生产工具的优化（如教育教学与培训工具的变革、知识传播系统的升级等）加速人力资本积累。其次，科技创新的推进可能会通过新产品、新行业等引导投资，引导物质资本结构逐步调整；反过来，诸如增加未来产业发展方向相关投资的物质资本结构调整有助于科技创新成果产品化、市场化，改善社会的供给结构。再次，人力资本与物质资本原本就是社会资本的两大类构成，人力资本投资增加一方面可能会压缩物质资本总量，倒逼其集约利用资本；另一方面人力资本质量的提升也有可能通过影响产业发展政策制定、企业发展决策等途径促进物质资本结构优化；供给侧结构性改革进程中的物质资本结构优化则会对劳动力提出更高要求，推动劳动力进行劳动技能等综合素质提升，这其实就是人力资本积累。最后，就资源环境约束而言，日益趋紧的资源环境约束形成了经济发展质量持续跃升的压力，这要求改变"三高两低（高消耗、高排放、高污染、低附加、低效益）"的发展模式，由此倒逼物质资本与人力资本由"三高两低"部门转向"三低两高（低消耗、低排放、低污染、高附加、高效益）"部门，而且要加强科技创新，运用科学技术破解资源环境约束。反之，科技创新实力增强、人力资本质量提升、物质资本结构优化也能够有效缓解资源环境约束。

总的来说，要素投入视角下供给侧结构性改革的五大实现机制并非孤立存在的，而是相互作用，统一于供给侧结构性改革的不同阶段。供给侧结构性改革的顺利推进，需要明晰五者的辩证关系，注重发挥五个方面的特定指向功能，最大程度上及时释放五大机制的协同效应。

本章小结

供给侧结构性改革的全面系统推进与顺利实现，需要明晰供给侧结构性改革涉及哪些主要结构性因素。基于对供给侧结构性改革的深入理解，我们发现中国宏观经济供给领域存在诸如制度变革滞后、科技创新不足、人力资本支撑力度薄弱、物质资本结构失衡、资源环境承载力较弱等问题。

本章从制度变革、科技创新、人力资本、物质资本以及资源环境五个方面入手，挖掘了加快供给侧结构性改革深化推进的制度变革保障机制、科技创新驱动机制、人力资本积累机制、物质资本优化机制、资源环境约束机制。

供给侧结构性改革进程中，五大机制各有侧重、相互统一。制度变革保障机制侧重创新制度设计，破除生产领域、流通领域、分配领域的诸多制约，为其他四个机制发挥作用提供制度保障，加速推进供给侧结构性改革。科技创新驱动机制强调科技创新对社会再生产质量跃升的引领作用与驱动作用，新技术、新模式的运用有利于精准施策、优化政策绩效、促进人力资本积累加速、引导物质资本结构加速调整、缓解资源环境约束，促进供给侧结构性改革深化。人力资本积累机制主张以加强人力资本投资为抓手，为社会再生产提供更高质量的劳动力，以更多智力与智慧支撑制度设计创新、促进科学技术创新加速、推动物质资本结构调整、提高环境保护与污染治理成效，加速改善供给侧结构性改革质效。物质资本优化机制侧重社会投资重点要进行结构调整，由"三高两低"行业主动转向"三低两高"行业，由此将推动制度设计加速创新、带动科技创新加速、释放更多人力资本需求、缓解资源环境压力，从而助力供给侧结构性改革任务顺利完成。资源环境约束机制则是突出了资源环境的倒逼作用，资源环境约束趋紧，极大程度上收窄了国民经济高质量发展的空间，对体制机制、科技创新、人力资本以及社会投资等提出了更高的转型要求，由此实现其促进供给侧结构性改革提质增效的重要作用。

第四章　供给侧结构性改革的
红利效应：增长趋势视角

　　不同于传统凯恩斯主义侧重需求端的调控，对短期经济增长有直接、显著的刺激作用，中国更注重供给侧结构性改革对长期经济增长的作用，而这一作用通常可通过潜在经济增长能力表现出来。习近平总书记强调："供给侧管理，重在解决结构性问题，注重激发经济增长动力，主要通过优化要素配置和调整生产结构来提高供给体系质量和效率，进而推动经济增长。"① 按照现代经济增长的分析逻辑，经济结构性调整过程中的潜在经济增长率会出现较为明显的波动或下滑现象，尤其是长期的经济结构性调整更会使得潜在经济增速在高于实际经济增速的水平上缓慢下滑。

　　从中国改革开放以来的实际经济增长情况来看，中国 1978—2007 年的经济总量以年均约提高 9.6 个百分点的速度高速增长，可谓举世瞩目。然而，2008 年爆发的世界性金融危机中断，且终止了中国改革开放以来的高速增长趋势，中国政府为避免实体经济出现"硬着陆"实施了侧重需求侧管理的财政与货币"双扩张"宏观经济调控政策，经济得以稳定，2010 年

---

　　① 习近平.习近平总书记在省部级主要领导干部学习贯彻党的十八届五中全会精神专题研讨班上的讲话［EB/OL］.（2016－05－10）［2021－07－30］. http://www.xinhuanet.com/politics/2016-05/10/c_128972667.htm.

的实际 GDP 增速（以 1978 年的价格为基准）恢复至 10.6%，但此后却给出逐年下跌的"答卷"。充分考虑中国大力推进以"一带一路"为引领的对外开放格局建设的潜在效益，并结合国际货币基金组织、世界银行、联合国等机构对以双边合作、多边合作为支撑的新型全球化格局的推动，本书认为中国此轮的经济增速下滑是结构性的，是过去多年高速粗放发展模式透支经济增长潜力后的结构性调整规律使然。

为充分借助经济结构调整抓手，在经济缓慢下滑过程中实现经济高质量发展的现代转型目标，中共中央延续一贯秉持的实事求是与改革精神，果断地推行了供给侧结构性改革。供给侧结构性改革是一项系统性的工程，其促进经济发展的作用非常庞杂，从不同视角、不同对象、不同层面、不同时点等进行观测会有不同的结果。但是，这些异质性的作用最终都会反映在经济增长方面，通过宏观总产出输出，而且也会通过代表长期增长能力的潜在经济增速反映出来。因而，本章基于潜在经济增长视角，将前文关注的制度、科技创新、人力资本、资源环境等关键的结构性变量纳入经典的增长分析框架，对经济全球化背景下中国改革开放以来的潜在经济增长率进行再估计，以捕捉供给侧结构性改革的长期红利效应。进一步，基于供给侧结构性改革因素的潜在经济增长率，估计诊断未来的潜在经济增长趋势，以此为基础判断伴随结构性红利的缓慢释放，中国能否平稳跨越"中等收入陷阱"、跻身高收入国家队列，又是否有足够的增长潜力支撑第二个百年目标的顺利实现。

第一节 研究梳理

刻画经济增长趋势首要的是估计潜在产出。潜在产出由美国经济学家 Arthur M. Okun 于 1962 年正式提出[①]。如何理解潜在产出对宏观经济决策有着重要的影响。学界关于潜在产出的内涵界定可分为两类：凯恩斯主义者将潜在产出定义为价格水平稳定状态下各类资源和技术充分利用时的最大产出；新古典主义者认为潜在产出是实际经济增长的趋势值，是剔除财政和货币政策等短期需求冲击扰动后的产出水平，实际产出围绕其上下波动[②]。本章借鉴新古典主义的思想与观点，对中国的潜在经济增长开展了实证研究。国内外学者估计潜在经济增长率使用的方法主要有趋势提取法、波峰相连法、生产函数法和结构计量法等[③]。关于潜在经济产出诸多测算方法的优缺点，大量文献资料已给出详细说明，此处不再赘述。

一、潜在经济增速的结构性因素

从制度经济学角度看，制度是影响经济增长与潜在经济增长的重要变量。在分析"中国经济增长之谜"时，Xu Chenggang 指出，中国的增长轨迹是中央与地方分权体制塑造的[④]；Zhang Jun 发现，1978—1989 年推动中国经济增长的是生产资料所有制改革，1990 年之后的行政分层与财政分权

---

① JORGENSON D W, VU K M. Potential growth of the world economy [J]. Journal of policy modeling, 2010, 32 (5): 615-631.

② SCACCIAVILLANI F, SWAGEL P. Measures of potential output: An application to Israel [J]. Applied Economics, 2002, 34 (8): 945-957.

③ 李标，齐子豪，丁任重. 改革进程中的中国潜在 GDP 增长率：估计及预测 [J]. 当代经济科学，2018 (6): 1-13.

④ XU C G. The Fundamental institutions of China's reforms and development [J]. Journal of economic literature, 2011, 49 (4): 1076-1151.

体制变革是中国经济增长的主要驱动力[①]。Halmai 的研究表明，欧盟要提升潜在经济增长能力，亟须改革要素、劳动力、货币以及产品与服务的市场机制[②]。严成樑发现，内生经济增长模式下延迟退休通过提高人口出生率渠道对经济增长的正向影响不足以弥补其通过抑制资本积累对经济增长的负向影响[③]。Hsu 和 Simon 发现中国在金融部门改革方面的努力提升了整体的经济增长潜力[④]。理论上，经济体的制度变革又将催生诸如人口结构、产业结构、人力资本结构等一系列结构性变化，进而影响经济增长及其潜力。

人口结构变化可以通过直接和间接效应影响一个国家的潜在增长率，人口红利的逐渐消失将迅速拉低中国未来的潜在增长率[⑤]。Anand 等研究表明，近十年来老年人口比重的持续爬升导致中国的劳动年龄人口有所收缩，且劳动参与率的提升也不显著[⑥]。郭凯明等发现，全面放开二胎之前的计划生育政策虽然能够带来较优的劳动力结构和较高的城镇化率，但并不利于长期经济增长[⑦]。种种经济迹象表明，人口老龄化在劳动力供给与储蓄率方面形成了明显的负面冲击，极有可能成为中国潜在经济增长率提升的障碍。徐翔通过理论分析和数值模拟探讨人口老龄化与经济增长的关系发现，"养儿防老"机制通过影响出生率影响经济增长潜力，养儿成本的增加降低了长期潜在增长率，较高的教育供给水平可提高生育率，抑制

---

① ZHANG J. China's economic growth：trajectories and evolving institutions ［R］. Wider working paper，No. 33，2008.

② HALMAI P. Structural reforms and growth potential in the european union ［J］. Public finance quarterly，2015，60（4）：510-525.

③ 严成樑. 延迟退休、内生出生率与经济增长 ［J］. 经济研究，2016（11）：30-45.

④ HSU S，SIMON A C M. China's structural transformation：Reaching potential GDP in the financial services sector ［J］. China finance & economic review，2016，4（1）：2-18.

⑤ 陆旸，蔡昉. 人口结构变化对潜在增长率的影响：中国和日本的比较 ［J］. 世界经济，2014（1）：3-29.

⑥ ANAND R，CHENG K C，REHMAN S，et al. Potential growth in emerging Asia ［R］. IMF working paper，No. 2，2014.

⑦ 郭凯明，余靖雯，龚六堂. 计划生育政策、城镇化与经济增长 ［J］. 金融研究，2015（11）：47-63.

人口老龄化和经济增速下滑①。

产业内与产业间的结构调整主要通过全要素生产率的机制作用于一国的潜在经济增长。Hsieh 和 Klenow 认为，中国和印度的制造业存在严重的资源错配现象，若重新配置优化产业内结构，两国制造业的全要素生产率可能的提升区间分别是 30%～50% 和 40%～60%②。Cao 和 Birchenall 的研究表明，农业劳动力与产出向非农部门转移优化产业结构的同时，改善了农业的全要素生产率，两部门对中国经济增长的贡献至少一样③。Timofeev等基于俄罗斯 2007—2017 年的经济数据发现，资源向信息产业配置较大程度上优化了经济结构，信息经济发展能显著提升单位资本产出率，促进经济增长④。

人力资本存量增加有助于促进技术进步，提升全要素生产率，进而改善经济增长潜力⑤。郭晗和任保平的实证研究表明，近年来中国潜在增长率下降主要由资本存量增速下降所导致，但人力资本结构升级减缓了这一趋势⑥。Halmai 研究发现，促进知识积累与技术创新方面的供给侧改革对提升潜在经济增长能力较为重要⑦。Stefano 和 Marconi 实证考察了俄罗斯、中国、印度、印度尼西亚、巴西和土耳其六个转型国家的经济增长潜力，发现中国、印度、印度尼西亚和土耳其的人力资本存量与发展阶段的最优值的差距较大，并指出技能缺乏将阻碍这些国家的潜在增长能力提升⑧。

---

① 徐翔. 人口老龄化背景下的长期经济增长潜力研究 [J]. 金融研究, 2017 (6)：21-36.

② HSIEH C T, KLENOW P J. Misallocation and manufacturing TFP in China and India [J]. Quarterly journal of economics, 2009, 124 (4)：1403-1448.

③ CAO K H, BIRCHENALL J A. Agricultural productivity, structural change, and economic growth in post-reform China [J]. Journal of development economics, 2013, 104 (3)：165-180.

④ TIMOFEEV A G, BAYANDIN N I, KULIKOVA S V. Management of changes in socio-economic systems [M]. Cham：Springer, 2018.

⑤ HSIEH C T, KLENOW P J. Misallocation and manufacturing TFP in China and India [J]. Quarterly journal of economics, 2009, 124 (4)：1403-1448.

⑥ 郭晗, 任保平. 结构变动、要素产出弹性与中国潜在经济增长率 [J]. 数量经济技术经济研究, 2014 (12)：72-84.

⑦ HALMAI P. Structural reforms and growth potential in the European Union [J]. Public finance quarterly, 2015, 60 (4)：510-525.

⑧ STEFANO E D, MARCONI D. Growth potential in emerging countries [M]. Cham：Springer, 2018.

二、潜在经济增速的阶段性预测

部分国内外学者在计算历史的潜在经济增长率基础上，进一步预估了未来的潜在经济增长率，试图为把握未来的经济增长走势以及宏观经济政策的制定提供一定的实证依据参考。

Ward 估算了中国不同时间区间的实际经济增长情况，具体是：2011—2020 年、2021—2030 年、2031—2040 年、2041—2050 年的年均增长速度分别为 6.7%、5.5%、4.4% 和 1.7%[1]。OECD 预测 2011—2030 年、2031—2060 年中国 GDP 的平均增长速度分别为 6.6% 和 2.3%[2]。Pritchett 和 Summers 的测算结果显示，中国 2013—2023 年、2024—2033 年的 GDP 平均增长速度分别是 5.01% 和 3.28%[3]。

陆旸和蔡昉在考虑结构性改革因素的条件下，对 2016—2020 年、2021—2025 年、2026—2030 年中国的潜在经济增长率进行了模拟预测，结果是 6.65%、5.77% 和 5.17%[4]。Hawksworth 等也利用生产函数对中国未来的增长情况进行了预判，发现 2016—2050 年中国经济将年均增长 2.6%[5]。陆旸和蔡昉基于潜在经济增长率视角，预测中国 2050 年的经济增速将下降至 4% 以下[6]。易信和郭春丽的实证研究发现，2049 年前中国的潜在经济增长速度趋于下降，三种不同情形下 2049 年的潜在经济增长率分别为 4.2%、

---

① WARD K. The world in 2050: quantifying the shift in the global economy [R/OL]. https://warwick.ac.uk/fac/soc/pais/research/researchcentres/csgr/green/foresight/economy/2011_hsbc_the_world_in_2050_-_quantifying_the_shift_in_the_global_economy.pdf, 2011.

② OECD. Looking to 2060: long-term global growth prospects [R]. OECD economic policy papers, No. 3, 2012.

③ PRITCHETT L, SUMMERS H L. Asiaphoria meets regression to the mean [R]. NBER working paper, No. 20573, 2014.

④ 陆旸，蔡昉. 从人口红利到改革红利：基于中国潜在增长率的模拟 [J]. 世界经济，2016（1）：3-23.

⑤ HAWKSWORTH J, AUDINO H, CLARRY R, et al. The long view: how will the global economic order change by 2050? [EB/OL]. https://www.pwc.com/gx/en/world-2050/assets/pwc-world-in-2050-summary-report-feb-2017.pdf, 2017.

⑥ 陆旸，蔡昉. 人口结构变化对潜在增长率的影响：中国和日本的比较 [J]. 世界经济，2014（1）：3-29.

3.7%和3.1%①。这些研究基本都是基于生产函数，使用时间趋势外推预测中国未来的经济增长状况，忽略了结构性变革可能引发的增长边界外移与增长跃升效应。

三、潜在经济增速的深入性拓展

总的来看，国内外围绕潜在经济增长话题已开展了丰富深入的探讨，并取得了诸多有价值的成果，为后续研究打下了坚实基础。本书着力从三个方面进行深入拓展，具体如下：

第一，甄别影响潜在经济增长的结构性因素，提高测算潜在经济增长率的客观性。不同于多数研究直接或经过一定的逻辑推理将某一或多个关注变量纳入潜在经济增长率的估计模型的做法，本书在已有文献基础上从实证角度检验了对潜在产出有重要影响的结构性变量，着力提升实证分析逻辑的稳健性。

第二，在评估未来的经济增长趋势时，纳入结构性因素可能产生的增长"跃升效应"。既有研究估计中国未来潜在经济增长率多使用延续旧有增长趋势的线性外推预测方法，本书则审慎地将全球化、制度变革、科技创新、能源消费绿色化等结构变量可能引发的增长趋势"突变跳跃"纳入实证研究的考虑，使用逻辑斯蒂（Logistic）模型计算2018—2050年中国的潜在经济增长率。

第三，尝试优化结构性变量的选择设计。首先，大多数成果并未考虑全球化对潜在经济增长的影响。实际上，"全球化鼓励了市场竞争，提高了要素全球配置效率，促进了产业结构升级和结构转型"②，进而有利于"提升发展中国家的增长潜力，缩小发展中国家与发达国家的发展差距"③。

---

① 易信，郭春丽. 未来30年我国潜在增长率变化趋势及2049年发展水平预测［J］. 经济学家，2018（2）：36-45.

② 邹静娴，张斌. 后中等收入经济体的对外开放：国际经验对中国的启示［J］. 国际经济评论，2018（2）：9-24.

③ STIGLITZ J E. Globalization and growth in emerging markets［J］. Journal of policy modeling，2003，26（4）：465-484.

本书使用涵盖经济、政治和社会三大维度的全球化指数代理全球化，并将之引入中国潜在经济增长率的估计。其次，本章将科技创新潜力纳入潜在经济增长分析框架，基于科技创新与人力资本密不可分的经济学事实与认知，将科技创新投入与人力资本水平加权合成为创新潜力指数，用以代理科技创新。最后，由于经济制度集束中最为基础，且影响最大的是生产资料所有制，因而本章从所有制角度出发选择非国有工业产值比重反映中国的制度变迁轨迹，尝试以此捕获制度变革对中国潜在经济增长的作用。

第二节　研究设计

一、模型构建

尽管估计潜在产出的方法较多，但综合考虑理论基础完备与经济意义明确等因素，生产函数法已成为被国内外学者与机构广泛运用的一种方法，如郭晗和任保平（2014）[1]、OECD（2012）[2]、Pritchett 和 Summers（2014）[3] 等。这里依然使用生产函数法测算中国的潜在经济增长率。本节主要构建四个模型：一是只包含物质资本与劳动两种投入要素的基本模型，用于粗略估算改革开放以来的潜在产出；二是结构性变量对潜在产出回归的模型，用于识别影响潜在经济增长的结构性因素；三是纳入结构性变量的扩展模型，用于测算改革开放以来的潜在经济增长率；四是逻辑斯蒂（Logistic）模型，用于预测当前至 21 世纪中期的潜在经济增长趋势，评估中长期发展目标完成的可能性。

---

① 郭晗，任保平. 结构变动、要素产出弹性与中国潜在经济增长率 [J]. 数量经济技术经济研究，2014（12）：72-84.

② OECD. Looking to 2060：Long-term global growth prospects [R]. OECD economic policy papers, No. 3, 2012.

③ PRITCHETT L, SUMMERS H L. Asiaphoria meets regression to the mean [R]. NBER working paper, No. 20573, 2014.

1. 基本模型

为粗略估算潜在产出，此处将只包含物质资本与劳动投入两个变量的经济增长模型设定为柯布-道格拉斯（C-D）生产函数形式：

$$Y_t = A_t \times K_t^{\alpha} \times L_t^{\beta} \times \mu_t \tag{4.1}$$

公式（4.1）中，Y_t 表示实际 GDP，A_t 表示全要素生产率，K_t 表示物质资本，L_t 表示劳动投入量，μ_t 表示随机扰动影响，t 表示年份，时间范围是 [1978，2018]。假定不存在技术进步和全要素生产率的变动时，基于公式（4.1）设定的计量模型如下：

$$y_t = c + \alpha \cdot k_t + \beta \cdot l_t + \varepsilon_t \tag{4.2}$$

公式（4.2）中，c 为常数；ε_t 为残差，是 A_t 与 μ_t 的综合；y_t、k_t、l_t 为样本期内历年的实际 GDP、物质资本、劳动投入量的自然对数值。使用 1978—2018 年的经济数据回归公式（4.2）可得 c、α、β，将其连同 k_t、l_t 的惠普滤波（HP）值代入公式（4.2）可得实际 GDP 的历年趋势值 $\hat{y}_t$，即潜在产出。进一步，潜在经济增长率的计算公式如下：

$$y_t^{pot} = (\hat{y}_t - \hat{y}_{t-1})/\hat{y}_{t-1} \tag{4.3}$$

2. 因素甄别模型

实际上，基本模型并不适合估计经济增长的长期趋势，在结构转型的经济场景下尤其不适用，因为供给冲击被包含于公式（4.2）的残差 ε_t 中，由此致使结构性冲击通过全要素生产率机制作用于潜在产出的影响难以被捕捉。结构变化对全要素生产率的积极作用表现为劳动、资金等要素在不同区域、不同产业以及不同领域间重新配置。比如，全球化的加速促进了劳动力、资本、技术等生产要素在全球范围内再配置；所有制结构的多元化使得资金、劳动力进入不同成分经济组织进行生产成为可能；趋于老龄化的人口结构既会导致人口红利消失，也将倒逼人力资本投资增加，提高未来的劳动供给质量；科技创新经费投入增加与就业人员受教育程度提升强化了技术进步的物质资本与智力资本基础。这些结构上的变化从不同方面释放劳动生产力，对改善全要素生产率有显著作用，潜在经济增长能力也随之提升。那么，到底哪些结构性因素会借助全要素生产率传导渠道作用于潜在产出呢？为甄别对潜在经济增长有重要影响的结构性变量，此处设定计量模型如下：

$$\hat{y}_t = d + \theta_i \cdot X_t + \eta_t \tag{4.4}$$

其中，d 为常数项，η_t 为残差项，$i = 1，2，\cdots，6$，$\hat{y}_t$ 为基本模型下测算的潜在产出，$\theta_i = (\theta_1，\theta_2，\cdots，\theta_6)$ 为待估计的参数向量，用作识别对潜在产出有重要影响的基本参考标准，$X_t = (rk_t，kof_t，zd_t，kj_t，en_t)^T$ 为可能影响潜在经济增长的结构变量向量。rk_t 表示人口结构，使用老龄化背景下适龄劳动力（15~64 岁）比重，作为控制变量；kof_t 表示全球化，使用全球化指数代理；zd_t 表示制度变革，由反映所有制变革的经济指标代理；kj_t 表示科技创新，由科技创新经费投入和人力资本高级化合成的创新潜力指数代理；en_t 表示能源消费绿色化，使用清洁能源消费比重代理。

3. 优化的增长模型

基于公式（4.4）的计量回归结果，并辅以理论与实践依据，可甄选识别出对潜在产出有重要作用的结构性因素。这些结构变量通过全要素生产率的作用机制而影响潜在产出，此处设定全要素生产率如下：

$$A_t = e^{f + \vartheta_j \cdot \Omega_t + \delta_t} \tag{4.5}$$

其中，ϑ_j 是第 j 个结构性变量对全要素生产率影响系数的向量，Ω_t 是基于公式（4.4）甄选出的结构性变量自然对数值构成的向量，f 是常数项，δ_t 是影响全要素生产率的其他未知因素。将公式（4.5）代入公式（4.1）有结构化的增长模型：

$$Y_t = e^{f + \vartheta_j \cdot \Omega_t + \delta_t} \times K_t^{\alpha} \times L_t^{\beta} \times \mu_t \tag{4.6}$$

公式（4.6）两边取自然对数，并令 $\zeta_t = \delta_t + \mu_t$，考虑结构因素影响后的潜在产出估计模型如下：

$$y_t = f + \alpha \cdot k_t + \beta \cdot l_t + \vartheta_j \cdot \Omega_t + \zeta_t \tag{4.7}$$

依然采用线性回归方法估计公式（4.7）中的参数。然后，将各参数估计值及各自变量的 HP 值代入公式（4.7）可计算出结构化增长模型框架下的实际 GDP 趋势值 $\hat{y}_t^{struc}$，而后利用公式（4.3）的算法能测算纳入结构变量的潜在经济增长率 $y_t^{struc\_pot}$。

4. Logistic 预测模型

经济增长存在边界，越接近增长边界增长速度越低。经济体内部的自然资源、资本、劳动、技术、制度、人力资本等结构因素是形成增长边界，自我抑制增长的主要原因。倘若经济体能够破除边界桎梏，经济增长趋势水平的"跃升"便成为可能。否则，经济增长将停滞不前，"中等收入陷阱"的存在便是警示。全球化背景下，中国正努力通过供给侧结构性改革突破增长边界，尤其是对制度变革、科技创新、能源消费结构优化的重视，使得中国未来的潜在经济增长趋势出现"跃升"的或然率较大。不同于大多数文献使用的时间趋势外推方法（要素趋势外推后代入生产函数计算潜在经济增长率或直接对潜在经济增长率进行趋势外推），此处假定中国的供给侧结构性改革行为能够使未来的潜在经济增长趋势"跳跃"，进而采用 Logistic 模型估计中国 2019—2050 年的潜在经济增长率。具体模型如下：

$$y_t^{struc\_pot} = 1/(1 + \lambda e^{-k \cdot t}) \tag{4.8}$$

其中，$y_t^{struc\_pot}$ 为潜在经济增长率，t 表示时间，λ、k 为参数。对公式（4.8）进行倒数和自然对数处理有：

$$\ln(1/y_t^{struc\_pot} - 1) = \ln\lambda - k \cdot t \tag{4.9}$$

令 $y_t^{fore} = \ln(1/y_t^{struc\_pot} - 1)$，$\eta_1 = \ln\lambda$，$\eta_2 = -k$，可得：

$$y_t^{fore} = \eta_1 + \eta_2 \cdot t \tag{4.10}$$

由于潜在经济增长速度的走势是逐年下跌的，依据 Logistic 模型的要求，$y_t^{struc\_pot}$ 时间序列的斜率或变化速度应具有开口向上的抛物线或类抛物线特征。后文检测发现满足 Logistic 条件的时间区间是［2002，2018］。基于此时间窗口的 $y_t^{struc\_pot}$ 数据，运用 stata15.0 软件的回归技术可估计参数 η_1、η_2。进而，2019—2050 年的潜在经济增长率计算如下：

$$y_t^{fore\_pot} = 1/[\exp(\eta_1 + \eta_2 \cdot t) + 1] \tag{4.11}$$

二、代理指标

上述四个模型中所提及的变量代理指标的时间窗口是 1978—2018 年。各变量的代理指标说明如下：

经济增长的代理变量是实际 GDP（y_t，单位：亿元）。选择 1978—2018 年的名义 GDP 由以 1978 年为基期的 GDP 平减指数进行价格影响剔除后测算得到。潜在经济增长的代理变量是潜在产出（$\hat{y}_t$ 或 $\hat{y}_t^{struc}$，单位：亿元），经由生产函数法计算而来，用以反映实际经济增长的趋势。

物质资本的代理变量是资本存量（k_t，单位：亿元）。资本存量数据并不能够直接观测得到，在资本存量的估算过程中，学者们对基年的资本存量、年折旧率、年价格指数以及投资数据的选取均有不同，导致不同文献报告的资本存量迥异。尤其是大量文献假定固定资产的折旧率相同，忽视了不同产业异质性对资本存量的影响。鉴于此，本书直接借鉴了王维等（2017）[1] 基于最新的十大类行业资本统计数据，利用永续盘存法，设定可变折旧率，按 1978 年不变价计算的年资本存量数据。

劳动投入的代理指标是就业总量（l_t，单位：万人）。由于 1990 年国家统计局对就业总量进行了一次调整，将以往漏算的人数一次性加入进来，使得 1990 年的就业人数出现了一个较为明显的异常跃升。因此，关于 1978—1990 年的就业人员，我们直接引用了王小鲁和樊纲（2000）[2] 对 1978—1990 年就业规模进行平滑处理后的数据，1991—2018 年的就业总量数据则来源于相应年份的《中国统计年鉴》。

全球化的代理指标是全球化指数（glo_t）。大部分文献在考察相关问题时多使用对外贸易或外商直接投资指标代理全球化，这种处理方法虽然便捷，但仅反映了全球化的部分信息，不能全面准确地刻画全球化水平。

---

① 王维，陈杰，毛盛勇. 基于十大分类的中国资本存量重估：1978—2016 年 [J]. 数量经济技术经济研究，2017（10）：61-78.

② 王小鲁，樊纲. 中国经济增长的可持续性：跨世纪的回顾与展望 [M]. 经济科学出版社，2000.

KOF 瑞士经济学会计算的涵盖经济、社会、政治三大维度的全球化指数恰好克服了单一指标度量全球化水平的弊端。因而，这里使用该指数度量中国的全球化水平。

制度变革的代理指标是非国有工业总产值占工业总产值比重（zd_t，单位：%）。理论上，难以模拟所有制度变革的情况。因而，为简要地描绘中国的制度变迁轨迹，本书主要考虑改革开放以来最为基础且影响深远的生产资料所有制改革，具体指标是非国有工业总产值比重。国有工业总产值与工业总产值数据可由相应年份的《中国统计年鉴》和《中国工业统计年鉴》获取。

科技创新的代理指标是创新潜力指数（kj_t）。基于科技创新与人力资本密不可分的认知，本书将科技创新投入与人力资本高级化两个变量进行平均加权合成创新潜力指数。国内外研究通常选择 R&D 经费支出反映科技创新投入情况，本书也遵循此惯例。由于国家统计局仅公布了 1995—2018 年该指标的具体数据，1978—1994 年缺失的数据，本书采用《新中国六十年统计资料汇编》中的"挖潜改造资金和科技三项费用"予以替代补齐。两个时间段的序列数据合并后命名为科技创新经费支出。人力资本高级化是人力资本结构优化的过程，表现为人力资本中受过高等教育人员总量及比重的增加。这里使用 1978—2018 年就业总量中有本科、研究生和留学回国三类教育背景的就业人员占全部就业人员的比重反映人力资本高级化程度。就业人员受教育程度数据来源于《中国统计年鉴》和《中国人口和就业统计年鉴》。

能源消费绿色化的代理指标是清洁能源消费比重（en_t，单位:%）。本书使用《中国能源统计年鉴》和《中国能统计年鉴》中清洁能源消费总量与能源消费总量的比值计算清洁能源消费比重。

人口结构的代理指标是适龄劳动力比重（rk_t，单位:%）。为了在体现人口结构变迁的同时直观表征劳动力供给情况，本书择取 15~64 岁适龄劳动人口占总人口的比重进行测度。由于国家统计局仅提供 1990—2018 年的时序数据，而 1990 年之前只公布了 1982 和 1987 两年的数据，对相应年份的缺失数据，本书采用平均增速法进行了补齐。具体地，1978—1981 年、1983—1986 年的缺失数据由 1982—1987 年的平均增速推算，1988—1989 年的缺失数据由 1987—1990 年的平均增速推算。

三、统计描述

前文模型设定环节述及的各变量代理指标用于计量模型回归之前均进行剔除量纲影响的对数化处理。具体的变量代理指标说明以及各代理指标数据对数值的描述性统计信息如表 4-1 所示。

表 4-1　变量指标说明与统计信息

变量符号	变量说明与代理指标	样本数	平均值	标准差	最小值	最大值
y_t	经济增长：1978 年为基期的实际 GDP	41	10.057 2	1.122 9	8.210 3	11.813 2
k_t	物质资本：资本存量	41	10.296 4	1.296 7	8.668 0	12.616 8
l_t	劳动投入：就业总量	41	11.096 5	0.173 1	10.666 2	11.262 8
glo_t	全球化：全球化指数	41	3.855 9	0.263 7	3.461 2	4.150 8
zd_t	制度变革：非国有工业产值比重	41	3.964 9	0.410 0	3.069 0	4.434 4
kj_t	科技创新：创新潜力指数	41	1.797 2	1.093 7	0.128 2	3.572 2
en_t	能源消费绿色化：清洁能源消费比重	41	2.256 3	0.337 0	1.887 1	3.116 3
rk_t	人口结构：适龄劳动力总量/总人口	41	4.220 3	0.068 3	4.064 2	4.311 2

资料来源：笔者自行测算数据，并绘制表格。

由表 4-1 可知，劳动投入与人口结构代理指标的标准差以及最大值与最小值的差距较小，说明这两组指标数据在样本观测期内具有一定的波动性。全球化、制度变革以及能源消费绿色化三个变量代理指标的标准差分别为 0.26、0.41、0.33，表明这三个代理指标数据在样本观测的时间窗口范围内出现了明显的波动。经济增长、物质资本存量和科技创新代理指标的标准差较大，最大值与最小值之间也存在着显著差异，显示出三者在样本观测窗口内的波动幅度较大。

第三节 实证分析

基于前文设计的计量模型，此处利用中国 1978—2018 年的相关经济数据开展计量实证分析。具体的实证逻辑如下：首先，本书使用最小二乘法法估计计量模型（4.2）的参数，并计算 1978—2018 年中国的潜在经济产出；进一步，运用最小二乘法估计计量模型（4.4），识别对潜在经济产出有显著影响的结构性经济因素。其次，将甄别遴选的结构性变量纳入生产函数中，使用最小二乘法估计计量模型（4.7）得到样本期内的潜在产出，而后运用公式（4.3）的算法可测算得到相应年份的潜在经济增长率。再次，在各自变量预测值的基础上，通过公式（4.10）和公式（4.11）对中国 2019—2050 年的潜在经济增长率进行测算。最后，基于预测的潜在经济增长率，推算人均产出的未来值，进一步判断中国在 2050 年前是否能够跨越"中等收入陷阱"、迈入高收入国家行列，且达到中等发达国家水平，由此反映供给侧结构性改革宏观层面的红利效应。

一、影响潜在经济增长的结构变量甄别

遵循前文设定的模型，本部分主要从实证角度重新把握潜在经济增长的趋势，并尝试运用计量方法估计识别影响潜在经济产出的结构化变量。与前述的分析逻辑一致，这里首先基于只包含物质资本和劳动投入的生产函数粗略测算潜在产出，并将之视为识别影响潜在经济增长因素的被解释变量。在此基础上，运用计量方法检验一系列结构化变量对潜在产出的作用是否显著。

对不考虑结构性因素影响的潜在经济产出的粗略计量模型（4.2）使用最小二乘方法（OLS）估计相关参数。计量回归时进行了自相关消除和稳健标准误调整处理。具体的估计结果显示各变量的回归系数均在 1% 水

平上显著，F检验值显示通过了联合显著的统计检验。将各自变量的回归系数，连同 k_t、l_t 的 HP 值以及 AR（1）、AR（2）代入公式（4.2）计算实际 GDP 的趋势值 $\hat{y}_t$。进一步，结合公式（4.3）可得时间窗口内粗略估算的潜在经济增长率 y_t^{pot}。

将不包含结构化变量、粗略估算的潜在产出作为被解释变量，并使用消除模型自相关与异方差的最小二乘法（OLS）估计公式（4.4）。有研究显示人口结构会影响潜在产出，且考虑中国的人口红利逐步消失，所以在计量回归时特别控制了人口结构（rk_t）的作用以更充分说明其他变量的影响，结果详见表4-2。在表4-2中，第（1）～（5）列为 1978—2018 年不同变量设置下的回归结果，第（1）列只包含常数项、控制变量与 AR 项，第（2）～（4）列在第（1）列的基础上将关注变量（en_t、glo_t、zd_t 和 kj_t）逐步加入模型。第（6）和第（7）列是以中国正式确定"建立社会市场经济体制目标"的年份为时间区间划分标准，不同样本观测窗口下全变量的回归结果。表4-2中回归方程的可决系数、F 统计量结果显示，计量模型的整体回归结果较好。此外，观察关注变量的回归系数可知，其基本上保持了经济意义与统计检验的双重稳健性。

能源消费绿色化（en_t）、全球化、制度变革三个结构变量可有效改善潜在经济增长能力，本书在估计结构化的潜在经济增长趋势时，将引入这些结构化的经济变量。科技创新对促进潜在经济增长有着明显的积极影响。在表4-2中，第（7）列的 kj_t 回归系数显著为正，且大于第（6）列，说明后半段的科技创新对潜在经济增长的作用显著增强。当前，与发达的创新型国家相比，中国的创新发展还存在着不少的薄弱环节，创新能力不够强（吕薇 等，2018）[①]，兼顾考虑美国对"中兴""华为"肆意制裁事件等诸多因素在激发国家与企业强化创新精神方面的作用，中国的 R&D 投入规模与强度、高质量人力资本积累规模与速度等在未来均将出现明显上

---

① 吕薇，马名杰，戴建军，等. 转型期我国创新发展的现状、问题及政策建议 [J]. 中国软科学，2018（3）：10-17.

升，因而本书认为也需要将该变量包含于公式（7）中。

表 4-2　识别潜在产出影响因素的回归结果

变量	(1)	(2)	(3)	(4)	(5)	(6)	(7)
	1978—2017					1978—1992	1993—2017
rk_t	16.373 7*** (0.364 8)	10.744 8*** (0.488 1)	6.679 0*** (0.730 2)	5.475 9*** (0.567 0)	3.770 8*** (0.593 9)	1.580 7 (2.245 9)	1.626 7 (1.148 7)
en_t		0.456 0*** (0.029 4)	0.393 8*** (0.024 6)	0.413 9*** (0.018 3)	0.295 4*** (0.029 5)	0.677 3*** (0.167 5)	0.294 5*** (0.027 9)
glo_t			1.265 0*** (0.184 0)	0.819 1*** (0.153 8)	0.628 1*** (0.131 3)	0.830 0*** (0.134 9)	1.571 8*** (0.310 1)
zd_t				0.493 0*** (0.080 9)	0.548 0*** (0.066 4)	1.052 7** (0.345 0)	0.502 7** (0.174 8)
kj_t					0.226 9*** (0.049 3)	0.096 2 (0.084 7)	0.206 1** (0.078 7)
$AR(1)$	1.165 2*** (0.165 1)	0.670 5*** (0.171 0)	0.409 0** (0.174 0)	0.267 4 (0.174 9)	0.272 9 (0.176 3)	-2.136 7*** (0.491 1)	0.183 8 (0.209 8)
$AR(2)$	-0.190 3 (0.181 0)	-0.112 0 (0.167 2)	-0.091 3 (0.178 5)	-0.108 9 (0.174 0)	-0.058 8 (0.177 6)	-1.256 2* (0.619 1)	-0.234 2 (0.176 9)
常数项	-59.038 8*** (1.541 7)	-35.293 4*** (2.062 6)	-23.006 8*** (2.506 9)	-18.170 2*** (1.991 4)	-10.861 1*** (2.284 1)	-3.877 0 (8.548 6)	-5.293 5 (4.978 7)
可决系数	0.987 0	0.989 6	0.994 0	0.993 8	0.998 0	0.998 0	0.997 3
F 检验	896.880 0	809.460 0	1 049.530 0	1 049.530 0	2 233.080 0	804.730 0	945.850 0
样本数	39	39	39	39	39	13	26

注：表中数据为笔者自行测算；*、**、*** 表示在 10%、5%、1% 置信水平上显著；圆括号内为标准误。

二、结构化潜在经济增长率的计量估计

为体现结构化变量对潜在经济增长的影响，尽量精确把握潜在产出的真实变化情况，这里将前文识别的影响潜在经济增长的四个结构化因素（en_t、glo_t、zd_t 和 kj_t）统一纳入公式（4.7）。进一步，使用最小二乘法（OLS）对公式（4.7）进行计量回归，消除模型自相关与稳健标准误调整的估计结果如表 4-3 所示。在表 4-3 中，第（1）列只包含两个控制变量物质资本（k_t）、劳动投入（l_t）和常数项；第（2）～（5）列相应地依次

添加了关注变量能源消费绿色化（en_t）、全球化（glo_t）、制度变革（zd_t）、科技创新（kj_t），各回归方程的可决系数和 F 检验值给出了模型的拟合效果较优的信息。

表 4-3　纳入结构性变量的生产函数估计结果

变量	（1）	（2）	（3）	（4）	（5）
k_t	0.602 6*** (0.005 5)	0.620 5*** (0.018 2)	0.558 7*** (0.025 7)	0.526 5*** (0.026 7)	0.354 4*** (0.082 8)
l_t	2.247 2*** (0.048 3)	2.207 8*** (0.065 7)	1.915 5*** (0.118 6)	1.180 9*** (0.179 0)	1.042 9*** (0.219 9)
en_t		−0.018 5 (0.017 4)	0.013 2 (0.021 3)	0.034 4* (0.022 1)	0.081 1** (0.032 3)
glo_t			0.310 0*** (0.086 4)	0.315 2*** (0.089 0)	0.560 9*** (0.145 4)
zd_t				0.369 9*** (0.055 9)	0.338 6*** (0.065 9)
kj_t					−0.045 1 (0.064 7)
$L.\ kj_t$					0.047 4 (0.055 7)
$L2.\ kj_t$					0.126 8** (0.055 1)
AR（1）	1.254 4*** (0.131 2)	1.265 8*** (0.133 6)	1.182 1*** (0.143 6)	0.639 4*** (0.155 8)	
AR（2）	−0.594 7*** (0.124 6)	−0.604 5*** (0.126 6)	−0.557 2*** (0.140 8)	−0.456 0*** (0.156 0)	
常数项	−21.092 3*** (0.490 1)	−20.839 2*** (0.584 1)	−18.148 5*** (1.082 2)	−11.149 0*** (1.670 8)	−8.872 4*** (2.265 2)
可决系数	0.999 6	0.999 6	0.999 5	0.999 5	0.999 3
F 检验值	20 431.030 0	15 847.630 0	10 747.930 0	8 561.910 0	5 497.860 0
样本个数	39	39	39	39	39

注：数据为作者自行测算；*、**、*** 表示回归系数分别在10%、5%、1%置信水平上显著；圆括号内为标准误；L.、L2.分别表示变量的一阶滞后、二阶滞后；第（5）列不添加 AR 项便通过了自相关检验。

由表 4-3 可知，全球化、制度变革与能源消费绿色化对当期的经济增长有促进作用，科技创新促进经济增长的作用表现出滞后效应。第（5）列的全球化、制度变革与能源消费绿色化的估计系数均为正，科技创新的滞后一期、二期的估计系数为正。在第（5）列中出现"科技创新当期的系数小于 0、滞后一期的系数大于 0 但不显著、滞后二期的系数显著大于 0"现象可能有两个方面的原因：一方面，高级人力资本受教育过程中收获更多的是"间接经验"，需要经历 1~2 年的见习，间接经验方能逐步演变为直接经验，接受高等教育期间积累的知识与其他生产要素方能逐步融合转化为现实生产力与创造财富的能力，但这确实在一定程度上挤占了当期经济增长所需的资源；另一方面，科技创新投入存在明显的"机会成本"，在既有的经济增长模式下，增加的科技创新经费如果被用于固定资产投资等方面，则能够直接获取"立竿见影"的增长效果，而且科技创新短期内实际上难以完成"创造性毁灭（creative destruction）"过程（Aghion and Howitt，1992）[①]，事实上"从科学发现到生产上采用间隔的时间很长"（洪银兴，2011）[②]，由此使得科技创新推动技术进步，提升全要素生产率，创造财富与促进经济增长的作用延后。

将表 4-3 第（5）列各变量的估计系数及其惠普滤波 HP 值代入公式（4.7）可计算纳入结构化变量作用的潜在产出（$\hat{y}_t^{struc}$）。进一步，运用公式（4.3）给出的方法能够计算得到 1981—2018 年的潜在经济增长率（$y_t^{struc\_pot}$）。图 4-1 描绘了同期间的 $y_t^{struc\_pot}$ 与实际经济增长率的走势。

图 4-1 显示，中国 1981—2018 年的实际经济增长率小于纳入结构化变量的潜在经济增长率共计有 23 年，这说明了中国在大部分时间内没有充分利用国内外的生产资源，致使实际产出能力低于潜在产出能力。还可以发现，潜在经济增长率在 2005 年达到了 1998 年以来潜在经济增长率最大值，

① AGHION P，HOWITT P. A model of growth through creative destruction [J]. Econometrica，1992，60（2）：323-351.

② 洪银兴. 科技创新与创新型经济 [J]. 管理世界，2011（7）：1-8.

此后便开始步入逐年降低的通道，先于实际经济增长速度下滑 6 年，直接表明了"中国经济新一轮的下滑源于潜在经济增长率的持续降低，是结构性的降档"。

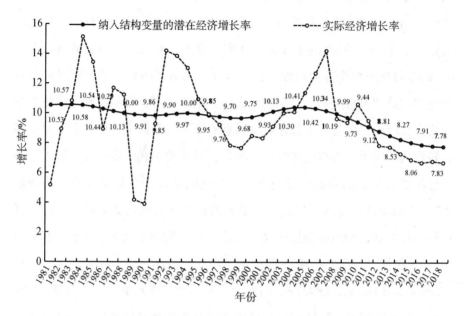

图 4-1　中国的实际经济增长率与纳入结构变量的潜在经济增长率

注：数据由笔者自行测算。由于计算潜在经济产出损失了 2 个自由度，计算潜在经济增长率又损失了 1 个自由度，故起始年为 1981。在预测计算 2017—2049 年潜在 GDP 增长率时，2017 年出现明显的异变（潜在增速为 2.64%）。此处使用前后两年的算术平均值予以替代。

此外，中国最近一次实际经济增长率与纳入结构变量的潜在经济增长率之间的"负缺口"始于 2012 年，且已延续至今，缺口的平均值约为 1.03%。背后深层次的原因在于供给侧结构性改革背景下，调结构、去产能和去库存等经济行为引发的结构性冲击。在中国由经济高速增长向高质量发展的战略转型阶段，全球化、制度变革、科技创新以及能源消费绿色化等结构性变动，虽然确实致使经济增长出现了"阵痛"，但随着结构性调整改革强有力的推进与相关结构性政策的有效落实，确实能够松动，直至破解粗放发展模式下滋生的不可持续发展的经济约束，从而提升经济增长的潜力。中国 2013 年以来潜在经济增长率的降幅显著收窄便是这种推演结果的一种有力说明。与之相伴而生的是,近几年的实际经济增长速度下滑幅度较为微小,似乎向我们暗示了:实体经济正不断"探底",逐步接近"L"形经济走势的底部。

表4-4报告了不同时间窗口下,本书及部分文献预测的中国潜在GDP增长率的结果。

表4-4　预测的潜在 GDP 增长率结果比较

预测结果来源	时间区间	预测增速/%
本书	2017—2020	6.60
	2021—2025	6.02
	2026—2030	5.52
	2031—2035	5.05
	2036—2040	4.56
	2041—2045	4.16
	2046—2049	4.02
	2017—2049	5.12
中国社会科学院经济研究所课题组(2012)	2016—2020	5.7~6.6
	2021—2030	5.4~6.3
陆旸、蔡昉(2016)	2016—2020	6.65
	2021—2025	5.77
	2026—2030	5.17
HSBC(2011)	2010—2020	6.70
	2020—2030	5.50
	2030—2040	4.40
	2040—2050	1.70
OECD(2012)	2011—2030	6.60
	2030—2060	2.30
Pritchett and Summers(2014)	2013—2023	5.01
	2023—2033	3.28
PWC(2017)	2016—2050	2.60

资料来源:笔者整理。

分时间区间考察发现，中国社会科学院经济研究所课题组（2012）①、陆旸和蔡昉（2016）② 计算的相应时间段潜在 GDP 增长速度与本书计算的结果相差并不大。HSBC（2011）③、OECD（2012）④、Pritchett and Summers（2014）⑤ 前半段的预测结果也能与本书保持较好的一致性，但后半段预测的平均增速则有显著差异。不考虑数据处理、经济规模总量增大等因素，虽然他们的模型中没有充分考虑结构调整效应，但其可能认为伴随中国经济规模提升，既有增长模式下累积的结构性问题可能会在未来一段时间内集中爆发，进而强力拉低经济增速。实际上，中国正通过各种改革手段破解供给端的结构矛盾，不容否认这是一个缓慢演化的过程，难以一蹴而就。但是，当模型中考虑制度变革及一些结构性调整的效应后，潜在经济增速的下滑将是平缓的，直至趋于稳定，并不会像他们报告的那样出现"断崖式"下滑现象。

三、中国实现中长期发展目标的可行性

以阿根廷、墨西哥、马来西亚等为代表的部分拉丁美洲或东南亚国家在迈入中等收入国家组序后，出现了经济停滞不前、收入差距扩大、社会动荡等诸多不稳定现象，迟迟难以进入高收入国家行列，在中等收入区间往复徘徊。这被学界形象地描述为"中等收入陷阱"。中国作为转型发展中的大国在进入 21 世纪的十年后，经济总量超越日本，成了世界第二大经济体；中国 2020 年的经济体量已达百万亿元，人均国民收入也超出 1 万美

---

① 中国社会科学院经济研究所课题组. 中国经济长期增长路径、效率与潜在增长水平 [J]. 经济研究，2012（11）：4-17.

② 陆旸，蔡昉. 从人口红利到改革红利：基于中国潜在增长率的模拟 [J]. 世界经济，2016（1）：3-23.

③ HSBC. The world in 2050：Quantifying the shift in the global economy [DB/OL]. [2021-07-30]，https://warwick.ac.uk/fac/soc/pais/research/researchcentres/csgr/green/foresight/economy/green_future_trends_report_-_the_world_in_2050_-_quantifying_the_shift_in_the_global_economy.pdf，2011.

④ OECD. Looking to 2060：long-term global growth prospects [R]. OECD economic policy papers，No. 3，2012.

⑤ PRITCHETT L，SUMMERS H L. Asiaphoria meets regression to the mean [R]. NBER working paper，No. 20573，2014.

兀，而且在面临 14 亿人口的情况下更是全面建成了小康社会。由此可见，改革开放以来中国的转型发展成效可谓令世人瞩目。

继往开来，中国进入社会主义发展的新时代，开启了社会主义现代化建设的新征程，并迎来了新发展阶段下的第二个百年目标。新发展阶段下，由中高速增长转型为高质量发展将是支撑第二个百年目标实现的关键途径，而供给侧结构性改革又是促进发展质量跃升的抓手与主线。那么，随着供给侧结构性改革的深入推进及其红利效应的释放，中国未来较长的一段时期能否顺利迈过高收入国家的门槛，成为发展中国家的"新样板"？又能否在 2050 年之前建成从经济维度衡量的社会主义现代化中等强国？此处将通过预测潜在经济增长的方式对供给侧结构性改革的增长红利进行估计，并回答这两个重要问题。

1. 结构化潜在经济增长率的测算（2019—2050 年）

由于自然资源、生态环境、空间、结构等外在的经济与非经济约束，一个经济体实际上很难长期保持高速增长，终将遇到经济发展的瓶颈，尤其是进入高收入国家序列后，经济增长速度将长期稳定在特定水平上（如美国、日本、韩国在次高速增长阶段平均增速的稳定），这符合世界经济发展的规律与实践。所以，本书尝试使用能够识别生产边界外延的逻辑斯蒂（Logistic）模型预测中国 2019—2050 年的潜在经济增长率（$y_t^{fore\_pot}$）。

图 4-2 展示了潜在经济增长率走势的斜率，即变动速度。图 4-2a 显示，全时间窗口下潜在经济增长率的斜率数据在 0 值上下波动得比较频繁，说明原数据序列是增减交替的走势，而 Logistic 模型则要求单调函数，因此全时间窗口并不符合 Logistic 模型的要求。图 4-2b 以确立"中国特色社会主义市场经济体制改革目标"的时点为起始，时间区间为［1992，2018］；图 4-2c 则以亚洲金融危机的爆发为时间起点，时间窗口为［1998，2018］。从这两幅图可以看出，两条曲线的拟合优度不高，分别为 0.382 7 和 0.500 5。所以，综合考虑图 4-2b 和图 4-2c 也不适用于 Logistic 模型预测。图 4-2d 的时间起点为中国被批准进入世界贸易组织后的 2002 年，这是中国积极参

与全球化的重要阶段性时点。图 4-2d 显示，斜率轨迹只穿越 0 值一次，说明原序列数据的轨迹具备单调性质；一元二次拟合方程的二次项系数为正，拟合的抛物线是开口向上的，而且拟合优度大幅度提升至 0.969 8。由此可见，图 4-2d 描绘的拟合曲线的效果比图 4-2a、图 4-2b 和图 4-2c 的拟合结果要好，符合 Logistic 模型的基本要求。故此，本书选择以图 4-2d 对应的潜在经济增长率数据估计 Logistic 模型（10）中的参数。

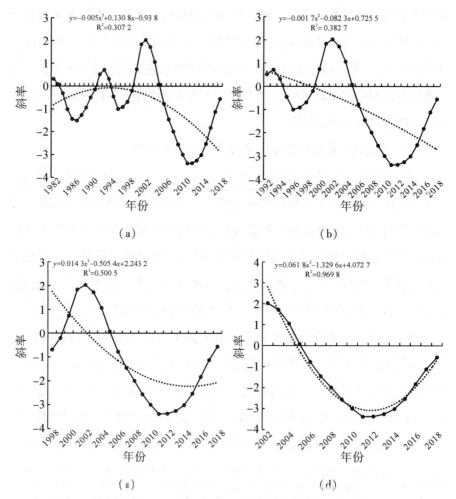

图 4-2　不同时间窗口下的潜在经济增长率走势的斜率

注：数据为笔者自行测算；（a）、（b）、（c）、（d）的时间起点分别为 1982 年、1992 年、1998 年和 2002 年。

使用 stata15.0 的最小二乘估计方法回归模型（10），得到的两个参数的估计值为：$\eta_1 = -44.8790$，$\eta_2 = 0.0235$；两个变量的 t 检验的值为 -12.94 和 13.60，在 1% 水平上通过了显著性检验；模型的联合分布检验值为 F（1，15）= 184.83，可决系数为 0.9249，说明回归模型对数据的拟合效果较好。进一步，将 $t = 2019$，2020，…，2050 与 η_1、η_2 的估计值代入公式（11）中可得 $y_{2019}^{fore\_pot}$，…，$y_{2050}^{fore\_pot}$，结果详见表 4-4。

表 4-4　2016—2050 年中国的潜在经济增长率

年份	$y_t^{struc\_pot}$	年份	$y_t^{struc\_pot}$	年份	$y_t^{struc\_pot}$
2019	7.58	2031	5.83	2043	4.46
2020	7.42	2032	5.70	2044	4.36
2021	7.26	2033	5.58	2045	4.27
2022	7.10	2034	5.46	2046	4.17
2023	6.95	2035	5.34	2047	4.08
2024	6.80	2036	5.22	2048	3.99
2025	6.65	2037	5.10	2049	3.90
2026	6.51	2038	4.99	2050	3.81
2027	6.37	2039	4.88	2019—2035	6.40
2028	6.23	2040	4.77	2036—2050	4.48
2029	6.09	2041	4.67		
2030	5.96	2042	4.56		

注：数据为笔者自行测算；2019—2050 年为预测的潜在经济增长率。

如表 4-4 所示，本书预测的中国未来的潜在经济增长率比部分学者或研究机构给出的测算结果高。例如，OECD（2012）预测 2011—2030 年、2031—2060 年的中国经济平均增长速度分别为 6.6% 和 2.3%[①]；Pritchett and Summers（2014）测算中国经济在 2013—2023 年、2024—2033 年的平

---

① OECD. Looking to 2060：Long-term global growth prospects［R］. OECD economic policy papers, No. 3, 2012.

均增长速度是 5.01% 和 3.28%[①]；陆旸和蔡昉（2016）的估计判断是：2016—2020、2021—2025、2026—2030 年中国 GDP 每年提高约 6.65、5.77 和 5.17 个百分点[②]；Hawksworth 等（2017）认为，2016—2050 年中国经济将以年均提高 2.6 个百分点的速度增长[③]。本书将产生此差异的原因归纳为这些研究并未充分考虑中国统筹国内外资源与市场和大力推进结构性改革等举措衍生的潜在经济增长效益。

2. 跨越高收入门槛与跻身中等发达国家的时点判断

预测未来潜在经济增长趋势的重要目标是，诊断评估中国能否成功迈入高收入国家队列，并进一步建成社会主义现代化强国。为此，本书首先将预测的 2019—2050 年的潜在经济产出折合为 2018 年的现价国内生产总值，然后基于 United Nations（2017）[④] 预测的中国未来人口数据，计算以人民币计价的人均 GDP，最后使用当年的人民币兑美元的平均汇率进行折算。为尽量确保预测结果的稳健性与可比性，此处考虑了汇率稳定、汇率贬值与汇率升值 3 种情况。

对于高收入国家的门槛值，本书基于世界银行 2016 年划定的高收入国家最低门槛线，并使用不同学者或机构预测三种不同的世界平均增速估算未来的门槛值，同时利用向前一步预测方法估计韩国未来的人均 GDP 作为高收入国家与中等发达国家的参照。表 4-5 报告了不同情形下，代表性年份的中国人均 GDP 以及预设的四种高收入国家门槛值变化情况。

---

① PRITCHETT L, SUMMERS H L. Asiaphoria meets regression to the mean ［R］. NBER working paper, No. 20573, 2014.

② 陆旸, 蔡昉. 从人口红利到改革红利：基于中国潜在增长率的模拟 ［J］. 世界经济, 2016 (1)：3-23.

③ HAWKSWORTH J, AUDINO H, CLARRY R, et al. The long view: how will the global economic order change by 2050? ［EB/OL］. ［2021-07-30］. https://www.pwc.com/gx/en/world-2050/assets/pwc-world-in-2050-summary-report-feb-2017.pdf, 2017.

④ UNITED NATIONS. Department of economic and social affairs, population division ［EB/OL］. ［2021-07-30］. World Population Prospects: The 2017 Revision. https://esa.un.org/unpd/wpp/, 2017.

单位：美元/人

表4-5 不同情形下中国人均GDP及高收入国家门槛值

不同情形	2020	2025	2030	2035	2040	2045	2050
中国人均GDP_A：2018年平均汇率（6.617 4）一稳定	11 269.673 5	15 615.317 1	21 091.748 4	27 819.212 2	35 895.471 5	45 398.189 3	56 419.025 6
中国人均GDP_B：1994—2017年平均汇率（7.487 1）一贬值	9 960.590 5	13 801.445 0	18 641.735 5	24 587.738 2	31 725.860 9	40 124.744 9	49 865.403 2
中国人均GDP_C：1978—2016年平均汇率（5.824 3）一升值	12 804.274 8	17 741.668 4	23 963.830 1	31 607.378 5	40 783.389 1	51 580.100 3	64 101.653 4
高收入组门槛A：Hawksworth等（2017）世界经济平均增速（2.6%）	14 113.102 4	16 045.723 3	18 242.993 2	20 741.153 5	23 581.406 7	26 810.598 7	30 481.990 0
高收入组门槛B：OECD（2012）世界经济平均增速（2.9%）	14 278.893 3	16 472.951 6	19 004.143 3	21 924.271 5	25 293.099 0	29 179.572 1	33 663.230 6
高收入组门槛C：世界银行1961—2018年全球平均增速（1.86%）	13 710.324 6	15 033.707 5	16 484.829 4	18 076.020 1	19 820.799 8	21 733.593 5	23 831.857 5
高收入组门槛D：韩国（1960—2018年人均GDP趋势外推）	32 313.978 5	36 822.252 2	41 400.000 8	45 975.087 3	50 547.741 8	55 120.426 1	59 693.125 5

注：数据为笔者自行测算。

基于表4-5有如下发现：第一，人民币汇率稳定在 6.6 左右时，并结合高收入国家最低门槛值的 A、B、C 三种情形，可知中国有望在 2025—2030 年成功跨越"中等收入陷阱"。第二，将人民币兑美元汇率贬值与高收入国家门槛值的前三种情形组合发现，中国成功进入高收入国家组别可能发生在 2030 年左右。第三，在人民币升值条件下，中国大约在 2025 年前后能够转型成为高收入经济体。因而，基于预设的不同情形，本书认为中国在 [2025, 2030] 的时间区间内，顺利迈过高收入国家门槛，跻身高收入国家队列是大概率时间。第四，对于高收入门槛 D，在人民币汇率稳定与汇率升值的情况下，中国的人均 GDP 有望在 2045—2050 年的时间窗口内接近或超越韩国；然而，当人民币汇率出现明显贬值时，依据测算结果可知中国 2050 年的人均 GDP 比韩国低。综合考虑全球化背景下，中国综合国力不断提升以及国家强有力的体制机制变革效应，人民币出现持续大幅贬值的或然率较小，本书认为中国的发展程度达到中等发达国家水平的时间范围是 [2045, 2050]。需要强调的是，在本书模型设定的情境下，2012 年以后，中国的实际经济增长轨迹一直位于潜在经济增长趋势的下方。所以，中国能否成功跨越"中等收入陷阱"，并顺利发展成为中等发达国家，主要取决于国家的全球化水平、制度变革红利、科技创新积累和能源消费绿色化程度四大因素的作用，这也是供给侧结构性改革要着力解决的结构性问题。易言之，供给侧结构性改革的有效推进将成为中国中长期发展目标实现的关键。

本章小结

中国尤为重视供给侧结构性改革对长期经济增长的作用，特别关注供给侧结构性改革对潜在经济增长能力的影响。按照现代经济增长的逻辑，经济结构调整过程中的潜在经济增长率会出现明显的波动或下滑，尤其是长期的结构性调整更会使得潜在经济增速在高于实际经济增速的水平之上持续下滑。本章将中国的经济增长放在全球大视野下考虑，尝试将全球化、经济制度、科技创新、人力资本、资源环境等关键的结构性变量纳入经典的增长分析框架，估计中国改革开放以来结构化的潜在经济增长率，用以捕捉识别供给侧结构性改革在经济增长层面的长期红利效应。

总的来说，全球化依然是当今世界经济发展最显著的时代背景，与各国的经济增长有深度关联，对缩小发展中国家与发达国家的差距也有重要影响。本章立足全球化的发展背景，寻找有利于提升中国经济增长潜力的主要因素，以期为塑造高质量发展动力、加快促进供给侧结构性改革提供经验支撑。随着供给侧结构性改革的深入推进及其红利效应的释放，中国经济系统中有哪些结构性变量对潜在经济增长有显著影响？中国在未来一段时期内能否顺利迈过高收入国家的门槛，成为发展中国家的"新样板"？中国又能否在2050年之前建成从经济维度衡量的社会主义现代化中等强国？本章基于中国1978—2018年的经济数据构建时间序列模型，借助现代计量分析方法回答上述问题。

本章研究的核心发现有如下四点：第一，全球化、制度变革、科技创新和能源消费绿色化可有效提升潜在经济增长能力；全球化对潜在产出的作用力度最大，制度变革其次，科技创新与能源消费绿色化的增长效应较为接近。第二，在经典的 C-D 生产函数中引入四个结构性变量，重新估计了中国1981—2018年的潜在经济增长率，其平均值约为9.70%，比同区间的平均实际经济增速略高 0.14 个百分点；而且最近一轮实际经济增长率的持续下跌始于 2011 年，比潜在经济增长率下跌滞后了 6 年，说明本轮实际经济增速下滑是结构性的，源于潜在经济增长能力的下滑。第三，供给侧结构性改革使得 Logistic 模型预测的潜在经济增长趋势在出现了明显"跃升"后缓慢下滑，2050 年约降至 3.81%；2019—2050 年的潜在经济产出年均提高约 5.5 个百分点，2019—2035 年潜在经济增长率的平均值约为 6.40%，2036—2050 年的平均经济增速约为 4.48%。第四，不同情形下中国成功跨越"中等收入陷阱"，跻身高收入国家队列的时间区间是［2025，2030］，达到中等发达国家水平的时间范围是［2045，2050］，但需要注意这两个目标的实现是以全球化水平稳步提高、制度变革红利释放、科技创新潜力积累提升与能源消费绿色化转型等供给侧结构性改革任务的顺利推进为前提条件的。

必须强调，2010 年后中国经济一直在包含制度变革及其衍生的结构性因素的潜在增长趋势之下运行，中国顺利达到高收入国家和中等发达国家水平可能存在一定的风险。中国实现新时代发展的预设目标要以平稳释放制度红利与结构红利为前提，暗示中国必须有序平稳推进制度性改革，着力优化资源配置，尽最大努力促进实际经济增长与潜在经济增长相协调。具体地，通过加大向新兴产业与高端产业配置资源的力度（国企尤其要发挥好引领与攻坚克难的作用），提升这些产业的生产效率；必须注重人力资本的结构性积累，在推动人力资本总量增加的同时尤其要加速诸如"芯片研制"等关键行业、核心行业及其配套行业"智力资本"的积累，提高中国产业的现代化水平、核心竞争力与全要素生产率；提高清洁能源研发利用的技术支撑能力和推广清洁能源使用的力度，加快形成绿色化的能源消费结构，增大潜在绿色增长空间；加快建设以"一带一路"为主要支撑的全方位、高水平、多层次对外开放格局，积极主动融入、参与、引领、构建包容、合作、互利、共赢的新型伙伴关系，促进新发展格局成功塑造，不断拓展中国的潜在增长空间。

第五章 供给侧结构性改革的
路径选择：产业分工视角

供给侧结构性改革的主攻方向是提高供给质量，就是要减少无效供给、扩大有效供给，着力提升整个供给体系质量，提高供给结构对需求结构的适应性①。从产业部门分工角度看，三次产业是国民经济供给体系与供给结构的基本内容，也是深入推进供给侧结构性改革的中观层面着力点，由此三次产业部门结构性改革的推进及其质量对中国供给侧结构性改革宏观层面的红利效应有着不可估量的影响。因而，本章立足中观的产业分工视角，着重讨论农业、工业②以及服务业的供给侧结构性改革的路径选择问题。

习近平总书记强调："供给侧结构性改革最终目的是满足需求，在解放和发展社会生产力中更好满足人民日益增长的物质文化需要。"③ 这为不

---

① 习近平. 习近平总书记在 2016 年中央经济工作会议上的讲话［EB/OL］.（2016-12-16）［2021-07-30］. http://news.12371.cn/2016/12/16/ARTI1481886083189302.shtml.

② 严格来说，应该是第二产业（简称"二产"）。但是，考虑到工业去产能是供给侧结构性改革的五大重要任务之一，且工业是二产的主要构成以及建筑业受其他行业发展的影响较大，所以本章着重分析工业供给侧结构性改革的路径。

③ 习近平. 习近平总书记在 2016 年中央经济工作会议上的讲话［EB/OL］.（2016-12-16）［2021-07-30］. http://news.12371.cn/2016/12/16/ARTI1481886083189302.shtml.

同部门、不同行业的供给侧结构性改革的路径设计提供了根本导向。

　　理论上，通过三次产业的供给侧结构性改革促进国民经济的结构性调整与升级，短期来看是为了实现"三去一降一补"的政策目标，长期来看是为了在 2020 年全面建成小康社会之后，形成共同富裕向前迈进的经济基础，塑造到 21 世纪中叶建成富强民主文明和谐美丽的社会主义现代化国家的结构支撑。沿着供需适配的路径选择逻辑，进一步结合实现供给侧结构性改革的五大机制，本章着力从制度变革保障、资源集约节约、人力资本积累、资本结构优化、科技创新驱动五个方面分别设计三次产业结构性改革的实践路径。

第一节 农业的供给侧结构性改革路径

"民以食为天"，农业是国民经济平稳发展的根基。自 2003 年以来，中国已经连续 18 年发布"中央一号文件"，致力于促进农村经济社会繁荣、农业现代化发展、农民持续稳定增收，总体成效良好。新时期，我国的农业发展出现了许多新趋势、新情况、新问题。比如，"农业发展形势很好，但一些供给没有很好适应需求变化，牛奶就难以满足消费者对质量、信誉保障的要求，大豆生产缺口很大而玉米增产则超过了需求增长，农产品库存也过大了"①。这直观地说明了农业供给体系的结构性问题已较为突出，损害了农业在国民经济中的基础地位。

为调整农业发展结构，加速农业现代化发展，筑牢国民经济发展基础，2016 年的中央经济工作会议研究部署了"深入推进农业供给侧结构性改革"②的战略任务。2017 年的中央一号文件围绕农业供给侧结构性改革主线统筹安排了三农工作③；2017 年 2 月 20 日，中国农业农村部专门印发了《农业部关于推进农业供给侧结构性改革的实施意见》④，全面落实农业供给侧结构性改革的任务。此后每年的中央一号文件均将农业供给侧结构性改革作为农业农村现代化以及乡村振兴的工作主线或抓手。这些党政文件精神不仅为农业供给侧结构性改革提供了总体思路，也为其路径选择提

---

① 习近平. 习近平总书记在省部级主要领导干部学习贯彻党的十八届五中全会精神专题研讨班上的讲话 [EB/OL]. (2016-05-10) [2021-07-30]. http://www.xinhuanet.com/politics/2016-05/10/c_128972667.htm.

② 习近平. 习近平总书记在 2016 年中央经济工作会议上的讲话 [EB/OL]. (2016-12-16) [2021-07-30]. http://news.12371.cn/2016/12/16/ARTI1481886083189302.shtml.

③ 中共中央国务院. 关于深入推进农业供给侧结构性改革加快培育农业农村发展新动能的若干意见 [EB/OL]. (2017-02-05) [2021-07-30]. http://www.gov.cn/zhengce/2017-02/05/content_5165626.htm.

④ 中国农业农村部. 农业部关于推进农业供给侧结构性改革的实施意见 [EB/OL]. (2017-02-05) [2021-07-30]. http://www.gov.cn/zhengce/2017-02/05/content_5165626.htm.

供了基本的依循。

可以预见,未来 5 年、10 年、20 年甚至更长的时期,农业供给侧结构性改革仍将是中国经济发展蓝图中的重要任务,如何稳妥推进、细化实化农业领域的结构性调整值得深入关注与探讨。本节将尝试给出农业供给侧结构性改革的多元实践路径,以供相关领域的研究与实务工作参考。

一、农业供给侧结构性改革的制度变革保障路径

生产力与生产关系的对立统一关系表明,只有与生产力水平相适应的生产关系才能有利于促进生产力发展,而且随着生产力水平的提升生产关系需要进行适度调整,否则可能形成生产力进一步向前的制约。尤其是经济社会领域的制度变革,能有效促进农业生产力与生产关系相协调。

历史地看,发源于安徽凤阳小岗村的农村土地家庭联产承包责任制属于生产关系领域的重大变革,在促进农业劳动生产率极大程度提高的同时,也成了中国经济体制改革启动的策源。中国特色社会主义进入新时代后,以农用地"三权分置"改革为核心代表的新一轮农村土地制度改革在促进农业生产力发展、农民增收、农村发展环境优化等诸多方面也取得了很大成效。这充分说明了农村经济社会领域中的制度性调整对促进农业生产力与生产关系协调以及农业农村现代化发展起着关键作用。此外,农村经济制度的变革调整也启示我们:全面实施乡村振兴战略,更加需要深刻理解生产力与生产关系之间的动态变化规律,并将之运用于农业供给侧结构性改革的深入推进过程中。

对于农业供给侧结构性改革的落地,2017 年的中央一号文件《中共中央 国务院关于深入推进农业供给侧结构性改革加快培育农村发展新动能的若干意见》明确指出:要以体制改革和机制创新为根本途径;处理好政府和市场关系,协调好各方面利益;坚定不移推进改革,勇于承受改革至阵痛，尽力降低改革成本，积极防范改革风险①。由此可知，落实农业供给侧结构性改革的根本突破口在于农村经济制度变革，关键着力点在于农业体制机制创新，基本变革导向是用活市场机制。

由经济学理论、发展实践与顶层设计看，不断创新农业领域的经济制度是推进供给侧结构性改革的基础路径。农业经济制度可遵循"产权制度改革带动、市场机制联动、政策支持机制推动"的改革路径。具体可从农村土地产权、农产品市场化和农业发展政策三个方面推动农业经济制度创新。

一是加快完善农村集体产权制度改革。现代市场经济中，明晰的产权是确认要素为资源，调动要素参与生产的主动性与积极性，并进一步确保所有权人直接获取要素经营收益或基于资源化与资产化获取其他收益的基础。在农村，土地是最为基本、最为主要的生产要素，盘活土地要素是农业农村现代化的基本路径，农村土地产权制度改革也由此成为农村集体产权制度改革的核心关键。当前，农村土地产权制度改革主要采用了农业生产经营承包地的"三权分置"的形式，也即坚持农村土地农民集体所有的制度安排前提下，稳定承包权长久不变，逐步放活经营权②。这一制度的稳妥推进首先要完成所有地块的"确实权、颁铁证"，即依法实现产权固化，并颁布权属证明，夯实农村土地要素市场化流动的制度基础；其次，要完善自愿退出与补偿机制，以缓解土地存量有限条件下"增人不增地、减人不减地"的分配矛盾；再次，需要尽快明确进城落户的子女继承农村父辈土地以及宅基地附着物等不动产的法理依据与具体办法，提升要素配置效率与要素收益；此外，严把土地用途关口，完善审批征地程序，推动农村经营性建设用地入市，从制度上统一城乡经营性建设用地；最后，在依法确权颁证的基础上，鼓励培育新型农业经济主体，以多种股份合作制

①　中共中央，国务院. 关于深入推进农业供给侧结构性改革加快培育农业农村发展新动能的若干意见［EB/OL］.（2017 - 02 - 05）［2021 - 07 - 30］. http://www.gov.cn/zhengce/2017 - 02/05/content_5165626.htm.

②　与承包地的所有权、承包权、经营权分置不同，宅基地的"三权分置"是指宅基地所有权、资格权（成员权或身份权）、使用权的分置，且其重点是坚持所有权、明确资格权、放活使用权。

为主要形式搭建现代农业发展的新平台与新载体,加快推动形成"要素变资源、资源变资产、农民变股民"的农业农村现代化发展新模式。

二是持续推进农业领域市场机制改革。尽管整体上中国已经建立社会主义市场经济体制,但农业领域的市场经济体制仍然处于逐步探索阶段,而此次农业供给侧结构性改革的一个关键任务是大幅优化完善农业领域的市场化运行机制。理论上,"这次农业供给侧结构性改革是农业由计划经济向市场经济彻底转变的关键一次跳跃,只有用市场的办法、改革的办法完成这惊险一跳,农业才能建立起一套更加成熟的市场运行机制"①。一方面,要按照市场需求导向引导农业生产经营方式转型,发展新产业新业态。市场经济体制下,市场供给最终是为了满足市场需求,而中国的农业供给实际上不足以匹配日益高端优质的农产品需求。所以,在促进农产品供给规模增加的同时,重点既要优化农产品结构、增加供给多样性,又要着力以清洁生产方式增进农产品的"绿色与安全"含量、创设绿色特优品牌,还要以农业与非农产业融合以及新技术新模式等支撑农业价值链的延伸。另一方面,要逐步完善农产品的市场价格形成机制,确保农产品的生产经营与流通秩序稳定。坚持"市场定价、价补分离"的原则,促进稻谷、小麦等农产品生产与流通政策由"包市"转向"托市",以有时限的最低价格收购某一区域特定农产品的非常态化政策调控市场,避免政策扭曲导致农产品生产主体、经营主体退出市场,从而引发农产品价格大起大落。

三是不断优化农业发展政策支持机制。中国作为一个发展中的大国,农业既是基础产业,又是弱势产业。农业的弱势主要体现在两个方面:一方面,与农业较为发达的国家或者地区相比,中国农业现代化仍有长足的发展空间,在生产规模化、投入产出效率、产品质量、品牌影响、产品市场化等方面还明显落后于发达国家或地区的农业;另一方面,与非农产业

① 农业部农村经济研究中心课题组. 农业供给侧结构性改革:难点与对策 [M]. 北京:中国农业出版社,2017:22.

相比较，中国农业与非农业发展长期"倒挂"，工农业"剪刀差"问题的缓解仍需加大力度，农业生产要素大量向非农业的转移直接形成农业发展的掣肘。不论从农业市场化的微观角度出发，还是从国家粮食安全与农业安全的战略视角分析，中国通过宏观经济调控政策支持农业发展均是极有必要的。具体来说，按照世界农业经济发展的客观规律，首先财政支农依然有必要，但支农总体方向应由"黄箱补贴"转向"绿箱补贴"、由价格补贴转向生产者直补（如种子购买补贴、农机具购置补贴、青苗补贴等）；其次，应在加大农田水利设施等基础设施建设以及农村公共服务方面的财政支持力度的同时，充分发挥"四两拨千斤"的作用，带动社会资本积极参与农业、农村发展环境优化的建设；再次，坚持信贷支农的力度不断加大，不断创新、丰富支农信贷产品，有条件的地区应适时、适度提升支农信贷额度；最后，农业保险应始终坚持"保障农民、保障农业"的支农原则，保险产品的设计应经过基层调研，充分反映农业生产者诉求，尽可能提升保障额度，政府给予的农保参与引导资金应直接发放给农民，激励农民参加农业保险。

总之，农业供给侧结构性改革目标的顺利实现需要制度变革松绑农业现代化发展的束缚。在农业供给侧结构性改革推进过程中，应始终坚持市场化导向，由农村生产资料所有制这一基本经济制度入手，以新思维、新模式推进"三权分置"改革，夯实农村地域存量要素、存量资源、存量资产盘活的制度基础；用市场手段解决生产资源不足、生产方式落后、供需不匹配、附加值低的问题，全力落实农产品价格市场形成机制；创新解决市场失灵的调控方式，创新支农政策，以协调的政市关系促进农业现代化加快发展。

二、农业供给侧结构性改革的资源集约节约路径

农业的供给侧结构性改革特别要注意资源节约路径的实施，这是由农业具有的生态、经济、社会和文化等多功能属性特点决定的。总的来说，

农业发展过程中的资源节约要注意加强农田的保护和集约利用，为农业生产和发展提供足够的空间规模；还要注意农业的空间布局，提高农业的产出效率；更要注重发掘农业的生态价值及其在提高全社会生活质量方面的作用。

要加强农田的保护和集约利用。资源约束不仅仅针对非农产业，在农业领域表现得更为突出，尤其是高毒农药、化肥等过度投入以及工业"三废"的超标随意排放引发的环境污染致使土地板结、农业生产率下降、农作物品质不高且安全隐患突出。所以，农业供给侧结构性改革过程中应严格坚守国家划定的"18亿亩耕地与15.8亿亩基本农田"的土地红线，加大动态督查力度与频次，坚决杜绝随意改变农业用地用途的违法违规行为；应大力整治农地水土流失严重、化肥农药超标、重化污染等严重影响农村土地禀赋的问题，采用现代科学技术着力提升农村土地肥力；应以乡镇为基本单位，科学规划区域农田的分块，采用不同村之间、同村内部置换以及培育以农业专业合作社为代表的新型农业经营主体等方式将分散化、碎片化的农村土地整合成大片的、标准化的农田，促进农村土地集约利用，破解规模化、机械化等农业现代化发展的自然制约。

要改善农业的空间布局以及加大资源节约技术的应用。优化农业的空间布局可以起到充分利用农业资源的作用，休耕轮作制、以种植业与养殖业相结合为代表的农业资源循环利用是中国农业生产多年来积累下来的宝贵生产经验，应该继续努力推广和创新发展。比如，水稻田里养鱼虾，既免除了病虫害，又减少了农药污染，还收获了鱼虾，增加了收入；桑基鱼塘中，桑树养蚕，蚕粪养鱼，鱼粪肥桑，循环利用，不产生污染物。农业用水是中国水资源使用的重要组成部分，在节约农业用水方面，应该扩大滴灌、喷灌等新型灌溉技术的应用范围；减少地表水源裸露，防止水分无效蒸发造成的水资源浪费；还应加快探讨农村地域水资源确权的问题，推进农业用水市场化改革。

农业不仅具有经济效益，而且具有明显的生态效益、社会效益甚至文明传承的功能。比如近年来兴起的休闲农业、农家乐、开心农场等，不仅延伸了农业的产业链条与价值链条，而且丰富了农产品的概念，在改善城镇居民生活方式方面起着显著作用。因而，在农业供给侧结构性改革持续深入推进的背景之下，要改变因城乡联系纽带缺乏所导致的传统二元空间格局（"农村是农村，城市是城市"），加快促进城乡融合发展，还要在加强农村生态环境治理与保护的条件下，加大农业非经济功能的深挖力度。农业非经济功能的充分利用不仅能够使得农村居民收入实现较快增加，而且可以充分利用农村地域既有的农业存量资源，将现代农业与现代工业、现代服务业深度融合，促进"三生"（生产、生态、生活）空间系统的全面和谐。

三、农业供给侧结构性改革的人力资本积累路径

美国经济学家舒尔茨在《改造传统农业》一书中提出，现代生产要素的引入是提高劳动生产率、实现农业现代化的关键，尤其是人力资本已成为农业现代化生产不可或缺的投入要素之一。他认为，传统农业向现代化转型离不开农业人力资本的支撑，主张加强在教育、培训以及健康等方面的农业劳动力发展投资，以尽可能提升农业人力资本水平①。实际上，舒尔茨的主张与马克思强调的通过改善劳动能力实现劳动生产率提高与生产力发展有不谋而合之处。在马克思那里，劳动能力改善或者劳动技能提升源于劳动力在再生产过程中用于接受教育、职业培训与医卫健康等的花费，这些支出均内含于劳动力的价值。相比较而言，马克思的分析更具一般性，而舒尔茨的分析更具针对性。总的来说，马克思与舒尔茨的研究逻辑、研究观点与研究结论为人力资本积累被确认为农业供给侧结构性改革的重要推进路径提供了理论层面的证据支持。

依循马克思与舒尔茨的分析思路，并结合中国的农业现代化发展实践，本书认为，在探讨如何通过人力资本积累深入推进农业供给侧结构性

---

① 舒尔茨.改造传统农业 [M].梁小民，译.北京：商务印书馆，2006.

改革时，需要对传统农业中的劳动者或生产者进行重新定义。农业现代化进程中的农业生产者是现代化的农业从业人员，范围更广阔。它不仅包括传统意义上的农民，还囊括了众多农民企业家、农业职业经理人、新型职业农民等现代新型的农业生产经营参与者。农民企业家主要指经营乡镇企业的企业家，农民企业家植根于农村、产生于农民群体之中，又要为农民、农业、农村服务。一个成功的乡镇企业就能直接带动当地农民脱贫致富，因此必须重视对农民企业家的支持和维护。农业职业经理人主要是指掌握农业生产经营所需的资源、资本，运用现代经营管理理念和先进实用技术，专业从事规模化、集约化农业生产经营的组织者和领头人，属于生产经营型的新型职业农民。新型职业农民不同于传统农民的被动"身份烙印"，是具备专业技能，自主选择农业作为主业，主要通过从事农业生产经营活动获取收入的新型农民个体。

壮大各类农民企业家和农业职业经理人队伍，要让"有能力、懂经营、爱农业"的人才进入新农村的建设之中。要让新兴的农民企业家和农业职业经理人享有良好的成长环境以及政策优惠，使其在农村的广阔天地中大有作为。要逐步建立农业职业经理人的选拔机制，要选拔既有一定文化程度又熟悉农业、有志于投身农业生产的高素质人才。要建立农业职业经理人的管理机制，实施分级评定的制度，将经理人的收入水平与农业生产状况直接挂钩。要建立农业职业经理人的服务机制，鼓励建立经理人协会，帮助经理人提升自身的素质，更好地发挥作用。

要大力培养新型职业农民，开展各项专业技能培训。新型职业农民本身具有较高的劳动素养，可以提高农业产业整体的全劳动生产率。按照习近平总书记"就地培养更多爱农业、懂技术、善经营的新型职业农民"[①]的总体要求，加快新型职业农民培养。具体地，要加大对新型职业农民的

---

① 农民日报评论员. 就地培养新型职业农民：四论学习贯彻习近平总书记在四川代表团重要讲话精神［N/OL］.（2017-03-14）［2021-07-30］. http://www.farmer.com.cn/zt2017/lh/yw/201703/t20170314_1282194.htm.

培训力度，要做到"教育先行、培训常在"；要健全制度，对新型职业农民严格进行认定管理，要明确认定的条件、制定认定的标准、实施动态的管理；要积极构建扶持新型职业农民从事农业生产经营的政策体系，配套有含金量的涉及土地流转、生产、金融、社保等诸多方面的扶持政策，支撑"农民"成为新型职业。

总的来说，农业人力资本是农业供给侧结构性改革的重要推动力量。新经济发展时代，通过培育农民企业家、农业职业经理人以及新型职业农民等加快农村人力资本积累，是优化农业生产体系、农业经营体系、农业流通体系的主要抓手，是供给侧结构性改革进程中实现农业农村现代化的重要途径。

四、农业供给侧结构性改革的资本结构优化路径

在过去，只要农业生产过程中使用机械化工具在一定程度上就被视为农业达到了现代化水平。随着经济的不断发展，科学技术不断进步，人们对现代农业有了更新的认知。"现代农业是用当今时代先进的经营理念、物质装备、科学技术、管理手段等武装起来的农业，是能够顺应、引领世界农业发展潮流的农业，是富有生机活力和市场竞争力的农业。"① 由此可知，现代经济条件下的现代农业至少涵盖现代化、产业化和市场化三个方面的特征。现代化是指使用当今时代先进的经营理念、物质装备、科学技术和管理手段；产业化是指传统农业生产的产业链条的延伸，深化产业链上各环节的分工合作以及农产品附着了较多的价值增值；市场化则是强调供给的农产品必须符合市场要求，充分发挥市场机制作用引导农业资源配置与再配置，促进农业全要素生产率有效提升。根据现代农业的定义可以看出，现代农业已经不再是"面朝黄土背朝天"只靠农民家庭付出劳动、靠天吃饭的传统模式，而是需要依赖大量资本投入的支撑。因此，农业供

---

① 农业部农村经济研究中心课题组.农业供给侧结构性改革：难点与对策［M］.北京：中国农业出版社，2017：16.

给侧结构性改革要实现农业现代化发展，离不开资本对农业的拉动作用，而且需要依据市场形势与发展规律及时优化农业的资本结构。

从现代农业蕴涵要义分析，传统农业要实现农业生产环节现代化、农业经营环节现代化、农业流通环节现代化等诸多方面的转型升级，均需要大量的资本投入。在农业供给侧结构性改革过程中，逐步增加投资规模，确保农业现代化发展所需资金链不断裂、及时达到所需资本门槛的同时，更加需要注重调整农业资本结构，通过优化结构强化资本推动农业现代化发展的能力。

从资本的资金来源看，应逐步转向倚重社会资本。受自然规律影响，农业具有生产周期长、资本周转时间久、自然灾害以及农地制度等不确定性突出、风险难以评估等问题，这些都成为妨碍社会资本进入农业领域的重要影响因素。此时仅靠政府财政投入也难以维持农业现代化发展所需的大规模资金投入。结合社会资本投资农业受限的原因，其一，政府应从制度根源入手，比如"确保农民承包经营权长久不变"等制度设计有利于稳定社会资本预期；其二，政府应做好土地流转、土地征收、基础设施建设、社会服务保障等服务，并积极协助资本方解决土地整理过程中可能遇到的政策冲突限制或可能发生的资民纠纷；其三，政府还需要发挥带头作用，以国有农业投资平台或国有农业企业龙头为主体成立引导基金，吸引社会资本投资农业。

从资本的最终用途看，应注重农业产业链条各环节的协调。资本只有用于社会再生产，才能创造财富、实现价值，并在这个过程中获取应得收益。现代农业强调产业化，特别指代的是农业再生产全链条，而非只针对农业生产环节，还包括产前、产后等环节。倘若过于偏重农业生产投资，而忽视育种等前期环节以及后续流通环节，那么即使农业劳动生产率很高，其产品质量可能偏低，且限于流通不畅，农产品价值实现的效率也可能不高。因而，社会资本进入农业领域时，应针对农业产业链的不同环节合理分配投入，而且政府有必要制定农业紧缺投资名录，为社会资本调整不同环节的资金规模提供信息支撑。另外，现代经济中，农业流通环节不仅关系着农业资本周转效率，而且关系着食品安全问题，即使绿色食品也可能因为较差的流通条件出现质量问题，威胁百姓餐桌安全。所以，充分发挥社会资本的作用，加快建设现代化农产品批发市场极有必要。

从资本的投资对象看，应引导资本投入农业企业。在过去城市反哺农村、工业反哺农业的时期，社会资本下乡通常直接参与农业生产，实际上农业生产本身恰恰是社会资本方不擅长的领域，其可能更擅长资本的运营管理，所以这些资本要素取得的效果与理论预期有明显的差距。由此来看，当前的农业供给侧结构性改革应注重产业分工的指导运用，比如擅长运营管理的资本采用入股形式发挥管理作用，长于农业生产及其加工的资本可直接介入相关领域，物流经验丰富的资本可着重考虑农业流通体系方面的投资。总的来说，可以考虑依循"资本投资企业、企业引领农业"的总体思路，注重选择农业企业，尤其是农业龙头企业作为主要的资本投资客体，加快相关农业投资项目建设，促进农业资本再生产循环提速，推动农业企业在做大做强做优的过程中获取高额资本收益。

五、农业供给侧结构性改革的科技创新驱动路径

创新发展是中国特色社会主义进入新时代之后党中央为匹配高质量发展而及时部署制定的一项重大驱动战略，也是新发展理念重要内容中的首要内容。创新是一个体系，包括理论创新、制度创新、文化创新、科技创新、模式创新等重要内容。现代市场经济中，科技创新已成为创新体系的核心关键。供给侧结构性改革进程中供给体系完善、有效供给增加、总体供给效能提升等任务目标的顺利完成都离不开科技创新的支撑。

科技创新对农业供给侧结构性改革的作用极为重要，首先表现为新技术的运用能够促进农业供给质量提升。农业供给侧结构性改革的一个重要目标是提高农业的供给质量，这需要农业各环节充分融入科技元素。从生产环节看，需要加大农业科技的创新研发投入，在高质量、绿色、无公害

的农产品种子培育方面加大经费支持力度，促进顺利打赢"种业翻身仗"；需要加快新型农机具的研发、生产与推广使用，支撑农业规模化与机械化；需要加大效果优良、低微毒农药与化肥的研发与利用，促进农业发展绿色化；需要研发推广循环生产技术，充分利用秸秆等农产品生产剩余物，做到"变废为宝、化害为利"；需要开发绿色高效的种植业与养殖业融合技术（如稻鱼、稻虾、稻蟹等），着力避免农作物与农田水利设施等因为混合生产而受损。

从流通环节看，高效、安全的农产品现代流通体系是加速农业现代化、市场化、产业化的必要支撑。农产品现代流通体系除了现代冷链物流以外，还包括现代农产品批发市场（线上+线下销售模式、智能搜集数据的电子秤等设备、无接触支付、中央厨房等）、时实精准配送体系、食品安全溯源体系建设等，这些均离不开人工智能、区块链、大数据、物联网、互联网与引动互联网、冷藏保鲜等现代科学技术的支撑与保障。所以，将现代科学技术充分运用于农业流通环节建设有利于农业现代流通体系加快构建，畅通农业生产循环，加快缩短从田间到餐桌的时间与空间距离，确保农产品供应安全，提高农产品以及资本周转速度，促进农业的再生产及其高质量发展。

从经营环节看，科技要素的支撑作用也能够通过农业经营模式转型以及农产品品牌打造予以反映。就农业经营模式而言，诸如以色列的高科技灌溉农业、日本的多功能农业、法国的生态环保型农业、荷兰的精细化农业、新加坡的都市生活相结合农业、德国的社会生活功能型农业等典型的发达国家农业经营模式背后都存在着强有力的农业科技体系支撑，这启发我们在农业供给侧结构性改革过程中要提高农业经营的科技含量，努力创新农业经营模式。就农产品的品牌打造而言，必须意识到知名品牌本身就是产品质量的符号代表，这个质量反映的则是生产工艺特色、自然条件特色、产品设计特色、售后服务特色等，而大部分特色或者特殊性最终又可以归于科学技术的实践运用，即使是自然环境的改善与保护在现代社会也离不开科学技术。所以，现代农业的发展不仅需要将科技运用于生产、流通环节，还要注重用科学技术打造"名、特、优"农产品品牌，促进农产品品质、市场影响力与竞争力同步提升。

总而言之，农业供给侧结构性改革一定程度上可以理解为科学技术广泛运用于农业现代化、产业化以及市场化的自我变革过程，是科学技术与农业生产、农业经营、农业管理、农业流通等环节深度融合的农业转型升级过程。经济发展新时代下，农业供给侧结构性改革应紧紧抓住科技创新机遇，充分发挥科技创新的引擎作用，促进农业现代化水平迈向更高台阶。

第二节　工业的供给侧结构性改革路径

依据党中央关于供给侧结构性改革的阐释，从实践的角度分析，"三去一降一补"必然是供给侧结构性改革的主要任务。遵循唯物主义辩证法原理中联系的普遍性、客观性与多样性观点，"三去一降一补"任务的落实与工业供给侧结构性改革紧密关联。总体来看，在"三去一降一补"五个方面的内容中，"三去"和"一降"与工业有着较为直接的关联，"一补"与工业也存在着不容忽视的间接联系。

就去产能而言，主要是去除诸如煤炭、钢铁、水泥、电解铝与玻璃等低利润率、高消耗、高排放、高污染的落后工业行业的过剩产能。就去库存而言，主要是通过消化存量商品房，带动部分落后工业行业制成品库存快速减少，加快为新产能腾挪空间。就去杠杆而言，除地方政府债务以外，更加侧重降低企业，尤其是工业企业的杠杆率，着力规避潜在的金融风险。就降成本而言，主要是降低要素使用成本、制度交易成本、财务成本、融资成本、物流成本等，这些对工业企业改善利润空间都有着重要影响。补短板的重点在于优化物质性与社会性基础设施，通过大力推进新基建建设，加大科技创新投入及其成果转化力度，着力增加教育、医疗卫生、社会保障、生态环境等公共服务供给等，不仅能提升工业企业的搜寻匹配效率以及全要素生产率，而且能为工业发展质量跃升提供有效的人力资本积累支撑。

历史地看，工业一直在中国经济发展实践中处于较高的战略地位，工业供给侧结构性改革成效直接关系着供给侧结构性改革的总体效能。深化工业供给侧结构性改革有利于加快建立现代经济体系，加快实现制造强国目标，有利于加快经济发展质量提升。现实地看，中国工业虽然取得了长足发展，但依然存在"三高两低"、产业组织体系不合理、中高端制造业比重较低、高质量要素供给不足等诸多结构性问题，这需要在工业领域深入推进改革予以解决。

一、工业供给侧结构性改革的制度变革保障路径

工业是中国供给侧结构性改革的主战场。工业快速发展进程中出现的许多结构性问题的根源在于相关制度的不完善。既有制度设计下的工业生产难以满足市场对工业制成品的要求，如质量等，而且工业通常具有的"船大难掉头"、沉没投资规模大的发展惯性使其转型难度大、耗时长、成本高，由此工业行业的结构性问题逐年累积，降低了工业体系整体的供给效能。所以，有必要紧抓全面深化改革"东风"，创新制度设计、科学安排激励机制、深化工业供给侧结构性改革。

一方面，要优化顶层设计，从战略高度促进工业供给侧结构性改革工作深入推进。工业供给侧结构性改革是系统性问题，去产能、去库存、去杠杆、降成本等并不像随口一说如此简单，而是需要总体方案以及一系列专项方案等予以总览性、针对性的指导。近几年，国家围绕解决工业领域供给侧的结构性问题给出了一系列顶层设计，如《中国制造2025》《关于钢铁煤炭行业化解过剩产能国有资产处置损失有关财务处理问题的通知》《关于取消工业企业结构调整专项资金的通知》《关于落实降低企业杠杆率

税收支持政策的通知》《降低实体经济企业成本工作方案》《中共中央国务院关于开展质量提升行动的指导意见》《工业和信息化部关于促进制造产品和服务质量提升的意见》等等。这些顶层创新安排基本上做到了精准发力、因地制宜，做到了行动前有规划、行动中有监督、行动后有验收，其付诸实施确实有效改善了工业供给效率、提升了工业供给能力。但是，也应根据工业实际发展面临的新问题、新情况与新反馈等进行及时的调整，要对工业供给侧结构性改革进程中的"实施方案编制、目标分解落实、通报工作进度、严格关闭标准、治理违规建设"[①] 等工作进行一系列立足当前、预见未来的安排。另外，工业供给侧结构性改革还有必要与国家的经济发展战略进行衔接。比如充分融入"一带一路"倡议，促进工业产品向国外输出，鼓励工业企业走出国门，这有利于加速化解工业过剩产能；主动响应创新驱动发展战略，加大工业研发创新投入力度，加速科技创新成果产业化，这对塑造工业发展的新动能极为有利。此外，还应建立健全相关制度，比如建立质量安全制度体系，优化质量人才教育培养制度等。

另一方面，要创新优化激励政策，引导、促进工业供给侧结构性改革的全面深化。制度安排、顶层设计、发展规划等具有显著的指导特征，在其框架下解决具体问题时，还需要依循适用的法律、法规条款以及特定政策。现实中，经常会遇到按照规划方案执行的事宜却与既有法律、法规或政策相冲突，这在无形中加大了工作推进的协调成本。从而，要顺利推进工业供给侧结构性改革，需要在坚持根本制度、基本经济制度不变的条件下，结合国家宏观的安排，及时创新优化激励政策。例如，需要专门立法方能解决的，经过反复论证后就履行特定程序立法，需要调整法律、法规与政策条款的，经过实际调研与多次征求意见后就进行相关条款的"修、改、废、释"工作。具体来说，在降低要素成本方面，要降低失业、工伤、生育和企业职工基本养老保险费率，合理调整最低工资标准，规范和阶段性降低住房公积金缴存比例等；继续稳步推进能源使用市场化改革，

---

② 陈东琪. 通向新增长之路：供给侧结构性改革论纲 [M]. 北京：人民出版社，2017：100.

实施煤电价格联动、输配电价改革、取消中小企业优惠电价、完善基本电价执行方式，降低国内非居民用气价格、推进天然气市场化定价。在降低企业税费方面，要全面推进落实"营改增"，将原有试点扩大到其他领域，应将所有企业新增不动产所包含的增值税纳入抵扣，确保税负合理；认真落实"减费清税"的政策，确保增值税、所得税等税收优惠政策落地，简化税费优惠办理手续。在降低企业的交易费用成本方面，要全力推动政府的简政放权，深化"放管服"改革；依靠市场手段来降低制度性交易成本，如全面取消非行政许可审批事项，清理中央指定地方实施的审批事项，查处一批滥用行政权力排除竞争的案件。在物流成本降低方面，积极稳妥推进公路运输、铁路运输、空运、水运的费用下降；全面清理机场、铁路、港口码头经营性收费项目，除法规规章规定的项目外，禁止指定经营、强制服务、强制收费等行为；科学合理地确定公路收费标准，逐步取消政府还贷的二级公路收费，坚决查处高速公路各种服务过程中的乱收费行为，规范车辆处罚标准，坚决杜绝乱罚款；健全现代物流体系，强化物流标准的实施，推动物流业与制造业等产业联动发展。

二、工业供给侧结构性改革的资源集约节约路径

在高速增长阶段，中国工业形成了高消耗、高排放、高污染的发展模式，资源环境约束日益趋紧，持续增长能力受限。为应对全球气候变化、缓解资源环境约束，中国积极主动承担大国责任，在第75届联合国大会上庄严承诺"力争2030年前实现碳达峰，2060年前实现碳中和"（简称"双碳"战略）。立足产业角度分析，中国工业的碳排放占比在70%以上，要成功实现"双碳"战略目标，必须加大工业供给侧结构性改革力度。加快工业生产环节的结构化转型，通过集约节约使用资源促进工业低消耗、低排放、低污染发展是可行之途。

优化工业生产空间布局，集约节约利用土地。工业粗放发展时期，土地资源相对充裕，往往为了满足招商引资需要，只是简单将企业请进来，

缺乏对工业经济区域内部空间布局的科学合理规划，导致工业区内部出现结构失衡、功能混乱，弱化了规模经济与范围经济，一定程度上制约了工业企业发展质量的提升。因此，必须要从全局、长远考虑，坚持"向闲置、向空间、向管理、向时间、向科技、向规划、向企业、向置换、向机制"要地的原则，依据各个工业区域发展的具体特色、特点，加强空间和时间维度上的工业用地多功能混合集约利用，避免单一功能利用造成的土地资源浪费；要科学制定工业生产的区域空间布局规划，防止临近地区的工业企业同质化，从而恶意竞争造成浪费；以优化工业生产的空间布局来节约资源，支撑工业的发展路径。

加快生产环节技术革新，集约节约利用能源。大力节约油气资源，坚决关闭小炼油厂、小化工厂，提高油气资源利用效率，降低企业的燃料消耗。积极改进生产工艺，着力减少生产环节，优化调整生产流程，确保生产环节连续、紧凑、高效、协调，降低生产流程的无必要耗能。深度运用再循环技术，在工业生产过程中促进余热、余能、余气的回收与再利用，要确保集中供能、供热、供气、供电，全力降低能源运输过程中的损耗。

加强生产环节的技术控制，筑牢工业"三废"减排的基础。一方面，工业企业内部采用循环生产技术提高资源使用效率的同时，更应将循环生产模式纳入产业链的高度考虑，即在不同企业之间进行物质资料循环利用，将中游、下游工业企业的生产排放返回至上游工业企业或关联企业作为原材料或中间产品继续使用，尽可能避免各生产环节中的废物排到生产链条之外，这既能够减少污染排放，也有利于降低资源消耗规模。另一方面，还应使用节约能源、能源利用效率高的新技术、新设备、新材料，注重碳排放监测管理的技术运用，从根本上着力降低能源资源使用量与生产剩余物排放规模。此外，需要建立健全有利于低碳技术运用的激励约束相容机制，既要对全力进行技术改革、高要求执行污染治理标准、认真监测管理生产环节用能并及时做出改进的企业给予相应补贴，也要明令高耗能、高排放的工业企业及时停业整顿整改，效果仍然不佳的可予以重罚或者取缔关闭；要建立健全生产补偿机制，试点并逐步推广生态税、碳指标或碳排放权交易，充分发挥市场机制的作用促进碳减排的短期与长期、微观与宏观目标相互协调。

三、工业供给侧结构性改革的人力资本积累路径

中国工业企业的劳动力水平参差不齐，为数众多的是劳动技能水平比较低的低端劳动力，其次是中等技能水平的劳动者，也有少量教育背景良好的高技能人才。整体来看，中国工业面临着中高端技能人才相对缺乏的问题，这严重制约着"双高端"产业的发展，也不利于通过供给侧结构性改革实现制造强国、质量强国的目标。由此可以认为，加快工业质量跃升所需要的人力资本积累是推进工业供给侧结构性改革的必要路径。按照工作内容进行划分，工业企业就业人员分为职业经理人或管理人才、中高技能人才和普通工人三类，加强人力资本资本积累意味着这三类群体的技能均应有所提升，其差别主要在于提升人力资本质量的具体方式、内容、目标以及技能输出结果等。

就工业企业管理人才而言，管理人才质量与工业企业经济绩效以及长期发展能力有着直接关联。工业企业管理人才培养要以职业经理人为培养重点，培养一批战略眼光长远、管理能力突出、社会责任感强的高水平企业经营管理者；要完善职业经理人人才市场，充分运用市场机制的甄别功能，建立健全职业经理人的信誉体系，倒逼"口碑"内生为合格职业经理人的必备要件，积极稳妥地避免"委托-代理"问题；要建立健全职业经理人的聘任制、任期制以及目标责任制，认真完善并坚定执行企业经理人绩效考核体制；以个人理性与集体理性兼容为导向，促进职业经理人的薪酬与企业的管理水平、经营水平、股东收益水平、员工的工资水平挂钩，建立长效的激励约束机制。

就工业企业中高技能人才来说，中高技能人才是工业高质量发展与结构性转型升级的必要基础支撑。中高技能人才培养总体上应坚持市场导

向，依据工业企业需求进行培养。具体地，应完善中高技能人才教育体制，将职业教育纳入国民教育体系，实现成果互认、学历互认、资格互认；加大职业教育软件与硬件设施的投入，着力搭建完备的中等与高等职业教育体系；加强社会、企业与高等专业院校、职业技术院校的对接联系，让企业参与专业人才培养过程，提升在校生实际操作运用能力，适时推广实行按岗位培养中高技能人才的"企业订单制"，确保毕业生及时精准就业；科学制定中高技能人才薪酬体制，缩小与其他职业的工资差距；优化完善中高技能人才晋升机制，打通不同通道的晋升阻塞。

就工业企业的普通工人而言，普通职工是工业企业生产具体使用价值的直接参与者，劳动者素质与技能越高，劳动生产率也越高，产品质量也可能有明显改善，有利于提升工业制成品的市场竞争力，较快实现产品价值，加快工业产业资本循环，提升工业资本周转速度。所以，普通工人劳动技能的提升同等重要。普通工人技能的提升主要通过不定期的专业技术培训实现。就技术学校的在校生而言，应始终将不定期的工厂实践贯穿于日常学习过程中，确保理论与实践及时高效融合运用；就大量存在的农村"两栖"劳动力来说，村集体或者劳务公司应坚实做好技能培训工作，使其逐步形成自我学习能力，能够及时适应、满足工业企业的特定职业需求；对因工业企业结构转型而被迫下岗的工业企业职工，应给予合理补偿，并免费提供再就业或者自主创业的培训、指导等相关服务。

四、工业供给侧结构性改革的资本结构优化路径

资本的形成源于投资。在现代经济发展分析框架中，投资是经济发展的重要动力之一。当前，中国正处于构建新发展格局的战略阶段，新发展格局的战略基点是"扩大内需"，而内需的扩大源于投资规模与消费规模的扩张。

高质量发展时代的投资增加有两点深层次含义：一是规模总量保持稳定增加的趋势；二是注重投资结构调整，要求投资要向战略性新兴产业、

新基建、关键技术环节、创新短板以及民生领域等薄弱环节倾斜。相对地，后者更加重要，前者因主要薄弱环节投资的增加而被带动。消费规模扩张的关键点在于切实调整生产结构，向市场供给满足多样化、品质化、个性化的有效需求，这也意味着应调整社会投资结构，向薄弱环节增加更多投资，加快改善工业行业的供给能力。按照"供给创造需求，需求牵引供给"的逻辑分析进路，工业供给侧结构性改革内在规定着物质资本的形成不能延续过去粗放投资的路径模式，必须进行调整。所以，工业供给侧结构性改革的顺利推进离不开资本结构优化的支撑。

加强新基建投资，夯实中国工业"数智化"发展的基础。新一轮产业革命背景下，工业生产模式已转型为依托互联网、物联网、大数据、区块链、人工智能等新技术生产出高精度、高标准、高质量的产品与服务的模式，以更好地满足市场需求。与德国、日本、美国等发达国家相比较，中国工业向"数智化"发展转型起步相对较晚，目前在工业互联网、工业云、人工智能、云计算、工业软件开发等方面的基础还比较薄弱。由此来看，中国在工业供给侧结构性改革进程中，主动调整投资方向，侧重增加工业"数智化"转型升级赖以依存的技术基础设施投资有着不可估量的益处。

优化产业投资结构，加快构建高质量的现代工业体系。中华人民共和国成立 70 余年来，中国始终坚持独立自主的原则，尤为重视工业化发展，所取得的成效是较为可观的。从工业门类构成看，"目前中国已成为全世界唯一拥有联合国产业分类中所列全部工业门类的国家"①；从工业产值能力看，中国的制造业产值与增加值规模自 2010 年以来连续十余年位居全球首位；从工业技术基础看，以新一代的互联网络建设为例，"中国的 5G 网络规模全球最大，移动网络速率较五年前增长约 7 倍，5G 手机终端连接数达 2.6 亿"②。虽然中国的工业体系较为完备，产出能力与技术基础也有长

---

① 苗圩. 我国已建成门类齐全现代工业体系 [N/OL]. (2019-09-22) [2021-07-30]. http://www.gov.cn/xinwen/2019-09/22/content_5432064.htm.

② 刘烈宏. 我国已建成全球最大 5G 网络 [N/OL]. (2020-04-19) [2021-07-30]. https://m.gmw.cn/baijia/2021-04/19/1302240872.html.

足的进展，但是应该看到大量工业制成品国际竞争力不强，众多行业处于国际产业链、价值链的中低位置，许多关键产业、关键行业、关键环节、关键零部件依然存在被"卡脖子"的问题。这些问题的存在使中国工业体系称不上真正的完备、真正的高质量，只有攻克核心问题，在关键领域摆脱国外制约，方能促进工业发展提质扩容，塑成高质量的现代工业体系。工业供给侧结构性改革过程中，必须进行产业投资结构调整。具体来说，应果断减少对煤炭、钢铁、水泥等产能过剩工业行业的投资；应稳妥控制房地产行业投资，避免引致落后产能投资增加，降低去产能效果；应加大新能源开发与利用等节能环保领域投资，促进新能源供给增加，降低工业企业用能成本，引导工业企业用能结构绿色化，减少化石能源使用，支撑绿色工业体系加速构建；应加大先进智能装备制造、通信设备、软件开发、芯片研制、大数据、物联网、信息安全等领域的投资，支撑信息化与制造业加速深度融合。

五、工业供给侧结构性改革的科技创新驱动路径

提升工业制成品和服务质量，推动工业行业迈入全球产业链中高端是工业供给侧结构性改革的根本要求与具体目标。依据内生经济增长理论，科技创新是驱动产品质量阶梯跃升的核心关键变量。马克思的生产力发展理论也表明，科学技术是重要的生产力要素，劳动生产率的改进越来越取决于科学技术进步。由此来看，工业供给侧结构性改革内蕴了科技创新驱动的含义。实践过程中，需要构建现代科技创新体系支撑工业供给侧结构性改革的加速推进与进一步深化。

加强科技基础设施建设，弥补工业行业创新基础薄弱短板。科技基础设施最为主要的是国家级、省级的科学中心和实验室，其主要是围绕国家和当地重大科技和产业任务，利用跨学科合作和高度集中的资金支持来展开战略性的科学研究。中国的许多国家级、省级实验室完全依附于大学和院系，"导致大学和院系教授主导的国家实验室实际上成为学科建设和基

础研究发展的平台,任务导向型、战略性的前沿技术研究主题在创新体系中名存实无"①,难以有效支撑共性技术的研发以及关键技术的联合攻关;而且,这些实验室的研究与市场脱钩的情况也使得发明专利可能因不符合市场要求或缺少良好的成果转化服务支持等而难以迅速市场化,技术扩散受阻,由此进一步拉低了创新的整体效能。所以,工业供给侧结构性改革进程中,需要加快建设高质量的科技基础设施及其配套服务,形成工业质量行动的坚实支撑。

加大科技创新资金支持,提高工业内生发展能力。科技创新具有周期长、风险大的特点,稳定的资金流是提高创新成功或然率,加速创新成果向现实财富转化的根本保障。一要坚持科技支出总量增长与优化结构并重。继续保持财政科技支出总量的高速增长,用以支持扶持、奖励激励、补贴补偿微观主体的科技创新行为;进一步优化财政科技支出结构,对重点区域、重点产业、重要主体、主要项目应予以优先、集中支持,避免"撒胡椒面"式的支持模式。二要坚持扩大研发经费规模与丰富经费来源并重。继续鼓励工业企业扩大自有资金用于创新研发活动的规模,加快转型升级;继续提升政府创新研发经费支出,保障重大科技基础研究与应用研发项目稳步推进;鼓励有条件的科技型企业通过科创板、新三板、创业板等上市融资;要大幅提升社会资本、风险投资以及境外资金等用于创新研发活动的比例,丰富创新研发经费来源。三要坚持灵活使用税收工具,出好税收政策"组合拳"。对于科技型、自主创新型小微企业自注册登记日起可给予 3 年的税收减免,降低其生产运行成本;对于大中型的科技型企业可给予限期免税和长期税收折扣;高新技术产品出口交货值超过一定规模的可予以出口退税、税收减免优惠。

打造科技协同创新格局,强化工业内生发展能力。整合科技创新资源,避免"单兵作战"是缩短科技创新时间、加速提升科技创新水平的有

---

① 王宏伟,江飞涛,贺俊,等.上海产业政策优化调整研究:基于供给侧结构性改革的视角 [M].
北京:经济管理出版社,2017:78.

效途径。创新发展能力较弱的落后区域城市有必要尝试协同创新模式，形成区域化的科技创新网络，竭力缩小与水平较高城市间的创新发展差距。一要搭建区域协同化的科技创新网络。基于既有的经济区划联系以及城市群内部各个城市的科技创新资源与产业特色，在极核或有条件的非极核区域单独设立跨行政区的区域性科技创新公共平台，协同共享科技创新红利，加快提升区域整体科技创新能力，支撑国家整体创新能力的提升。二要搭建高水平的科技资源共享平台。科技资源服务共享有利于缩减科技创新成本，推动科技创新。有必要尽快建立或完善以重大科技装备设施、科技成果信息资源、科技金融服务、科技咨询服务为代表的高水平科技资源服务共享平台，夯实协同创新项目实施基础，促进国家创新能力优化。

优化人才队伍建设，再塑工业内生发展能力。科技创新本质上是科技人才的智力与思想现实化的过程，充沛的科技人才通常能快速提升创新发展能力。一要强化工业中高端人才队伍建设。着力打造优越的创新研发环境，在国内外全职引进或柔性引进高、精、尖、特等关键性技术领域的基础研究型与应用研究型科技创新人才。二要注重培养稳定的科技创新团队。以"团队整体引进"为导向，坚持以人引人策略，快速搭建年龄梯度化的"30、40、50"科技创新人才队伍；要以科技创新项目为支撑，围绕关键性、共生性等高新技术领域遴选重大科研攻关项目，招引创新研发团队，培养科技创新队伍。三要注重发挥科研智库把握热点前沿的能力与咨询作用。要加强不同行政级别的科技学会或协会组织、科研院所以及高等学校的联合，充分发挥人才优势与智力优势，开展多层次、多形式的科技决策咨询工作；要着力建设科学思想智库基地，服务地方科技工作；要围绕国家重大科技热点与难点，深入一线调研，及时将科技工作者建议等调研信息汇编上报，以供相关部门参阅。

第三节　服务业的供给侧结构性改革路径

中国的服务业发展总体上顺应了产业结构变迁规律，经过改革开放以来的多年快速发展，取得了斐然的成就。2015 年，中国的服务业占国内生产总值的比重超过 50%，成为国民经济三次产业中规模最大的部门，也标志着中国正式进入服务发展主导的社会时代。中国的服务业规模日益壮大，但确实面临着"大而不强"的窘境，这主要源于服务业发展过程中的结构化问题。

服务业存在的结构制约主要表现为：第一，产品或服务有效供给不足，供需结构性错配现象突出。一方面，随着居民生活水平的不断改善，人们日益增长的高品质、个性化的中高端产品与服务在国内市场得不到充分满足；另一方面，工农业结构转型升级所需要的生产性服务也难以被有效匹配。第二，中国服务业的国际竞争力不强，缺少知名的服务业品牌，相关产品与服务处于国际产业链的低端。第三，服务业发展面临着人才供给不足的结构性矛盾，即一般性服务业所需的低技能劳动力供给过剩，而中高技能的劳动力相对缺乏。第四，服务业高质量发展受到了许多条块分割特征突出的体制、机制束缚，公平有序统一竞争的服务业市场秩序还需要进一步完善（如垄断性服务业还有充足的开放空间）等。新经济发展时代，服务业高质量发展亟须消除前述瓶颈。

服务业领域的结构化障碍倘若不能及时破除会带来较为严重的消极影响。首先，服务业直接关系着人民日益增长的美好生活需要是否能够得到充分满足，对人民群众的"幸福感与获得感"有着重要影响；其次，服务业是链接工农业产品供给与消费者（包括生产性消费与生活性消费）的中间产业，服务业发展的不充分不仅会降低工农业产品周转速度，延长商品价值实现的时间，难以高效获取所需的高质量生产要素，阻碍工农业再生产质量改善等，从而拉低经济发展的整体效能；再次，服务业的滞后发展也会对新发展格局的构建产生一些不容忽视的负面冲击；最后，供给侧结构性改革中的"补短板"等重要任务有许多内容属于服务业领域，这也要求服务业需要加快解决结构性问题。因而，为确保供给侧结构性改革顺利推进，高质量完成既定的任务目标，在国民经济部门中处于重要地位的服务业必须扎实推进供给侧结构性改革，加快提升服务业发展质量。

一、服务业供给侧结构性改革的制度变革保障路径

体制机制滞后于瞬息万变的经济发展形势，其变革相对滞后是妨碍服务业高质量发展的重要原因之一。在供给侧结构性改革的大背景下，推动服务业领域加快制度变革、创新制度设计，着力破除体制机制障碍已成为促进服务业保持发展速度，顺利转型升级的重要战略举措与根本保障。

要做好服务业供给侧结构性改革的顶层设计。服务业涉及诸多行业，不同行业面临的结构性问题既有共性，也有差异性，需要把这些问题认真梳理清楚，并站在宏观高度制定长期指导意义突出、且兼具综合性与针对性的总体安排。目前来看，国家进入新时代以来已经发布了《国务院关于加快发展生产性服务业促进产业结构调整升级的指导意见》（国发〔2014〕26号）、《国务院办公厅关于加快发展生活性服务业促进消费结构升级的意见》（国办发〔2015〕85号）以及《服务业创新发展大纲（2017—2025）》（发改规划〔2017〕1116号）等针对服务业发展改革的重要指导文件。适应时代发展需要，国家发改委、市场监管总局依据2017年9月发布的《中共中央国务院关于开展质量提升行动的指导意见》中关于"推动服务业提质增效"的要求，制定发布了《关于新时代服务业高质量发展的指导意见》，作为深化服务业供给侧结构性改革的指导。这些以及尚未列述的国家层面的重要制度安排确立了短期与中期的服务业结构转型的方向、任务等，为结构化问题的明确以及解决提供了较好的根本依循。

要注重服务业多领域、多部门统筹协调机制的建设。条块分割的行政

体制导致了服务业行业的管理办法、规章、政策等经常出现相互冲突的问题，这在市场规模体量不大、行业联系不紧密的情境下可能不会出现过于明显的阻滞效应。然而，当前的服务业市场规模大、行业细分程度高、不同行业跨界发展日益频繁，这些情况致使因条块分割体制形成的制度冲突的阻滞效应快速显像化，从而妨碍服务业的质量转型。近些年，国家通过推行大部制改革等方式在消除制度壁垒、打破部门体制界限方面也做出了很大努力，在促进相关部门政策制定方面也有许多具体的举措。以去杠杆为例，为了与国家发展改革委印发的《市场化银行债券转股权专项债券发行指引》改革配套，财政部和国家税务总局印发了《财政部 国家税务总局关于落实降低企业杠杆率税收支持政策的通知》、银监会出台了《中国银行业监督管理委员会办公厅关于适当调整地方资产管理公司有关政策的函》、最高人民法院下发了《最高人民法院关于在中级人民法院设立清算与破产审判庭的工作方案》等。在服务业供给侧结构性改革深化的进程中，仍需要在跨部门联合制定指导意见、管理办法、实施方案等下足功夫，而且要坚持多部门联合执法监督管理服务业市场的模式，对于服务业领域需要进行重大制度变革的事宜还需要多部门联合推动法律制度的"立、修、改、废、释"的工作。

要形成"松绑"与监管有效融合的激励约束相容机制。通常而言，新兴事物总是与既有制度体系存在或多或少的摩擦。依据马克思关于生产力与生产关系对立统一的一般经济规律，如果新兴事物有利于发展生产力、有利于巩固经济基础、有利于完善上层建筑，那么应该变革或调整上层建筑、生产关系，促进新兴事物成长，进而促进生产力加快发展。就服务业发展的实际情况而言，基于新技术的融合渗透作用，服务业领域的新业态、新模式、新行业层出不穷，较大程度上繁荣了服务业发展，但也带来了消费维权难、消费安全隐患、隐私安全隐患以及新型垄断等许多新问题。这表明既有的政策体系与监管体系不再适用于解决新服务业产生的新问题，需要加快服务业相关的制度变革。一方面，以新零售、新消费为代表的新兴服务业确实促进了服务业的转型升级，而且也明显牵引了工业、农业的转型升级发展，所以从制度设计角度说，应该按照"放水养鱼"的思路，通过加大简政放权力度、减少行政审批、优化财税以及投资政策等促进新兴服务业的发展，充分释放其活跃经济发展的能力；另一方面，也要及时调整市场监管制度，创新监管体制机制，及时立法、修法（比如，近些年的《中华人民共和国反不正当竞争法》《中华人民共和国反垄断法》《中华人民共和国数据安全法》《中华人民共和国物权法》等新立法或修订立法就是很好的制度创新范例），避免新兴服务业"野蛮生长"及其潜在风险可能滋生的市场失灵，进而导致的大量经济福利损失。简言之，需要形成兼容的激励约束机制推动服务业发展质量跃升，并确保其按照合法、合规、合理的路径向前发展。

二、服务业供给侧结构性改革的资源集约节约路径

伴随着服务业的规模增加，服务业发展消耗的资源也越来越多。而且，诸如挥霍型消费、奢侈型消费等不合常理、超常规的服务消费行为不仅直接造成了经济社会资源大量浪费，而且间接导致资源要素配置扭曲、产业结构失衡，从而可能引发供给与需求的横向与纵向失衡。因而，服务业有必要认真、全面地贯彻落实党中央审慎制定的"双碳"发展战略，构建低碳绿色循环的服务体系。集约节约使用资源是提升低碳绿色循环服务业水平的内在要求，也是深入推进服务业供给侧结构性改革的重要抓手。

尽管服务业行业门类较多，不同类型的服务业面临的资源环境约束有一定的差异，但是仍然能够剔除异质性，抽取共性，从一般性的角度给出具有参考价值的服务业集约节约资源的实现路径。理论上，无论服务业主体向市场提供的最终服务产品有多复杂，溯源抽象地分析任何服务业都不可能回避要素投入选择与服务产品生产两个过程。所以，从提供服务的要素投入与生产过程两个方面考虑服务业的资源集约节约利用问题具备可行性与现实性。

就服务业的要素投入选择而言，过去中国通过节能减排缓解资源环境约束的焦点集中于工业领域，服务业的要素投入种类、品质及其使用组合方式并未得到充分关注。当前，服务业规模早就超越工业，而且"双碳"战略的实施无疑加强了生态资源环境约束，也对供给侧结构性改革提出了更高要求，服务业重视要素投入选择合乎经济发展规律。服务业发展选择要素时应坚持绿色低碳可循环的基本原则，绿色低碳可循环至少意味着开展服务业活动所使用的投入要素更多是可再生的或者该要素的生产过程是绿色低碳可循环的。比如，燃料动力要素中水电与火电相比、天然气与石油相比，前者均属于清洁能源；餐饮服务中选用的农产品其生产过程如果使用的是有机肥、未使用或较少使用低微毒农药与化肥，那么将形成绿色低碳的餐饮服务业等。总之，从服务业生产要素投入使用的维度看，应鼓励服务业选择绿色低碳可循环的生产要素或中间产品。

从服务业提供产品的生产过程分析，应着力加快推动绿色服务模式的形成与完善。一方面，应积极引导服务业以高技能的劳动者、高性能的劳动工具、环保型技术与高效率的管理为支撑，构建集约节约型的服务生产模式。就高技能的劳动者而言，劳动者技能水平越高，劳动生产率越高，单位服务产品消耗的资源越少，越能释放资源集约节约效应。就高性能的劳动工具而言，其能够降低提供服务所需有形要素的磨损，起到集约节约的效果。就环保型技术而言，节能降耗技术在服务业中的运用有利于提高能源使用效率，减缓能源消耗增速；电子无纸化技术能够节约服务业对木材纤维等资源的消费；循环生产技术的运用能够提高服务业生产废物的利用率。就高效率的管理而言，既能缩短相关信息传递时间，改善流程效率，也能优化各要素、各环节的配置组合效率，促进服务业集约节约资源。另一方面，有必要依据不同服务行业特点，采用针对性措施提高服务业绿色发展水平。比如，商贸业要更加侧重搭建绿色流通体系；餐饮业要引导顾客不浪费、不铺张，且要减少一次性餐具的使用；共享经济在住宿、交通等行业有较大发展空间；维修、装修等行业应减少或杜绝使用高挥发性产品等。

三、服务业供给侧结构性改革的人力资本积累路径

长期以来，服务业都是创造就业岗位、吸纳就业人员的主力部门。随着农业劳动生产力发展以及工业行业的转型升级，农业相对剩余劳动力与工业行业结构性调整导致的剩余劳动力涌入了商贸、餐饮、物流等服务业，为服务业发展提供了充足的劳动力支持。但是，这些劳动力的技能普遍较低，与高质量发展阶段加快构建现代服务业的要求不匹配，由此也使得服务业转型升级面临着来自劳动力供给层面的结构性矛盾，也即低技能劳动力较为富足与高技能劳动力相对匮乏并存。所以，服务业供给侧结构性改革的顺利推进需要加强人力资本积累。

在服务业供给侧结构性改革过程中，一方面要注重提高劳动力的内生价值，着力加强服务业从业人员的技能培训和资格认定。加大普通服务业从业人员的技能培训，如家政服务、清洁服务、运输服务等，相关的企业要建立员工的终身培训制度，职工在职期间要不断获得培训的机会，保证服务人员的技能熟练、专业合格。企业要不断改善服务从业人员的工作条件，防止员工的职业倦怠。推进服务业机构、行业协会的认定，建立服务业从业人员的上岗资格认定、业务水平等级认定和考核。特别是，具有社会服务性质的、服务质量与人民生活息息相关的服务行业相关人员，比如医护人员、律师、会计师、餐饮业从业者等，务必建立持证上岗、定期考核、过期作废的考核制度，促进行业从业人员质量有序上升。

另一方面，服务业供给侧结构性改革的重要目标是发展有利于现代服务体系建构的新型服务业，这离不开新型人力资本的支撑，因而需要加快抢占新型服务业的人才储备高地。计算机服务业、软件服务业、科技推广服务业、高技术服务业、科技交流业、战略性服务业、生产性服务业等新兴服务业是世界各国紧抓的新发展机遇，大部分国家的新兴服务业处于刚刚起步或加快发展阶段，发展新兴服务业所要求的人才已成为各国争抢的热门要素。为了加快服务业供给侧结构性改革，加快构建现代服务体系，

调整服务业劳动力要素结构，必须着重加强新兴服务业的人才储备。各大高校和科研院所应该对专业进行合理的设置和调整，增加大数据、云计算、物联网、互联网、计算机、节能环保等新兴服务业所需人力资本的培养规模，加大这些专业发展的资金投入。与此同时，也应注重从国际人才市场上积极引进相关的高端人才，特别是海外华人专家和留学生，并给予这些人才优厚的待遇，多途径、多渠道吸引他们到中国工作，使新兴服务业人才成为我国服务业转型升级的坚实支柱。

　　总的来说，通过人力资本积累，提升服务业劳动者技能是顺利推进服务业供给侧结构性改革的内在要求。由于服务业的行业很多，各行各业从业人员的技能水平"良莠不齐"，为了提升服务业整体的服务水平和服务人员素质，必须制定相应的行业准入规则，并设定技能认定规则以及管理办法，做好人才动态存量调查与质量监测的统计工作，支撑相关政策制定。特别地，对于那些事关人民生活的重点行业的从业人员还要定期考核和培训，切实提高其服务质量。现代科学技术与服务业的融合程度日益增大，加快高端人力资本的培养与储备已成为深化服务业供给侧结构性改革必然、必要与必需的工作任务。

四、服务业供给侧结构性改革的资本结构优化路径

　　党的十九大报告明确提出要"支持传统产业优化升级，加快发展现代服务业，瞄准国际提高水平"。这直接为服务业提出了调整结构的要求，加快发展现代服务业也成为服务业供给侧结构性改革的重要任务。从服务业发展所需的资本要素投入分析，服务业内部的行业结构调整优化意味着资本投入需要进行适应性的调整优化。从服务业投资的时间效率分析，我国服务业的投资是动态无效率的，服务业的投资收益率近年来出现了逐渐降低的现象[1]。背后深层的原因在于服务业投资的方向出现了结构性偏差，

---

　　① 夏杰长，李勇坚. 中国服务业投资的动态效率分析［J］. 中国社会科学院研究生院学报，2010（6）：15-24.

也即低端的服务业投入较多、中高端服务业投资未能满足其发展所要求的资本门槛，从而服务业提供的服务产品难以适应市场需要，致使服务产品的价值迟迟难以实现，投入的成本难以收回，拉低投资的回报效率。由此来看，服务业供给侧结构性改革进程中，有必要从资本结构调整入手推动其诸多目标顺利实现，应在不断扩张服务业投资规模的同时，加大服务业投资结构优化力度。

国家发布的《中共中央国务院关于开展质量提升行动的指导意见》明确要求，通过"提升生活性服务业品质、促进生产性服务业专业化发展，推动服务业提质增效"。这是与高质量发展要求匹配的顶层制度安排，服务业供给侧结构性改革进程中，依循生活性服务业与生产性服务业的分类调整投资结构。国家对生活性服务业与生产性服务业质量改善的指导要求为：完善以居家为基础、社区为依托、机构为补充、医养相结合的多层次、智能化养老服务体系；鼓励家政企业创建服务品牌；发展大众化餐饮，引导餐饮企业建立集中采购、统一配送、规范化生产、连锁化经营的生产模式；实施旅游服务质量提升计划，显著改善旅游市场秩序；推广实施优质服务承诺标识和管理制度，培育知名服务品牌；加强运输安全保障能力建设，推进铁路、公路、水路、民航等多式联运发展，提升服务质量；提高物流的全链条服务质量，增强物流服务时效，加强物流标准化建设，提升冷链物流水平；推进电子商务规制创新，加强电子商务产业载体、物流体系、人才体系建设，不断提升电子商务服务质量；支持发展工业设计、计量测试、标准试验验证、检验检测认证等高技术服务业；提升银行服务、保险服务的标准化程度和服务质量；加快知识产权服务体系建设，提高公证、法律援助、司法鉴定、基层法律服务等法律服务水平①。由此可知，上述的服务业领域是我国服务业高质量发展的短板，应加大投资规模，服务业投资结构的优化调整需要向这些行业加大倾斜力度，加快

---

① 中共中央国务院. 关于开展质量提升行动的指导意见 [EB/OL]. (2017-09-12) [2021-07-30]. http://www.gov.cn/zhengce/2017-09/12/content_5224580.htm.

提高服务业发展质量。

此外，要充分发挥市场机制的激励作用，引导服务业的投资结构优化。理论上，政府投资支出规模的扩张会对私人部门产生大量挤出效应，而且仅依靠政府投资补齐服务业质量不足的短板也会增加财政赤字规模、提升经济风险、加大微观主体税负。所以，市场经济条件下的服务业供给侧结构性改革应充分把握好政府与市场的边界，厘清各自的责任与义务。政府更多的时候应使用有切实优惠的经济政策为资本投资服务业提供足够的政策激励，并以财政资金参与的形式成立基金，撬动更大规模的社会资本对服务业，尤其是新兴服务业领域的相关行业进行长期股权投资，以获取合理的回报率。

总的来说，服务业供给侧结构性改革所处的经济环境已由过去粗放投入、扩张生产力、增加供给转变为集约投入、优化生产力、提质扩容。所以，以投资促进服务业实现结构转型需要充分认识经济环境变化、充分把握这一机遇，及时调整投资方向，适度减少传统服务业的外延扩张投资，鼓励传统服务业积极增加内涵提质投资；而且应着力加大对科技服务业、高技术服务业、"互联网+"服务业、生产性服务业、中高端生活性服务业等新兴服务业的投入力度，为人民群众生活品质提升以及工业与农业加快结构转型提供高质量的服务支撑，从而推动整个国民经济体系的供给侧结构性改革加快深化。

五、服务业供给侧结构性改革的科技创新驱动路径

经济发展新时代的主要特征之一是经济发展的动力源泉在于科技创新。近些年，服务业发展进程中以"互联网+"为标志的服务业新动能显著增强，充分说明了科技创新之于服务业转型升级的重要作用。以科技创新为手段驱动服务业的供给侧结构性改革不仅要促进服务业领域技术的创新，更需要为新技术与服务业的深度融合提供良好环境，促进服务业的现代化转型升级。

服务业供给侧结构性改革的科技创新驱动路径设计的总体思路在于：坚持以创新驱动为战略基点，围绕"双创"塑造服务业创新发展的良好环境，积极鼓励运用新技术产生的新业态、新模式、新行业在合理边界内加快发展，不断壮大服务业发展的新动能；坚持跨产业边界、跨行业领域的交叉深度融合，努力筑牢"中国智造"核心竞争力大幅改善的服务基础，在最大程度上持续释放"中国服务＋中国智造"的组合红利；大力挖掘服务文化，着力增强服务业文化内涵，鼓励扶持有条件的企业塑造知名服务品牌。

一方面，要加快推进服务业新技术新工艺发展。主动顺应服务业专业化、精细化、品质化、个性化的发展趋势，加大技术、工艺的创新力度，弘扬工匠精神与专精特精神，鼓励用新技术、新工艺改造传统服务业。具体地，强化企业技术创新主体地位，引导建立研发机构、打造研发团队、加大研发投入；推动政产学研用合作和跨领域创新协作，鼓励社会资本参与应用型研发机构市场化改革；鼓励龙头企业牵头建立技术创新战略联盟，开展共性技术联合开发和推广应用；鼓励服务提供商和用户通过互动开发、联合开发、开源创新等方式，构建多方参与的技术创新网络；促进人工智能、生命科学、物联网、区块链等新技术研发及其在服务领域的转化应用；建立多层次、开放型技术交易市场和转化平台；支持服务企业研发应用新工艺，提升设计水平，优化服务流程；鼓励挖掘、保护、发展传统技艺，利用新技术开发现代工艺、更好弘扬传统工艺；保护一批传统工艺工匠，培养一批具有精湛技艺技能的高技能人才①。

另一方面，要积极推动服务业互联化数字化智能化转型发展。服务业领域的微观主体应抓住新一轮技术革命赋予的发展机遇，积极深化对"万物互联"之认识，积极将物联网、互联网、大数据、人工智能等新一代的信息技术用于"自我革命"，勇于打破固有的要素配置与组合的模式，着

---

① 国家发展改革委. 服务业创新发展大纲（2017—2025 年）［EB/OL］.（2017-06-21）［2021-07-30］. https://www.ndrc.gov.cn/xxgk/zcfb/ghwb/201706/t20170621_962236_ext.html.

力创新服务生产方式，积极促进服务产品向"数智化"、品质化、多样化、个性化转型。具体来说，应依法依规促进平台经济、分享经济、VR体验等新服务经济形式、新服务业态、新服务模式在合理的边界内创新发展；加快云服务平台、计算机存储与计算服务、数据处理中心、大数据交易平台、5G基站等新型基础设施建设，为大数据资源深度运用于服务业领域提供坚实的软硬件支撑；加快制度创新，设计科学合理系统的政策体系，为数据的安全采集与利用、高效整合与应用拓展、自由流动与有序合法交易等提供合规的政策支持，更好促进服务业的现代化转型；积极引导互联网、大数据、人工智能等新信息技术高效集成融合，在诸如生态环境保护与环境污染治理、商贸流通、交通网络、国家安全、公共教育、健康养老、现代金融、公共医疗、自然资源监测与开发等重要服务板块积极推广应用，促进服务效率与服务质量加速改善；管理部门应建立健全移动智能终端、可穿戴智能设备等合规性审查机制，引导大力丰富符合社会主义核心价值观的服务内容与形式。

概言之，科技创新在服务业领域中运用深度与广度的持续拓展为其驱动服务业供给侧结构性改革塑造了牢固的实践基础。新一轮技术革命条件下，我们不能孤立地看待服务业的结构性转型，应运用更宽广的视野充分审视服务业的优化升级，主动将建立于新技术体系架构之上的跨界融合发展作为服务业结构性转型突破口。这要求在服务业供给侧结构性改革进程中，既要以高效的科技创新体系促进服务业新技术新工艺的发展，也要以新一代信息技术为基础促进服务业不同领域积极迈向互联化、数字化与智能化。

本章小结

中国特色社会主义进入新时代，供给侧结构性改革是新发展阶段下经济社会领域全面、深刻、系统的一场变革，事关新发展理念的实践是否深入、新发展格局的构建是否成功、发展质量的改善是否显著、第二个百年目标的实现是否顺利。因而，必须认清供给侧的症结所在，找准破解结构性障碍的突破抓手与着力点，持续深入推进供给侧结构性改革。

供给侧结构性改革既是宏观层面的问题，因为我国的国民经济在总量和结构方面均出现了总供给与总需求的相对失衡。供给侧结构性改革也是微观层面的问题，因为微观经济主体面临着要素价格扭曲导致的要素配置效率不高、全要素生产率贡献较小、产品供给与市场需求错位等结构性问题。供给侧结构性改革还是中观层面的问题，因为我国的区域经济发展不协调现象突出，这又与中观的产业发展紧密相关。不同产业的结构"痼疾"不仅直接制约着自身的质效改善，而且对其所在地区高质量发展形成显著的负面冲击，进而也影响着宏观经济的运行。

依循马克思的劳动地域分工理论、供需理论、再生产理论等，本章从国民经济的农业、工业与服务业入手，分析考量了不同产业供给侧结构性改革的路径选择问题。供给侧结构性改革主攻方向是提高供给质量，就是要减少无效供给、扩大有效供给，着力提升整个供给体系质量，提高供给结构对需求结构的适应性。作为供给体系的基本构成，农业、工业与服务业供给侧结构性改革的路径应按照供给侧结构性改革的总体主攻方向进行设计。

从供给侧角度看，农业、工业与服务业面临的共性问题一致，比如"三去一降一补"在三个部门中均存在相应表现。但是，这三个部门又有着独特的结构性矛盾，重点发展方向也有明显差异，从而有必要单独设计适合自身的改革路径，以更好地推进本部门的供给侧结构性改革。为了将宏观、中观与微观三个层面有机联系起来，本章基于要素投入视角下的供给侧结构性改革实现机制，着力从供给端蕴涵的制度变革、资源集约节约、人力资本积累、资本结构优化和科技创新五个维度入手，分别给出了概括与具体兼备的农业、工业与服务业供给侧结构性改革路径，以期为结构性改革的实践提供决策参考。

第六章 国外供给侧的施策路径与启示：经验借鉴视角

中国供给侧结构性改革的提出源于对马克思主义政治经济学理论的深刻认识、对中国社会主义经济发展客观规律的深度理解和对世界经济发展形势的精准研判，有着深厚的马克思主义意蕴，是马克思主义中国化在新时代与我国经济实践有机融合而蕴生的理论成果。这直观地显示了其与西方供给经济学或供给学派的本质差异，但不可否认的是国外在供给经济学领域的研究、关注以及政策制定运用等均早于我国，有许多值得我国供给侧结构性改革借鉴之处。

在古典政治经济学时期，以亚当·斯密为代表的古典经济学家就重点关注了供给问题或者国民财富的生产。经历经济危机冲击之后，西方国家的经济政策逐步转向了宏观需求侧管理，通过刺激"三驾马车"促进了第二次世界大战（以下简称"二战"）之后多年的经济繁荣，但20世纪70年代出现了"经济增长停滞与通货膨胀"并存的现象。这挑战了侧重宏观总需求的经济管理思路，并将经济管理焦点引向了供给端，使得供给学派在国外逐步兴起。大部分西方国家的执政者接受了供给学派的政策主张，采取了减税、私有化等诸多针对供给领域结构问题的经济政策，破除了经济"滞胀"的窘境，促进经济再次步入正常的增长轨道。

本章着重梳理了美洲的美国、亚洲的日本、欧洲的英国和德国四个代表性国家面临供给领域的具体情况及其采取的相应供给改革措施，并尝试从这些发达国家在供给领域开展的一些实践经历，挖掘有益于我国供给侧结构性改革的经验启示，以为相关政策的制定提供借鉴参考。

第一节　美国供给侧的施策路径与启示

历史地看，20 世纪 30 年代以来美国的经济发展经历了许多重大冲击。例如，二战前的经济"大萧条"、20 世纪 70 年代的"滞胀"、20 世纪 90 年代末的"互联网泡沫"、21 世纪初的"次贷危机"。在此期间，美国为应对冲击引发的经济波动，采取了诸多经济政策，既有供给领域的经济政策，也有需求管理的经济政策，这里着重梳理供给领域的经济政策，并发现可供我国供给侧结构性改革借鉴的经验。

一、美国供给侧的施策路径

1. "大萧条"时期美国供给领域的政策路径

此阶段下美国政府的主要任务是维持社会稳定，运用宏观经济政策促进市场经济由萧条逐步复苏、并走向繁荣。虽然他们主要采用凯恩斯主义的宏观总需求的管理思路制定相关政策，但也制定了许多与生产领域有关的政策。供给领域具体的经济政策主要体现于历史上著名的"罗斯福新政"。他的核心要义或施策路径可精简概括为三个要点：发展工业、减税与增加补贴、加强社会保障。

1929—1933 年美国发生了严重的经济危机，不仅对美国而且对整个世界的经济运行产生了持久而深刻的重创。当时，美国总统胡佛及其支持者坚信"市场会自动恢复"，坚持采取一系列自由放任的经济政策，从而进一步加速了美国的经济衰退。为此，1933 年罗斯福上台后所推行的"罗斯福新政"以提供失业救济与复苏经济，并成立众多机构来改革经济，尤其是针对银行体系进行了重大变革，为避免美国经济愈陷愈深做出了重要贡献。

罗斯福在供给领域实施的三大方面新政策举措如下：一是复兴工业。

为了防止盲目竞争导致生产过剩进一步加剧，政府当局制定了《全国工业复兴法》。根据《全国工业复兴法》，各工业企业制定了本行业的公平经营规章，确定了各企业的生产规模、价格水平、市场分配、工资标准和工作日时数等，从而加强了政府对资本主义工业生产的控制与调节，一定程度上缓解了资本主义国家固有的阶级矛盾。二是通过减少税收和税费优惠等措施，鼓励和刺激微观市场主体投资，扩大居民消费，以拉动总需求的回暖复苏。三是政府成立了主要为危机中受伤害的人民发放救济金的社会急救救济署，同时政府还主导建立了社会保障体系。《社会保障法》的制定使退休工人可以得到养老金和保险，失业者可以得到保险金，子女年幼的母亲、残疾人可以得到补助。此外，肯尼迪上台之后，为了进一步加快经济的增长，实行了更大规模的减税措施，不仅将公司的所得税调低到50%以下，而且还将个人所得税的最高边际税率降到了70%。

2. "滞胀"时期美国供给领域的政策路径

20世纪70年代美国爆发了两次严重的石油危机，不仅引发了经济增长的大幅衰退，而且还推动了"滞胀"的形成。起初，尼克松政府为了应对"滞胀"现象仍然延续了凯恩斯主义宏观需求管理思想的经济主张，采取了扩张性的经济刺激政策，尽管短期恢复了经济增长，但是财政和货币"双扩张"的宏观经济调控政策由于通货膨胀压力进一步加大，而又不得不转为财政和货币"双紧缩"的经济政策。但是，直到卡特上台的整个20世纪70年代，美国的通货膨胀不仅没有得到有效的控制，而且还呈现了持续上升的态势。此后，里根政府着重关注了供给领域，开启了"彻底经济革命"，形成了有一定影响力的"里根经济学"，一定程度上推动了美国经济出现好转。

里根政府主要依据供给学派的经济思想，认为"滞胀"的根源在于供给方面的生产要素投入不充分和劳动生产率低下，而并非需求领域的动力不足，主张实施大规模减税的财政政策为生产提供激励。里根政府提出的"经济复兴计划"，被他的拥护者吹捧为自20世纪30年代罗斯福执政以来

美国政府政策的"一次急剧的方向性转变"①。最具代表性的是："1981 年
和 1986 年分别通过了《经济复苏和税收法案》《税制改革法案》，其主要
内容包括扩大税基、降低个人所得税、资本利得税降低到 20%～50%，增
加企业所得税的抵扣等。"② 然而，尽管里根政府打着"批判"凯恩斯主义
的旗号，试图遵循供给学派的理论，通过采取"降低个人所得税的边际税
率以刺激投资，降低公司最高所得税税率来刺激经济增长，同时削减社会
福利支出，减少对市场的干预，重组美国经济结构，为高科技领域新技术
革命创造良好的环境"③ 等经济措施使美国渐进地摆脱了"滞胀"，但其
"并未与凯恩斯主义真正地分道扬镳，里根政府的经济政策依然是财政上
的空前膨胀同货币上的时紧时松、紧中有松相结合的混合政策"④。虽然这
在宏观经济政策运用方面有所创新，但并未解决"滞胀"出现的根本矛
盾，为下一次内在同质、但表现形式有所差异的危机爆发埋下了伏笔。

3. "互联网泡沫"时期美国供给领域的政策路径

20 世纪 90 年代末，美国经历了"互联网泡沫"破裂的经济危机，国
民经济再一次遭遇了重创。当时的美国总统克林顿的经济管理思路重新回
归至凯恩斯主义，主张政府应该干预市场经济发展，从而形成了"克林顿
经济学"。这一时期，特别是在供给侧方面，美国政府主要通过减少长期
的财政赤字，增加政府的公共投资以拉动总需求，并维持就业的持续稳定
增长。在此前提下，货币政策同时进行了迅速的结构性调整，"美联储在很
短的时间内将联邦基金利率从高于 6%的水平调低至 1%"⑤。克林顿政府迅
速实施"逆经济周期"调节的结构性经济政策，对冲了互联网泡沫破灭导
致的负面冲击，一定程度上推动了经济由衰退走向复苏。

---

① 薛伯英. 战后美国政府"反周期"的经济政策初析 [J]. 世界经济，1984（6）：20-27.
② 向圆圆. 美国二战后历次减税的政策影响及其启示：中国供给侧结构性改革背景下的研究 [J].
时代金融，2017（23）：25，28.
③ 孙瑾. 经济周期测度与逆周期经济政策效应研究 [M]. 北京：经济科学出版社，2013：
67-68.
④ 薛伯英. 战后美国政府"反周期"的经济政策初析 [J]. 世界经济，1984（6）：20-27.
⑤ 孙瑾. 经济周期测度与逆周期经济政策效应研究 [M]. 北京：经济科学出版社，2013：69.

之后，小布什政府又启动了大幅度让利与市场主体的供给侧减税政策。该轮减税主要包括 2001 年和 2003 年分别颁布的《经济增长与减税协调法案》以及《就业与经济增长减税协调法案》。其中，《经济增长与减税协调法案》有关税收减免政策条款的内容主要包含："简化个人所得税纳税等级并降低个人所得税税率；增加儿童抚养的税收抵免（2005 年起实施）；逐步增加遗产税抵免额度、降低赠予税税率；扩大慈善捐助抵税范围；永久化研究和实验支出的税收抵免；降低资本利得税等。"① 《就业与经济增长减税协调法案》有关纳税优惠的经济政策内容则主要包含："提前实施儿童抚养的税收抵免（2003 年起实施，到期日提前至 2007 年）；增加小企业免税金额以鼓励小企业再投资；提高可选择性最低税（alternative minimum tax，AMT）；取消对股息的双重征税等。"②

事实上，小布什的供给侧减税政策争议较大，主要是其没有充分考虑不同收入群体的异质性，也没有很好地衡量未来的财政赤字与微观债务消解的问题。具体地，虽然大多数微观主体的税收额度有所降低，减轻了居民家庭及企业的税收压力，但是总量同水平的减税也致使高收入群体的收入增幅大于低收入群体，反而进一步拉大了美国社会财富分配的差距，加剧了资本主义社会的内部矛盾；此外，虽然税收优惠与减税政策确实有助于刺激消费和投资，有效推动了经济复苏，但是政府债务以及财政赤字规模也显著扩大了，透支了长期的消费和投资潜力，由此经济长期持续稳定增长能力受阻，奠定了下一次危机出现的基础。

4."次贷危机"以来美国供给领域的政策路径

2007 年美国爆发了严重的"次级房屋信贷危机"，并于 2008 年快速蔓延至世界大部分的国家，最终再一次恶化为危及全球的国际金融危机。面对此次经济危机，美国奥巴马政府又采取了一系列的救市政策。仅就供给

① 苏京春，王琰. 美国二战后六轮减税的逻辑及演进中的宏观调控：兼论对我国供给侧结构性改革与宏观调控抉择的启示［J］. 华中师范大学学报（人文社会科学版），2019，58（4）：38-50.
② 苏京春，王琰. 美国二战后六轮减税的逻辑及演进中的宏观调控：兼论对我国供给侧结构性改革与宏观调控抉择的启示［J］. 华中师范大学学报（人文社会科学版），2019，58（4）：38-50.

侧来看，主要包括两个方面："一是紧急经济应对法案（EESA），用紧急应对措施救助金融市场并稳定金融体系；二是问题资产救助计划（TARP），即在紧急经济稳定法案下通过的美国政府用来抗击金融危机的关键组成部分。"[①]

问题资产救助计划针对的是此次经济危机爆发的导火索，是顺利实施经济应对法案、稳定金融体系的核心任务所在。问题资产救助计划包括五个方面的具体计划：银行业支持计划（bank support programs）、信贷市场计划（credit market programs）、其他计划（other programs）、住房救援计划（treasury housing program under TARP）以及额外的财政部控股（财政部持有美国国际集团普通股）。其中，银行业支持计划与信贷市场计划较为重要。银行业支持计划又细分为资本购买计划（CPP）、目标投资计划（TIP）、监管资本评估计划（AGP）和社区发展资本倡议（CDCI）；信贷市场计划包括公共投资计划（PPIP）、定期资产支持证券贷款工具（TALF）、小企业债券购买计划（SBA）；其他计划包括美国国际集团投资计划（AIG）和汽车产业融资计划（AIFP）；住房救援计划包括住房可负担计划（making homes affordable）、房屋金融署遭受重创基金（HFA hardest-hit fund）、联邦住房管理局再融资计划（FHA refinance）等。这些救助措施确实避免了由金融资本主导的经济体系崩溃，在稳定金融市场方面起到了积极作用，尤其是为微观主体给予了实质性的支持。

除此之外，奥巴马政府在税收、就业、社会保障等领域也做出了相应的重大举措，例如，增加富人税负、中产阶级永久减税的《新减税法》；企业研发税收永久性抵扣减免；制造业回流计划；兜底性质的《医保法案》。这些政策对美国经济的恢复起到了大小不一的作用。特朗普在执政以后，又采取了一系列的减税降费政策，减税重点主要在于所得税减免，具体涵盖企业所得税、个人所得税、跨境税制等诸多方面。具体降税措施

---

① 苏京春，王琰. 美国次贷危机后供给侧改革政策实践、评价与启示：基于问题资产救助计划的分析［J］. 地方财政研究，2019（2）：107–112.

则包括调低税率、简化税制以及废除抵扣等。从美国财政部的税收效果评估结果来看，短期内这在一定程度上实现了中低收入阶层税收降低与企业竞争力提升的良好效果。

二、美国供给侧的施策启示

从前述关于 20 世纪 30 年代以来美国面对历次经济危机在供给领域所实行的若干政策举措可以明显看出，尽管历次改革举措所取得的实际效果并非完全尽如人意，但是仍然存在许多值得借鉴的经验，有利于为我国供给侧结构性改革的深化推进提供一些一般性的规律认识。

1. 供给侧结构性改革要明确政府与市场的关系

一方面，供给侧结构性改革的基础在于市场在资源配置中所起的决定性作用。市场之所以要在资源配置中起到决定性作用，是因为市场作为调控经济运行的"看不见的手"，能够通过价格机制和竞争机制不断激发企业等微观主体的创新动力和创新活力，同时供求机制也有利于调节经济结构，从而既可以推动生产力水平的不断提高，也有利于生产专业化水平的提升以及分工的细化和高级化。此外，中华人民共和国成立 70 余年的经济发展历程业已充分说明，政府因尚未完全消除其自身的行政体制机制缺陷，确实很难在经济运行过程中准确把握市场动向和市场发展规律，因此也就无法在资源配置中起到决定性作用。另一方面，"有为政府"和"服务型政府"是供给侧结构性改革顺利推进的重要保障。尽管政府的干预相对而言在一定程度上不利于激发市场活力与提升生产效率，但是政府作为政策制定者却是影响市场正常发挥作用的关键性和主导性因素，而且时有发生的经济危机也要求政府行使相应的经济职能。因为国民生产总值的分配客体主要由政府、企业、个人三个部分构成，所以政府的预算开支与税收管理可以直接影响国民收入的分配结构和分配比例。当政府预算赤字增加时，就会挤占部分资金用于非生产性领域，以至于可能会影响社会扩大再生产正常进行。因此，明确政府与市场的关系和边界，有效发挥政府的监督、管理等服务职能，保障市场在资源配置中的决定性作用是推进供给侧结构性改革的根本举措。

2. 供给侧结构性改革要完善税收体制，聚焦减税降费，激发市场活力

美国 20 世纪在供给领域的施政举措主要是集中在税制改革方面。优化财税体制在任何时期都起着不可替代的关键作用，税收优化不仅是国家的政策要领，同时也是国家治理基础与全面改革的重要支撑。从中国历朝历代的经济改革来看，降低税收都是其中的关键环节。而从美国的多次税制改革经验来看，在一定程度上推动了美国经济的复苏。在我国现行财政体制下，供给侧结构性改革减税中优化税收体制抉择不仅仅是"最具针对性"原则下宏观调控抉择的重要部分，更是财政体制改革中税制改革的核心，对地方税制体系构建、夯实稳定税基有重要意义。具体来看，供给侧结构性改革减税中优化税收体制抉择主要包括三个方面：一是"营改增"、深化增值税改革等减税政策有助于破除供给约束、促进长期供给；二是可以充分考虑探索征收房地产税，这将有助于地方税制体系构建，进一步夯实稳定税基，也将赋予地方政府财权、增强地方政府财力，优化政府间的财政关系；三是从当前来看，中国经济增长乏力，企业生产成本高居不下，减税对经济增长的作用是显而易见的。无论从历史还是国外经验，抑或是经济实践等方面看，财税体制改革都发挥着关键作用，是供给侧结构性改革进程中重要的环节。需要注意，美国的历次减税也说明了减税政策并不是一时的，而是循序渐进的系统工程，可以作为一种长期稳定的公共政策手段来使用。

3. 供给侧结构性改革要努力降低企业的生产与交易成本

供给侧结构性改革的重要目的之一是激发微观经济主体生产的积极性。改革开放以来，中国高速增长的经济绩效主要缘于既依赖于供给领域的低价劳动力、有限制的土地使用权私有化等要素推动，也依赖于需求侧的投资、消费和净出口的拉动。进入 21 世纪，尤其 2008 年世界金融危机以后，中国经济增长至少面临着两方面的结构制约：一方面，中国的劳动

力和土地成本大幅攀升，外部市场需求出现明显萎缩，投资的边际回报率递减，民间投资利率高企。另一方面，地方政府保护主义限制非本地企业进入自由竞争，一些行业仍存在国有企业垄断，对民营企业设置进入壁垒；对于一些年年亏损的国有企业，政府长期给予财政补贴，难以达到市场出清目的，使资源无法自由流入利润较高的行业或企业等。诸如此类政府对市场的过度干预，直接增加了企业的交易成本以及制度性成本。当前，中国经济增长遇到的困难，既是过度的总量需求管理导致的不良后果，也是政府不合理干预的结果，二者共同提高了企业的生产经营成本，资源由劳动生产率与要素回报率"双低"部门向"双高"部门的自由流动受阻。因此，推进供给侧结构性改革，政府应着力降低企业的生产和交易成本。例如，实行普惠式的减税政策，简化行政审批流程，放松对企业过多的规章管制，建立全国统一大市场，推进垄断行业向各类性质的企业有序开放[①]。

第二节　日本供给侧的施策路径与启示

21 世纪之前，日本长期是亚洲的经济强国。经历二战的冲击，日本在美国的帮助之下迅速从战后恢复过来，并进入快速发展轨道，但也面临着经济危机的困扰。20 世纪 50 年代末，日本国内发生了二战之后的首次经济危机；80 年代中期至 90 年代初期，日本泡沫经济盛行，1991 年泡沫破裂，日本经济发展低迷，大量资金外流；1998 年爆发的亚洲金融危机再次对日本的经济发展造成严重冲击。这里将从日本面对这些经济危机所推进的相应改革中找寻有利于我国供给侧结构性改革的些许借鉴。

---

① 卢少云，孙珠峰. 美国供给侧改革理论与实践分析 [J]. 太原理工大学学报（社会科学版），2017，35（1）：61-66.

一、日本供给侧的施策路径

作为成功实行市场经济国家之一的日本，其二战之后的宏观经济运行呈现出了周期性变化态势，日本政府也因之采取了一系列政策措施。从供给领域考察，日本政府给出的政策举措主要包括：增加国民收入，发挥产业优势、优化产业政策，激发创新活力、加快技术创新以及完善社会保障四个方面。

1. 日本将提高国民收入与增加投资视为应对经济危机的重要手段

1957 年，日本发生了经济危机，1960 年 12 月日本政府制定颁布了《国民收入倍增计划》（以下简称《计划》），即力图用十年的时间实现实际国民收入翻一倍的目标。《计划》不仅为日本之后十年的经济发展提供了指导，而且还对具体实施方案做出了详细说明。《计划》的基本着力点在于提高低收入阶层的购买力，采取的具体措施如：推行最低工资制度、加大对农业产业的财政投入、完善社会保障体系建设等①。与此同时，为了提升资本活力、促进企业加大投资力度，日本政府一方面为向银行和证券公司等金融机构储蓄客户提供减税政策，另一方面又将储蓄通过低利率贷款给钢铁、造船等重工业部门，从而刺激了投资扩张，拉动了经济增长。在《计划》实施期间，受到资本扩张的有力推动，20 世纪 60 年代日本不仅实现了 GDP 平均增速为 9.44% 的高速增长，而且人民生活水平也有了显著提升，各种家庭耐用消费品如冰箱、彩电、洗衣机、热水器等的普及率高达 90%。此外，20 世纪 80 年代中期，日本还通过扩大对外投资的方式为加快生产和资本的国家化步伐、缓解日元升值压力提供了有效的帮助。在"海外投资立国论"的指导下，日本国内制造业加快了对亚洲"四小龙"、中国、东盟等国家和地区的海外投资。截至 1985 年年底，日本对外直接投资为 122 亿美元，1989 年达 675 亿美元，创历史最高纪录。至 20 世纪 90 年代初，受泡沫经济破灭等因素的冲击，日本对外投资出现了暂时

---

① 王钢. 日本供给侧改革的经验与启示 [J]. 西部金融, 2016 (4): 24-27.

下降，但这并没有从根本上扭转日本产业向海外转移的趋势①。与此同时，日本还采取了三个方面的措施以应对部分行业的产能过剩。一是对原材料的生产加以限制。特别是对于钢铁、石油等高能耗、高污染的企业，政府通过行政手段强制要求其减少生产，甚至停工。二是对劳动密集型行业进行转移。在此期间，日本向海外（尤其是发展中国家）转移了大量高能耗、高污染的劳动密集型行业。三是鼓励技术密集型的"振兴"行业快速发展。这一领域日本主要采取了税收优惠的激励政策，对于能耗少、污染小且附加值高的产业，由政府出面为其争取优惠贷款，并辅助以特别折旧制度，从而为加快经济复苏起到了有力的推动作用。

2. 日本特别注重发挥产业优势，运用产业政策引导产业结构升级

日本提升产业竞争优势的冲力主要来源于日元升值的压力。"受到日元升值的影响，越来越多的日本企业开始朝高科技、产品差异化以及提高生产力的方向发展；更重要的是，日元升值的震撼促使日本企业终于走上全球化战略之路。"② 相应地，20 世纪 60 年代的日本面临着如何处理落后产能和"过剩设备"的问题，而其采取的优化产业政策举措就是日本实施生产领域改革的典型体现。在此期间，日本采取的措施包括：一是制定设备注册制度。为了限制生产设备的过剩，政府要求现存设备必须进行官方登记注册才能使用，凡是未注册的设备或者新增设备均不能投入生产。二是制定准入标准。行业准入标准制定的典型案例就是 1965 年日本制定的新建石油化工中心企业的准入标准，要求乙烯年产量达到 10 万吨的企业才有从事生产的资格，并且之后随着生产技术趋于成熟，该指标又提高到了 30 万吨。三是制定落后设备淘汰法规。20 世纪 60 年代及以后，日本先后制定了《纤维工业设备等临时措施法》《特定纤维构造改善临时措施法》《特定萧条产业安定临时措施法》等，分别对设备的报废、更新以及现代化提出了具体要求。四是制定政府补偿制度。对于萧条行业产能过剩问题，政

<hr />

① 王钢. 日本供给侧改革的经验与启示 [J]. 西部金融，2016（4）：24-27.
② 波特. 国家竞争优势：下册 [M]. 李明轩，邱如美，译. 北京：中信出版社，2012：213.

府采取了收购然后报废设备的方式，即由政府与产业界合作预测未来供求，过剩部分由政府出资收购报废。五是鼓励使用节能设备。由政策性银行给予低息贷款，积极推广节能设备的使用。若企业使用列入目录的节能设备，可享受特别折旧和税收减免等优惠，减免税收约占设备购置成本的7%①。此外，日本工业机器人行业的大力发展也是日本发挥产业优势的又一表现。"日本工业用机器人的加速成长和大量使用，使日本成为世界上最早、最大、要求也最高的机器人市场"。据统计，在1987年，日本是全球最大的工业机器人生产国和出口国，大约有300家日本企业生产出价值3 000亿日元的工业用机器人。到20世纪80年代末，日本在出口机器人方面仍然傲视全球②。

3. 日本较为重视科技创新的作用，将激发创新活力、加快技术创新作为摆脱危机困扰、抢占发展高地的重要手段

20世纪70年代之前，日本政府先后确定并扶植了三组带头的战略性主导产业。第一组是电力产业，为大量消耗电能的原材料工业的发展创造了条件；第二组则是石油、化工、钢铁、造船；第三组为汽车、家用电器、机床等机械工业。这三组产业相互关联、互相促进，推动了日本经济的重化学工业化和高速增长。在20世纪70年代后日本又选择了四个重点发展领域：一是以电子计算机、产业机器人、汽车、IC、新材料等为代表的研发集约型产业；二是以通信设备、办公机械、数控机床、环保机械及大型建筑机械为代表的装备产业；三是以高级服饰、高级家具和住宅用具等为中心的时尚产业；四是以信息服务、教育、软件、系统工程、咨询等为中心的知识产业③。1973年10月17日第一次石油危机爆发，日本的经济发展开始面临日元升值、增速下行、通货膨胀以及国际收支失衡的"四重压力"。为了摆脱这一困境，日本政府通过采用"自动化提高生产率、

---

① 王钢. 日本供给侧改革的经验与启示 [J]. 西部金融，2016 (4)：24-27.
② 波特. 国家竞争优势：上册 [M]. 李明轩，邱如美，译. 北京：中信出版社，2012：202.
③ 王钢. 日本供给侧改革的经验与启示 [J]. 西部金融，2016 (4)：24-27.

向更精致化的产品环节转型，以及国际化生产作业"① 的方式为扩大日本产业的长期竞争优势打下了基础。20 世纪 80 年代初期，日本全国上下形成了"科学技术立国"的思潮，不论是人力资本的培训，还是科技研发的投入短期内都出现了明显的改善。其间，政府层面不仅鼓励传统产业的转型升级，而且大力扶持新兴产业的培育和发展，特别是提倡对新能源的开发和利用，以至 20 世纪 80 年代日本的产业结构发生了重要变化：一是传统重工业的增速放缓；二是技术密集型产业蓬勃发展。根据 EPS 全球统计分析数据库的数据，一方面，1981 年以来日本的 R&D 投入占 GDP 的比重持续居于世界第一的位置，而 20 世纪 80 年代和 90 年代日本高科技出口占制成品出口的比重也仅次于美国。当然，即便如此也并没有推动日本经济增速重返 20 世纪 60 年代的辉煌，1973—1990 年日本 GDP 增速平均水平为 4.29%。另一方面，1971—2006 年，日本每年的专利申请数量远高于美国和中国，于 2007 年才开始低于美国，于 2010 年才开始低于中国②。

4. 日本特别注重社会保障体系的建设，尤为强调社会保障在营造经济社会发展稳定环境以及促进生产力发展中的作用

教育、医疗、就业等方面长期以来一直是日本政府关注的重点领域。1961 年日本政府制定了《国民医疗保险法》，为不能通过工作单位"入保"的其他所有公民（包括农民、个体户以及无业人员等）提供了享受医疗保险的机会。此外，政府还在为公民提供基本养老设施的基础上，鼓励并监督企业及非营利组织共同建造适合不同群体的商业性或公益性养老设施。随后，1963 年日本政府又出台了《老人福祉法》，从而进一步细化了养老设施类型。另外，日本东京户籍管理在控制人口流向时，切实采取了"完备的行政管理手段"和"健全的市场竞争机制"有机结合的原则。受 2008 年国际金融危机的影响，日本政府再一次开启了规模庞大的社会保障刺激计划。如图 6-1 所示，用于医疗、就业、购房减税等方面的专项支出

---

① 波特. 国家竞争优势：上册 [M]. 李明轩，邱如美，译. 北京：中信出版社，2012：366.
② 数据来源：EPS 全球统计分析/预测平台数据统计计算所得。

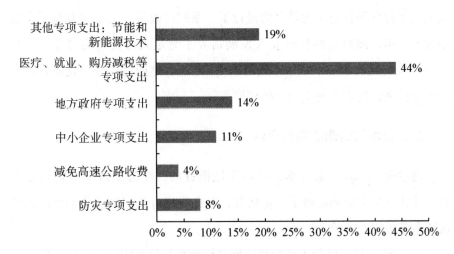

图 6-1　日本政府财政专项支出投资比重

资料来源：李宏舟. 日本应对金融危机的政策及其评价 [J]. 现代日本经济，2009（4）：6-10. 由笔者根据文中数据重新编绘。

占比最高，占比高达 44%，而节能和新能源技术开发投资占比次之，占比为 19%。事实上，日本之所以将改善民生作为此次危机救助的发力点主要是基于日本劳动者收入占 GDP 比重下降趋势明显，而企业利润占 GDP 比重反而逐年增加的考虑，这同时也就意味着在社会保障方面存在着很大的提升空间。2013 年日本政府提出的"日本复兴战略"，旨在改善国民和企业对经济增长的预期，激发社会活力，从而实现经济复苏的目的。该战略的内容与财政政策和货币政策的最大区别就在于涉及了供给侧方面的改革。作为一系列经济政策能够有效贯彻落实的辅助，日本政府对人力资本培育和技术创新水平提出了更高的要求。2016 年日本政府出台了"日本—亿人总活跃计划"，规定要以改革劳动方式和收入分配制度为核心，充分激发国民和企业参与社会经济发展的积极性，保障劳动者的合法权益。为此，一是安倍政府在提倡同工同酬、适度减少劳动时间、鼓励下岗职工再就业的同时，还在幼儿和老年人的服务保障方面提供了政策扶持。二是与撒切尔夫人教育改革方案如出一辙的是，安倍政府提出"人才培育革命"后，给予了教育领域大幅度的政策倾斜，对幼儿教育、小学、初中、高中以及高等教育等各层次的教育均进行了一系列的改革。这不仅降低了家庭的教育负担，而且为经济的长久发展培养了充足人力资本后备军。三是2017年安倍政府制定了"未来投资战略2017"，试图抓住新一轮技术革命的重要机遇，努力实现生产率的倍增。

二、日本供给侧的施策启示

通过梳理二战以来日本在供给领域推进的四个方面改革举措可以看出，这些变革举措都取得了一定成效，存在着值得我国深化供给侧结构性改革参考借鉴的经验。

1. 要将提高国民收入作为供给侧结构性改革的主要出发点和落脚点

日本政府在20世纪60年代和80年代所推行的"国民收入倍增计划"及"海外投资立国论"在一定程度上有效帮助日本经济走出了发展低谷。从我国改革开放以来的现实情况来看，尽管我国GDP总量早已位居世界前列，但是人均GDP仍然较低。世界银行数据库数据统计显示，2017年我国人均收入为8 690美元，世界低收入国家、中等收入国家以及中等偏上收入国家的人均收入分别为744美元、4 940美元、8 192美元，而世界平均收入水平则为10 366美元。这表明，中国的人均收入水平虽然已经超过了世界中等偏上收入国家的平均水平，但是距离世界平均水平依然存在着一定的差距。2020年以后，我国将逐步迈入世界高收入平均收入水平阶段以及世界高收入发达国家水平阶段。成功实现这一转变的首要环节就是努力提高国民总收入，这既是供给侧结构性改革的重要出发点和落脚点，同时也是保障供给侧结构性改革能够高效顺利实现的根本前提。为此，一方面，在国民收入分配过程中政府应充分重视效率与公平的关系，更大程度地注重公平，努力提高居民劳动报酬在国民收入中的比重；另一方面，要尽可能扩大中等收入群体的规模，努力缩小收入差距。其中，特别要注意收入水平的持续增长，不断提高各个收入阶层的收入预期。

2. 要将促进产业结构的优化调整作为供给侧结构性改革的主要突破口与着力点

工业化进程必然伴随着产业结构的优化升级，而不同国家的产业优势和产业特点各不相同。因此，准确抓住本国的产业优势，"因地制宜"地优化产业结构是推进供给侧结构性改革的重要抓手。如图 6-2 所示，如果以第三产业产值和第二产业产值的比例作为产业结构合理化的衡量指标，以批发和零售业增加值与工业增加值的比例作为服务业发展水平的衡量指标，那么，改革开放以来，我国产业结构合理化程度和服务业发展水平均呈现出了明显的提升态势。而在这一向好背景下，我国还需处理好以下几个方面的关系：一是重视服务业结构的调整优化。既要加快传统服务业的转型升级，同时也要加快现代服务业的发展步伐。伴随着"互联网+"、数字经济以及人工智能时代的来临，新的服务业业态和运行模式已经应运而生。因此，要在充分竞争的基础上，尽快掌握现代技术和现代经营方式，通过改组改造商贸、餐饮等传统服务业，大力提高其技术水平和经营效率。二是努力协调发展服务业和吸纳就业的关系。由于传统服务行业吸纳就业的能力有限，如果过度依赖传统服务业的就业带动必将阻碍产业结构优化调整的进度。所以，应该在尽力挖掘传统服务业就业潜力的同时，大力发展生产性服务业，着力扶持技术含量高的现代服务业和新兴服务业。三是发展服务业与推进新型工业化相结合。在经济服务化和工业化作为发展中国家不可逾越的发展阶段的条件下，工业越来越依赖于服务业发展的规模和发展的程度。因此，第三产业发展质量的提升离不开第二产业，尤其是工业的支撑。特别是在服务业所需的基础设施、消费品以及生产资料等方面更是要充分实现第二产业的保障作用[1]。

---

① 何德旭，姚战琪. 中国产业结构调整的效应、优化升级目标和政策措施 [J]. 中国工业经济，2008（5）：46-56.

图6-2 中华人民共和国成立以来产业结构合理化与服务业发展水平变化趋势

资料来源：国家统计局官方网站数据计算所得。

3. 要将技术创新作为供给侧结构性改革的主要动能和关键驱动力

二战以来日本持续将科学技术创新作为推动经济增长的主要动力，长期致力于科技创新及其应用。以工业机器人的制造和使用来说，"许多日本机器人企业同时也在机械和电子领域进行着多元化经营"[①]。日本不仅发展工业机器人的专业制造技术，而且还将技术应用到自己的机器人生产线上。应用技术的不断积累，正是日本机器人产业能够成功的关键。所以该领域是最值得我国学习的领域。我国与日本在创新领域的差距主要表现在两方面：一是创新投入方面，2015年日本研究与试验发展（R&D）占GDP比重约为3.5%，而我国仅为2.07%。二是创新产出方面，2016年日本专利申请数量为318 381件，而我国的专利申请数量则高达1 338 503件。此外，2016年日本的商标申请量增速仅为12.51%，我国商标申请量增速则为30.18%。同期，日本高科技出口占制成品出口比重为16.22%，而我国高科技出口占制成品出口比重为25.24%[②]。因此，种种事实表明，

① 波特. 国家竞争优势：上册 [M]. 李明轩，邱如美，译. 北京：中信出版社，2012：209.
② 数据来源：CEIC宏观经济数据库统计整理所得。

虽然我国创新水平结构仍然存在着很大的调整和改进空间，特别是基础研究方面还很不充分，但是未来中国总体创新产出水平超越日本的迹象早已显现。为此，要加快完善创新政策环境，努力依靠政府和国有企业主导创新活动，更好地发挥其在技术沉淀、资源调动、资金保障等方面的优势，通过创建若干国家级制造业创新中心，推进一批智能制造试点专项，启动高端装备等一批重大工程来实现关键领域的技术攻关。

4. 要将保障社会民生作为供给侧结构性改革的立足点与基础

供给侧结构性改革的根本目的是创造和提供社会福利，是提供具有使用价值的物质产品和服务产品以满足人的需要。也就是说，在实施供给侧结构性改革的同时要努力做好民生保障工作。一是医疗卫生方面。应从健康中国战略和国家治理现代化的角度来审视城乡基本公共服务的供给问题，探寻推进城乡基本公共服务均等化的对策①。随着新医改的纵深推进和《"健康中国2030"规划纲要》的实施，城乡居民应充分发挥主体作用，配合推动健康中国战略早日实现。此外，还需要在以精细化的顶层设计推动基层医疗改革的基础上，加快推进《中华人民共和国基本医疗卫生与健康促进法》的全面落实，为医疗卫生与健康领域的工作开展提供法理依据。二是教育方面。经济发展需要人力资源的同步发展。日本的教育体系充分支持了日本的产业发展和提升。中国也应该从教育体系上下功夫。中国未来将需要更多掌握高级技能和新技术的劳动力，无论是员工还是管理人员都将具备电脑、外语、市场营销等未来产业所应有的基本能力。这就要求学校从中学阶段加强这些领域的教学，实施多元化教学。三是养老方面。总体上应该给予不同的养老模式一定的鼓励，继续积极向前探索，努力推动养老事业走向成熟。要将传统的养老模式进一步细化为托底层、平民层、中高端层以及高端层四个层面，并分别针对四个层面制定具体的相适应的政策措施。

---

① 赵黎. 新医改与中国农村医疗卫生事业的发展：十年经验、现实困境及善治推动 [J]. 中国农村经济，2019（9）：48-69.

第三节　典型欧洲国家供给侧的施策路径与启示

欧洲是现代资本主义文明的发源地。人类历史上的第一次工业革命起源于英国、第二次工业革命发源于德国，使欧洲地区在资本主义发展方面有着厚重的历史经验。相对地，第一次生产相对过剩的经济危机（主要是工业领域的危机）也发端于英国，此后间歇性爆发的经济危机欧洲地区都未"幸免"，而且在2008年世界金融危机前后，欧洲地区还爆发了"主权债务危机"，这些在冲击欧洲地区经济发展的同时，也为其提供了丰富的改革土壤与实践。故此，本节尝试梳理英国和德国两个典型欧洲国家在供给领域推进的若干改革，进一步挖掘有益于中国深化供给侧结构性改革的若干启示。

一、典型欧洲国家供给侧的施策路径

1. 英国供给领域的主要举措

英国供给领域的变革以撒切尔夫人的供给领域改革和卡梅伦的供给领域改革最具代表性。其中，撒切尔夫人的供给领域改革发生在20世纪的"滞胀"时期，而卡梅伦供给领域改革发生在2008年金融危机之后。

（1）撒切尔夫人供给领域改革的主要内容体现在教育、产权与财税制度三个方面。第一，优化教育体系，强化人力资本积累。撒切尔夫人执政后立刻对英国的教育状况进行了调查评估，最终发现英国的教育教学体系存在明显的质量水平低下、结构畸形化等严重问题。基于此，撒切尔政府在克服重重阻力后于1987年颁布了《教育改革法》，这一法案涉及了普通教育、高等教育、成人教育以及继续教育四个领域。普通教育的改革举措主要是统一全国普通教育教学计划，对全国各校的课程设置、教学内容以及课程进度等实行统一管理，增加中、小学教育的课时，并注重综合素质

的培养，大力普及中、小学计算机教育；高等教育的改革举措主要是推动高等教育朝着全方位、多层次的完整体系发展，分类别、按比例地培养高、中、低三种技术人才，努力提高高等院校的教育教学质量，政府在给予一定财政扶持的同时加强监督管理，建立完善的教育评估体系，优化教育管理制度，鼓励开展"学生贷款计划"，为学生顺利完成学业提供福利保障；成人和继续教育方面的改革举措主要是积极为成人提供接受教育的机会和场所，实现成人教育形式的多元化，引导中学毕业后不能接受大学教育的青少年参加继续教育，并在 740 所院校中设置了继续教育课程①。

借助产权私有化，提升市场经济活跃程度。按照新自由主义经济学的基本观点，为了充分释放市场经济活力，并促进市场竞争，撒切尔政府将改革的方向牢牢地聚焦在了国有资产的私有化问题上。一方面，通过将国有企业或者混合所有制企业的股票公开发售，鼓励私营企业增加持股比例；另一方面，对于规模较小且盈利能力不足的国有企业，政府主张采取兼并或收购的方式直接将其出售给私营企业。此外，为了实现"大众资本主义"，还鼓励国有企业将股份优先出售给企业内部的职工和管理人员。总体来看，英国的私有化改革历程可分为三个阶段：一是 1979—1983 年的尝试阶段，这一阶段的私有化主要以竞争性行业为主；二是 1984—1987 年的加速实施阶段，该阶段私有化的重点则逐渐转向了电讯和天然气等自然垄断行业；三是 1988—1990 年的逐步深化阶段，此阶段下私有化范围不仅扩展到了公用事业部门，而且还拓展到了相关政府单位。

调整财税制度，采用激发市场经济主体积极性的税制。长期以来，英国政府试图通过实行高税率的税收政策增加政府收入，不幸的是这一经济行为被著名的"拉弗曲线"所证伪。撒切尔夫人执政时期，英国政府反方向行之，尝试按照"拉弗曲线"的逻辑寻找有利于财政收入增加的税率。具体而言，撒切尔政府采取了降低税率的政策，其中包括相继出台的调降个人所得税基本税率和最高税率、提高个税起征点、降低投资收入附加税

---

① 杨义萍. 撒切尔政府的教育改革政策 [J]. 西欧研究, 1990 (3)：55-59.

税率、提高投资收入税起征点以及降低公司税税率等诸多举措。据统计，1990 年英国的公司税税率以及小企业的公司税税率分别从 1982 年的 52%和 40%下降到了 35%和 29%，而且公司税的起征点也从 20 万英镑提升到了 22.5 万英镑①，从而增加了市场投资的活力，促进了财政收入增加。此外，撒切尔政府也同时调整财政支出结构，制订控制政府开支的计划，变革持续已久的高福利政策，努力缩小财政赤字规模。该计划实施的重点在于：一是将市场化改革引入社会保障领域，特别是在养老金、公共住房以及医疗保健等方面进行市场化的制度改革；二是降低社会保障方面的管理成本和补助申请成本，尽量提高社会补助的申领效率；三是尽可能削减政府不必要的开支和补贴。财税制度的调整出现了明显的帕累托改进，如刺激了市场经济主体的积极性，经济主体的收入有所提升，与此同时政府收入也有增加，财政赤字逐步缩小。

（2）卡梅伦供给领域改革的主要内容可从宏观经济政策、社会保障、私有化和金融业改革等角度归纳。

首先，运用多元的宏观经济政策，促进产业结构转型升级。2008 年世界金融危机爆发后，英国政府采取了一系列的财政政策和货币政策进行逆周期调节。英国下议院环境审计委员会 2008 年的预算前报告显示："将2010—2011 年度 30 亿英镑的财政资金预支出转移到 2009—2010 年和2008—2009 年，用于住房、教育、交通和其他建设项目，以支持全国的产业与就业"②，其中约 1/6 的份额被用在了环境保护产业的发展方面，而且政府许诺试图在 3 年之内带动社会投资金额增加至 500 亿英镑。由此可见，英国政府计划走出一条"低碳型经济复苏"的绿色发展道路，英国率先发起的低碳经济对此形成了很好的印证。此外，金融危机爆发之初，英国央行就通过向政府购买国债的方式向市场注入了 2 000 亿英镑巨资，刺激经济增长。

①　李罡. 论英国的结构改革与经济增长：对撒切尔结构改革及其影响的再解读 [J]. 欧洲研究，2015，33（2）：60-80，6-7.

②　参照英国下议院环境审计委员会 2008 年预算前报告：经济衰退时期的绿色财政政策. http://www.parliament.uk/eacom/.

其次，深化社会保障领域改革，促进财税收支平衡。金融危机和欧债危机爆发以后，整个欧元区包括其中的各成员国几乎同时采取了削减政府开支的经济措施。英国"从2013年4月起推行了几十年来最大规模的福利制度改革"①。2011年，整个欧元区以及法国、德国、英国三个主要国家的政府开支占GDP比重均呈现了不同程度的下降，且英国的下降幅度最大，并处于持续下降的态势，这与英国大力推行的社会保障改革紧密相关。英国的福利改革大致包括四个方面：一是实行"通用福利制度"，即在保证被救助者所获得的福利总额低于再就业的收入水平的前提下，将各种类型的津贴和税费减免进行统一支付以降低福利金发放的成本，并激发失业者的就业积极性。二是制定最高家庭救济金限额制度，并规定对残疾人救济金的领取进行严格审核。英国统计局的统计资料显示，从2013年4月份开始，随着最高限额与规范残疾人救济金领取规定的实施，约5万个家庭与67万残疾人受到了影响。三是征收"卧室税"，以实现对住房资源的优化配置。四是对移民享受福利待遇进行严格审查，规范移民的判断标准。

最后，运用金融市场深化私有化改革，并加强对金融业监管，着力防范金融风险。从私有化改革领域来看，最具有代表性的就是2013年7月英国政府针对皇家邮政集团所采取的私有化措施。一方面，将公司近90%的股份拿到伦敦证券交易所公开发售，以敦促私营企业通过增加股权的方式获得集团的控制权；另一方面，将其余的10%的股份以3年内不能出售作为条件无偿派发给了集团内部的职工②。从金融业来看，英国政府以"金融稳定、严格监管、权益保护"作为出发点和立足点，开启了一轮新的金融改革历程。起初，通过建立银行业独立委员会（ICB）对英国银行业的发展现状和存在的问题以及潜在危机进行研究。之后，2013年12月英国

---

① 李罡. 论英国的结构改革与经济增长：对撒切尔结构改革及其影响的再解读 [J]. 欧洲研究，2015，33（2）：60-80，6-7.

② 李罡. 论英国的结构改革与经济增长：对撒切尔结构改革及其影响的再解读 [J]. 欧洲研究，2015，33（2）：60-80，6-7.

政府在 ICB 研究结果的基础上，颁布了金融服务法案。这一法案所遵循的改革原则主要体现在三个方面：一是降低金融风险。该法案的突出特点就是在金融监管层面实现了由传统"混业"监管到"分业"监管的转变，尽管提高了监管成本，但却大大降低了金融风险。二是提供良好的竞争环境。为了进一步激发银行业的竞争活力，提高金融业的运行效率，英国政府不仅对银行规模的扩张给予了限制，同时还降低了银行业的准入门槛。三是特别保护消费者的权益不受侵害。为了尽可能消除客户与银行之间存在的信息不对称问题，法案明确规定银行有义务向客户说明每一项产品的收益与风险。

2. 德国供给领域的政策路径

德国供给侧改革的举措大概起始于 20 世纪 80 年代。当时，德国经济发展出现了体制性和结构性的"双重危机"，财政诟病、产业落后、增速下滑等一系列衰退表现促使德国政府不得不寻求新的经济政策。1982 年，科尔执政德国以后开启了以供给领域为重点的新一轮经济改革。本轮经济改革的重心在于"市场主导、政府辅助"，旨在充分发挥市场的"看不见的手"的作用以及政府的"看得见的手"的作用。德国供给领域的改革主要体现于产业结构优化升级、产权私有化以及政府收支优化三个方面。

第一，加快产业结构优化升级，促进国民经济部门协调发展。德国的去产能是从钢铁、煤炭、造船、纺织等经济部门展开推进的，也就是所谓的"收缩部门"和"停滞部门"。政府通过严格控制财政补助的方式，迫使产能过剩企业减少产量、工人和机器设备，且这一过程是循序渐进的，有效避免激进式改革导致大量工人失业，引发社会动荡。此外，对于关乎国计民生的行业（如农业和采煤业等）德国采取重点调控的方式，不断通过调整整顿，努力确保农产品与其他战略性产品的供求平衡。与此同时，德国政府还将发展眼光聚焦于高科技行业，尤其是针对电子、核电站、航空航天等新兴工业进行了战略性规划，且政府大力推广汽车、纺织等产业的自动化生产技术，制造业产能利用率从 1982 年的 75% 左右提高到了

1989 年的近 90%①。

第二，加快推动产权私有化，促进国有企业改革。20 世纪 80 年代，联邦德国针对部分国有企业实行了私有化。德国重新统一之后，德国政府进一步加快了产权私有化的改革进程。大批国有企业实行了"新私有化""再私有化"或移交给其他公共机构。比如，联邦政府 1985 年 3 月批准的有关联邦资产私有化和参股政策的总体方案中，联邦政府将减少在 8 家大公司中的参股，如将大众汽车的股份从 20% 减少到 14%，联合工业公司的股份从 100% 减少到 74%，汉莎航空的股份从 79.9% 减少到 55%②。

第三，优化财政收支结构，促进社会福利增进。从税收改革层面来看，德国主要通过降低企业和个人税收的方式来激发微观主体的市场活力。1984 年德国政府颁布了《减税法》，将减税过程划分为三个阶段，即 1986 年、1988 年和 1990 年，最终有效实现了税收份额从 1982 年的 23.8% 降低到 1990 年的 22.5% 的良好效果。同时，这一税改过程也使得德国税收体系出现了较大优化，不仅降低了直接税的比重，而且调低了所得税和工资税的累进税率。从财政支出规模角度分析，科尔上台后制定了整顿财政方针，要求各级政府每年的财政支出年增长率不超过 3%，以降低"赤字率"（政府赤字占 GDP 的比例）和"国家率"（国家支出占 GDP 的比例）。从社会保障方面考察，德国政府通过延迟养老金领取时间、降低失业者养老金缴纳基数、提高医疗费用自付比例等途径减少了政府在社会福利方面的支出；同时，科尔提出将自己和部长们的薪水减少 5%。德国的统计数据显示，1983—1989 年，德国政府赤字减少，债务增速下降，"赤字率"和"国家率"均呈现降低趋势③。

① 王秋波，魏联合. 德国供给侧改革的主要举措和成效 [J]. 党政视野，2016 (5)：25.
② 王秋波，魏联合. 德国供给侧改革的主要举措和成效 [J]. 党政视野，2016 (5)：25.
③ 王秋波，魏联合. 德国供给侧改革的主要举措和成效 [J]. 党政视野，2016 (5)：25.

二、典型欧洲国家供给侧的施策启示

对于英国和德国两个老牌的市场经济发达国家而言，推进供给领域的改革在当时依然是新事物，有着诸多阻碍和不确定性。但是，两个国家仍然克服了重重困难，依据国家实际情况在公共服务、产权制度、财税制度等领域开展了一系列的改革，这对厘清政府与市场边界、促进市场经济发展、摆脱经济危机困扰、重塑经济发展动力等起到了不可忽略的作用。虽然英德两国的变革经验不是放之四海而皆准，但可从中寻找一些供我国供给侧结构性改革参考的启示。

1. 供给侧结构性改革应充分发挥市场机制的作用

再好的改革、再好的政策均需要由微观经济主体执行，相应的成效也应由微观经济主体评判。我国的供给侧结构性改革有必要基于社会主义市场经济体制不断完善的具体情况，借助市场机制的作用提高供给侧结构性改革绩效。市场之于经济社会发展的重要作用可从英国和德国的"大市场、小政府"变革导向及其最终结果看出。以德国的改革实践为例，德国为活跃市场，激发企业投资积极性，在持续推进国有企业产权私有化、不断放松市场监管的同时，着力下调所得税等税率，指导劳动力、能源等生产要素价格，降低企业生产成本，从而实现了企业投资增加、就业增长、经济恢复增长的目标。需要指出，我国供给侧结构性改革过程中也推行了大规模的减税降费措施，在税率降低、起征点提升、个税抵扣等方面与国外有相似性；与国外大幅压缩社会保障支出不同的是，我国则增加了社会保障支出；还需要看到我国在税基与税级距、直接税与间接税等税制改革方面仍需要加大力度。除了降低企业与劳动者的税负成本以外，我国的供给侧结构性改革也要注重加快建立全国统一的要素大市场、完善流通体制等，促进企业用工、用能、流通等费用下降，从而有效降低企业生产经营的综合成本，更好地激发企业家精神。德国在 20 世纪 80 年代初面临出口市场被日本等国家挤压，对外贸易连续三年逆差。通过在供给领域有针对性地对不同产业进行结构性改革，发展新兴产业，同时延续重视科技研发和职业教育、推行自由贸易政策等高增长时期的体制和政策，从而实现了贸易顺差的逐年增长①。这同时也启示我们，供给侧结构性改革进程中尤其要重视人力资本的积累，并发挥人力资本支撑产业结构升级的作用。

2. 供给侧结构性改革要循序渐进，按部就班地推进，切忌急于求成

从英国供给领域的改革历程来看。二战结束后，撒切尔政府的改革措施可以说主要集中于供给领域。一方面，国民教育部门的系统化改革被作为撒切尔政府的施政重点，不仅改变了英国教育质量不高的状况，而且还为经济长期发展提供了源源不断的人力资本；另一方面，通过降低税率、缩减政府开支、解除政府管制、完善工资制度以及大面积私有化等方式，进一步为企业生产提供了便利，激发了市场的充分竞争，在摆脱"滞胀"泥潭的过程中起到了不可估量的作用。此后，金融危机时期，卡梅伦政府同样遵循了撒切尔改革的基本思路，仍将改革重心放在了供给领域。纵观英国二战后的改革历史可以发现，从"自由放任"的改革态度到"激进式"的改革模式，再到以保障经济稳定为目标的改革原则，无不体现了英国经济改革是在不断摸索和实践中产生的。所以，我国在供给侧结构性改革过程中需要做好中长期规划，确保不同阶段的任务、重点、目标等有序衔接，高效稳妥推进各部门、各行业的结构化改革，促进经济发展质量平稳跃升。

3. 供给侧结构性改革过程中应以供给侧与需求侧相对均衡为导向，确保二者协调

英国和德国为调动微观经济主体参与生产的积极性，所采取的减税政策便是兼顾了需求侧的体现，因为只有微观经济主体收入增加才可能扩大社会有效需求规模，从而牵引生产规模扩张。新时代背景下，面临我国经济发展步入"三期叠加"的新常态，中央政府不遗余力地开启了一轮供给侧结构性改革。正如习近平总书记指出的："放弃需求侧谈供给侧或放弃

---

① 任泽平. 德国供给侧改革时期的调整、应对与经验 [J]. 理论学习，2016 (4)：52-53.

供给侧谈需求侧都是片面的，二者不是非此即彼、一去一存的替代关系，而是要相互配合、协调推进。"① 这就表明，供给侧结构性改革已然成了我国逆周期与跨周期经济调控政策的关键选择。而且，必须充分认识到"供给侧结构性改革并不是简单地摒弃宏观需求管理，因为需求侧与供给侧是平衡经济增长的两翼，二者缺一不可"②。从经济发展形势来看，我国短期面临着产能过剩、库存过多、杠杆率过高等现象，而且处于全面乡村振兴、相对贫困消解、迈向共同富裕、实现社会主义现代化强国的关键阶段，这内在要求了宏观经济要能够持续平稳发展。供给与需求作为国民经济平衡的两翼，供给侧结构性改革进程中确保二者协调平衡显得尤为重要，无论是基于短期还是长期发展目标考量，都应以需求侧和供给侧的政策协调配合为基础。

---

① 习近平. 习近平在省部级主要领导干部学习贯彻党的十八届五中全会精神专题研讨班上的讲话 [EB/OL]. (2016-05-10) [2021-07-30]. http://www.cpc.people.com.cn/n1/2016/0510/c64094-28337020.html.

② 丁任重，李标. 供给侧结构性改革的马克思主义政治经济学分析 [J]. 中国经济问题，2017 (1)：3-10.

本章小结

宏观地看，国民经济运行是供给与需求相互作用的过程。如果供给与需求相对匹配，那么国民经济能够保持平稳的增长趋势。反之，国民经济可能出现较大波动，或停滞不前，或倒退。因而，依据经济发展的实际情况，相机制定经济政策确保供给与需求彼此协调是国民经济稳定发展的内在要求。

历史地看，许多国家的经济发展进程中均出现过供给与需求失衡的现象，这促使经济学家们将研究焦点转移到了供给与需求均衡的问题上，特别是有大量经济学家关注了供给领域存在的结构性问题，也给出了相应的政策制定参考。诸如美国、英国、德国与日本等发达国家的执政者接受了供给经济学的思想与观点，并相应制定了一系列政策付诸实施。经济史料显示，这些政策在促进供给与需求协调、推动国民经济平稳发展方面有着明显的效果。

中国经济发展进入新常态以来，经济结构的矛盾显化，致使经济增速出现明显下滑。供给侧局部性相对过剩，引发了社会总供给与总需求在总量和结构层面上均出现不协调、不匹配的失衡问题。这可能与过去多年过于倚重总量需求管理有关，为此党中央坚持在扩大内需的同时，尝试通过供给侧结构性改革解决经济结构失衡导致的发展制约。由于我国现代经济实践起步较晚、发展时间较短，运用现代手段解决经济结构问题的方式、方法还不够成熟，因而从国外部分发达国家供给领域改革的历史经验挖掘些许启示合情合理。

从美国、日本、英国与德国等发达国家的施策路径来看，我们能够发现可供参考的成功经验。比如，供给侧结构性改革是长期的经济结构调整行为，应把眼光放长远，应尽可能做到短期与长期目标兼容；供给侧结构性改革不能撇开需求，单独讨论供给，应将供需匹配的目标贯穿始终；供给侧结构性改革不能跳出市场经济的框架，应注重厘清政府与市场的边界，充分发挥市场机制引导资源优化配置的作用；供给侧结构性改革过程中应注重增加创新性的制度供给，借助结构性的政策引导微观经济主体参与发展经济的积极性，降低微观企业生产运营的综合成本；供给侧结构性改革应抓住创新的"牛鼻子"，以创新优化供给体系，提升供给质量；供给侧结构性改革应注重产业结构的优化升级，全力塑造现代产业体系，促进供给能力跃升；供给侧结构性改革需要同步推进收入分配制度改革，以初次分配、再分配与第三次分配的优化组合夯实改革的基础。

第七章　供给侧结构性改革的政策组合体系：制度设计视角

供给侧结构性改革是中国全面深化改革的一项重要内容，是经济持续稳定发展过程中"稳增长、调结构、惠民生、防风险"的综合体现。全面稳妥推进我国宏观经济的供给侧结构性改革，需要设计科学合理的政策体系，提高政策的前瞻指导能力、适应解决矛盾的能力、灵活处理矛盾的能力，用以确保诸多结构性问题顺利消除，全力打通妨碍经济发展质量跃升的多种阻塞。

在 2015 年 12 月召开的中央经济工作会议上，习近平总书记明确提出要："在理论上作出创新性概括，在政策上作出前瞻性安排，加大结构性改革力度，矫正要素配置扭曲，扩大有效供给，提高供给结构适应性和灵活性，提高全要素生产率。"① 对于供给侧结构性改革进程中的政策组合安排，中央财经领导小组第十一次会议中也给出了明确的设计思路导向，具体是"实行宏观政策要稳、产业政策要准、微观政策要活、改革政策要

---

① 习近平. 习近平总书记在 2015 年中央经济工作会议上的讲话 [EB/OL]. (2015-12-21) [2021-07-30]. http://news. 12371.cn/2015/12/21/ARTI1450693867270300.shtml.

实、社会政策要托底的政策"①。这为供给侧结构性改革的政策设计提供了根本的设计指引与总体的思考依循。

从制度设计的角度看，有益的制度安排通常能够促进生产力水平提升，增进全体人民福利。为确保供给侧结构性改革不会导致经济增长出现较大波动，维持合理增长区间，稳定微观主体预期，我们需要深入理解党中央提出的"宏观政策要稳、产业政策要准、微观政策要活、改革政策要实、社会政策要托底"的政策组合体系设计，进而优化完善相关的政策制定。这一总体性思路是国家通盘考虑供给侧结构性改革与总需求扩大有机融合的实际需要而科学全面制定的政策组合，实现了宏观、中观与微观的统一，也做到了经济发展政策与社会发展政策的兼顾，更是突出了不同政策均要"接地气"、务实可操作的要求。虽然党中央提出的"五大政策支柱"在目标方向、具体内容等方面上各有侧重，但它们又以协调配合、共同发力的形式，保障着供给侧结构性改革的顺利推进与持续深化。

---

① 习近平. 习近平总书记在中央财经领导小组第十一次会议上的讲话 [EB/OL]. (2015-11-10) [2021-07-30]. http://www.xinhuanet.com/politics/2015-11/10/c_1117099915.htm.

第一节　以审慎的宏观政策营造稳定的经济环境

一、关于宏观政策要稳的基本主张

改革与宏观经济环境是辩证统一的。一般来说，改革既有可能通过将顺经济体制机制等制度性限制，促进宏观经济环境保持平稳趋势，也有可能因对实际问题把握不准、施策不当等导致宏观经济环境出现剧烈波动，从而致使改革失败。相对地，宏观经济环境是改革赖以存在与推进的基础，稳定的宏观经济环境能够剔除其他因素干扰，促进诸多改革工作顺利推进，从而实现生产关系与生产力相协调、提升生产力发展水平的目标；反之，则相反。

在准确把握经济发展新常态规律基础上，2015 年 12 月召开的中央经济工作会议，对宏观经济政策的实施给出了明确要求："宏观（经济）政策要稳，就是要为结构性改革营造稳定的宏观经济环境。积极的财政政策要加大力度，实行减税政策，阶段性提高财政赤字率，在适当增加必要的财政支出和政府投资的同时，主要用于弥补降税带来的财政减收，保障政府应该承担的支出责任。稳健的货币政策要灵活适度，为结构性改革营造适宜的货币金融环境，降低融资成本，保持流动性合理充裕和社会融资总量适度增长，扩大直接融资的比重，优化信贷结构，完善汇率形成机制。"

二、审慎视角下宏观政策要稳的理解

宏观经济政策与经济发展环境息息相关。一般来说，平稳的宏观经济政策通常不会导致剧烈的经济波动，激进的宏观经济政策容易导致经济大起大落。从党中央关于"宏观政策要稳"的表述来看，国家希冀的是在稳定的宏观经济环境下深入推进供给侧结构性改革，期望结构性改革与经济平稳发展相容。宏观经济环境的稳定需要特定的宏观经济政策支撑。中国经济发展进入新常态以来，宏观经济政策实施已逐步呈现出审慎偏向特征，如积极型财政政策与稳健型货币政策的搭配组合，由此我们认为"宏观政府要稳"与审慎型宏观经济政策具有内在的一致性。与供给侧结构性改革相适应，中国宏观经济调控转向了审慎型且持续保持这一总体趋势导向，其根本目的是通过释放长期推进供给侧结构性改革信号、稳定微观市场主体预期、提升解决特定问题指向性，从而提供国民经济改革与平稳发展兼容所依存的稳定的宏观经济环境。

审慎的宏观经济政策需要创新财政政策与货币政策及其组合方式，且在统一的目标管理下灵活运用。这一时期的宏观经济政策总体方向是以积极的财政政策搭配稳健的货币政策为主，且围绕稳定经济增长、调整经济结构、防范系统性风险等主要经济目标制定有差异的财政政策和货币政策。就财政政策而言，灵活运用税收与财政赤字两种手段，一方面推行普遍性减税与结构性减税降低微观主体生产成活成本；另一方面借助适度增加财政赤字以弥补政府因税收减少而加大的民生支出、战略性投资等公共支出缺口。就货币政策而言，不再强调货币供给与单一通胀目标的总量管理，而是主张将"大水漫灌式"货币投放调整为"有增有减、有短有长、多层融资"的结构性货币投放，确保社会融资适度增长，社会融资结构持续优化等。从理论与实践角度看，宏观经济政策的审慎化转型既是对经济发展新常态的适应性创新，也成为顺利推进供给侧结构性改革的保障。

审慎的宏观经济政策需要借助新型宏观调控手段实现。宏观经济政策实施效果的提升离不开适当的宏观调控手段，单一的总量调控手段与审慎型宏观经济政策思路不再匹配。基于新经济要求与改革任务目标，创新宏观调控手段是极为必要的。一方面，应积极推动宏观调控方式由总量化管理向结构化管理转型，深入实践创新"区间调控、定向调控、结构调控、预调控、微调控"等方式；另一方面，应着力由直接调控数量转向借助新型价格工具（如 SLO、CBS、TLF、PSL、TMLF、CRA、SLF 和 MLF 等）间接调控货币供给，加强跨周期调节，避免总量调控下"一荣俱荣、一损俱损"的经济管理"窘境",确保结构化管理目标顺利实现。总体上,创新宏观调控手段,有助于释放结构性政策红利,加速经济结构调整。

第二节　以精准的产业政策助力渐进的结构优化

一、关于产业政策要准的基本主张

一个国家或地区实施产业政策主要是为了契合短期、中期与长期经济社会发展目标,引导资源要素配置与再配置,消除市场经济失灵造成的要素配置的扭曲以及商品供需的结构扭曲。直观地,产业政策重在塑造合理化、高度化的产业结构,并牵引整体经济结构向现代化迈进。

随着对产业发展规律理解与认知的深化,中国的产业政策逐步由过去均质化的"齐头并进"转向差异化的"精准施策"。2015 年 12 月召开的中央经济工作会议提出:"产业政策要准,就是要准确定位结构性改革方向。要推进农业现代化、加快制造强国建设、加快服务业发展、提高基础设施网络化水平等,推动形成新的增长点。要坚持创新驱动,注重激活存量,着力补齐短板,加快绿色发展,发展实体经济。"

二、三重维度下产业政策要准的理解

相较于侧重社会供给与需求总量平衡的宏观经济政策,产业政策由中观层面入手,引导产业重新布局,试图消除市场失灵导致的资源配置扭曲与结构错位的现象,促进供给与需求在结构层面上的均衡,从而带动供给与需求总量走向均衡。供给侧结构性改革背景下,国家特别强调产业政策要准,这一"精准"要求至少可理解为"功能定位要准、发展规律把握要准、方向引导要准"。

产业政策的功能定位要准,强调的是明晰产业政策的基本定位。就政府与市场的关系而言,我国坚持市场在资源配置方面发挥决定性作用,但

市场失灵的存在易导致资源错配与产业结构失衡，由此生成了政府干预的合理性。实施产业政策是政府干预市场所使用的重要手段之一，产业政策需要准确定位，既要避免过度干预，也要避免干预不足。在确定政府与市场边界条件下，以弥补市场失灵为基本定位导向，"由原来对企业过多直接干预的选择性产业政策转向普惠性、功能性产业政策，在健全市场体系、促进公平竞争、引导资源合理配置、激发市场主体活力等方面发挥积极作用"[①]。

产业政策的发展规律把握要准，主张的是不论是何种类型的产业政策都应该顺应产业发展规律，充分发挥政府与市场两只手的作用，加快产业转型升级。具体地，产业政策既要体现短期产业发展目标，借助市场机制有序淘汰落后产能，辅以政策手段促进有条件的企业加快技术改造，加速修复传统产业；产业政策也要精准把握产业发展趋势，尤其是应准确认识产业核心技术、关键技术与共生技术的重要作用，要以产业技术政策作为功能性政策的核心；产业政策更要体现理顺传统产业与新兴产业之间关系的结构目标，要以明确的发展导向与政策优惠，激励微观市场主体积极布局未来产业，为产业发展质量跃升筑基。

产业政策的方向引导要准，目的在于充分把握不同企业、不同行业、不同地区的异质性，提升产业发展政策的针对性与差异性，引导产业发展不断向中高端迈进，促进匹配实际情况的合理化与高度化的产业结构形成。整体上，新发展阶段下的产业政策不再是"一刀切"模式，而是结构化的方向引导模式。在具体产业政策细则、推进方案、实施路径等制定方面，尤其应凸显"创新驱动"的发展方向引导；进一步，更是要有机结合国内与国外的产业综合发展环境、中央战略要求与地方实践基础、行业内与行业间的市场供给与需求情况，充分体现"因地而异、因业而异"的引导特征，以精准有效的产业政策组合，促进产业结构持续优化。

---

① 冯飞. 以精准的产业政策推进供给侧结构性改革 [J]. 求是，2016（10）：28-30.

第三节　以灵活的微观政策形成活跃的市场经济

一、关于微观政策要活的基本主张

长期以来，政府与市场的关系是中国制定相关经济政策难以回避，且尝试逐步探索解决的问题。党的十八届三中全会明确提出："经济体制改革的核心问题是处理好政府和市场的关系，使市场在资源配置中起决定性作用和更好发挥政府作用。"供给侧结构性改革进程中，更需要厘清政府与市场边界的支撑，从而制定顺应市场经济发展规律、有利于激发市场经济主体活力的微观经济政策。

2015 年 12 月，中央经济工作会议提出："微观政策要活，就是要完善市场环境、激发企业活力和消费者潜力。要做好为企业服务工作，在制度上、政策上营造宽松的市场经营和投资环境，鼓励和支持各种所有制企业创新发展，保护各种所有制企业产权和合法利益，提高企业投资信心，改善企业市场预期。要营造商品自由流动、平等交换的市场环境，破除市场壁垒和地方保护。要提高有效供给能力，通过创造新供给、提高供给质量，扩大消费需求。"

二、市场层面下微观政策要活的理解

中国特色社会主义进入新时代以来，政府对市场在资源配置方面发挥决定性作用的认识已深入国民经济各个环节。对于作为经济管理者的政府职能部门来说，为矫正市场失灵、弥补市场缺陷，科学实施微观政策是极为必要的。鉴于微观政策将直接作用于市场及相关主体，且市场环境瞬息万变，所以有必要提高微观政策的灵活性，对其进行阶段性和针对性的调整。理论上，灵活的微观政策是能增进全社会福利的，有利于提高微观经

济主体参与生产的活力，提升供给能力，有利于促进消费者获取公平的要素收益，提升其在国内市场高效获取商品与服务的能力，有利于供给与需求在更高质量、更高水平上实现均衡。

灵活的微观政策应坚持以市场为导向，强调发挥微观政策调整或引导市场经济发展的作用，具体手段、作用机制等要合乎市场经济发展规律，施策方式、方法等要尽力确保中性，不应出现"左偏或右偏"的现象。微观政策本质上是政府干预市场的一种体现，因而与匹配政府和市场边界的内在要求相适应，以提供良好管理服务作为中介变量，加快促进经济转型升级发展。

依循"简政放权、放管结合、优化服务"的思路，第一，应大力深入推动政府职能部门向服务型转型，坚决去除各环节的"弹簧门、旋转门"等现象，严格规范"看得见的手"，确保经济管理做到"廉洁、高效、透明、公正、公开"，全力优化营商环境，激发市场活力与微观主体活力；第二，应有机融合行政许可与监督管理两大手段，以简政放权为抓手，便利行政审批的同时，还应强化全流程监督管理，确保相关产业及其市场主体按计划、按预期安全发展；第三，还应充分运用人工智能、大数据等新技术与新工具，做好宏观经济以及产业、行业发展研究，并向市场及时发布咨询报告或信息，为微观主体的科学决策提供信息支持，引导资源配置。

总的来说，灵活的微观政策是促进有为政府与有效市场相互融合的具体表现。在经济发展的新时代，新技术已经深入融合渗透到生产与生活中。大数据、机器学习等新技术使得科学划定政府与市场边界成为可能，有利于进一步提高二者融合效率，深化供给侧结构性改革，引导供需实现总量与结构的"双重均衡"。

第四节　以务实的改革政策释放涌流的变革红利

一、关于改革政策要实的基本主张

中国正处于全面深化改革的发展阶段，许多难啃的"硬骨头"挡在经济高质量发展的进程中，必须通过改革予以破除。这一时期可谓是利益分配深度调整的关键阶段，改革难度可见一斑。在此改革攻坚的大背景下，只有改革政策彻底落地，才能检验改革政策是否合理，实践出发展潜力优化之策。

为确保供给侧结构性改革系统工程相关工作有条不紊地推进，2015年12月召开的中央经济工作会议明确强调："改革政策要实，就是要加大力度推动改革落地。要完善落实机制，把握好改革试点，加强统筹协调，调动地方积极性，允许地方进行差别化探索，发挥基层首创精神。要敢于啃硬骨头、敢于涉险滩，抓好改革举措落地工作，使改革不断见到实效，使群众有更多获得感。"

二、效率视角下改革政策要实的理解

供给侧结构性改革本质上是通过调整生产关系，尤其是优化相关主体的利益分配关系，引导要素资源再配置，消除制约生产力发展的若干梗阻，提升全要素生产率，推动生产力向更高趋势水平收敛。从经济效率改善的角度分析，务实的改革政策理论上存在"立竿见影"的效果，能够快速降低微观主体生产经营的财务成本、交易成本、制度成本等，从而实现生产效率、分配效率、交换效率、消费效率的综合改善。从改革政策要实的外延表现看，务实的改革政策至少内在规定了改革政策要体现问题导向性和可操作性。

改革政策的问题导向性意味着实施某项改革政策是要解决特定难题的。这需要扎实谋划,"要通过深入实际调查研究,查找经济社会发展中突出问题和现实困难,总结地方政府和基层群众的有益探索,了解广大群众的所想所盼,掌握社会各界对改革的各种意见和建议,理清改革思路,把脉发展脉搏"①,由此制定的改革政策才能有效落地,充分发挥改革实效、释放变革红利,让改革关联的各方真正获益。

改革政策的可操作性特指相关的政策举措并非"空中楼阁"式的指导,而是具体到"接地气"的实际操作。改革政策的制定需要在坚持问题导向的基础上,尽可能做到全面、细致、综合地考量,不仅仅发布若干政策条款,还应充分配套具体的条款解释、实施细则以及操作指南;还需要建立扁平化的分层推进机制,提高改革政策落地效率;建立健全不定期的改革政策落地督察机制,积极引进教育部门等第三方以丰富评估主体,优化改革绩效评估机制,完善改革奖惩机制,促进相关改革扎实推进。

供给侧结构性改革是一项系统、复杂的工程,其质效的高低取决于多次反复论证的改革政策是否务实。在中国全面深化改革的当前阶段,不仅要主动改,而且要全力推进相关政策落地检验。此外,我们还有必要充分运用好我国社会主义市场经济体制改革进程中形成的"变革推动与实践反馈"的良性循环机制,效果明显的政策应主动大力推广,实施受阻或效果不佳的政策应考虑取消或者深入调研、及时调整,以提高政策的适应性。一言以蔽之,只有实施务实的改革政策,方能真正实现"改有所成、革有实效"。

---

① 陈东琪. 通向新增长之路 供给侧结构性改革论纲 [M]. 北京:人民出版社,2017:93

第五节　以托底的社会政策筑牢稳定的改革基础

一、关于社会政策要托底的基本主张

社会政策要托底主张守住民生底线，切实体现了社会主义关于共同富裕的本质规定，体现了中国共产党始终坚持的以人民为中心的发展思想，是发展依靠人民、发展为了人民、发展成果全体人民共享的具体表现。经济转型升级要经历社会变革带来的阵痛，只有更好地发挥社会政策的稳定器作用，兜住底线、保住基本，才能在改革进程中使民生得以改善、阵痛得以舒缓，从而为推进改革化解阻力，夯实改革攻坚的社会基础①。

共同富裕始终是中国共产党发展社会主义经济的重要目标。从收入分配角度分析，基于初次分配而实施的再分配是社会主义初级阶段下推进共同富裕的重要手段之一，其具体作用通过社会政策传导实现。为避免供给侧结构性改革进程中，部分群体收益受损导致收入差距加大，引发社会不稳定与经济波动，降低共同富裕的成效，2015 年 12 月召开的中央经济工作会议明确提出："社会政策要托底，就是要守住民生底线。要更好发挥社会保障的社会稳定器作用，把重点放在兜底上，保障群众基本生活，保障基本公共服务。"

二、共同富裕下社会政策要托底的理解

供给侧结构性改革的一个重要方面是"补短板"，而补齐社会发展和民生短板是"补短板"的一项关键任务。这离不开基础教育、医疗卫生、就业与社会保障等社会政策的支撑。中国社会政策的核心本质是全面兜

---

① 关信平. 论当前我国社会政策托底的主要任务和实践方略 [J]. 国家行政学院学报, 2016 (3)：50-55.

底，缩小发展差距，全民共享发展成果，走向共同富裕。从已有的实践看，全面建成小康社会便是社会政策"托底"作用的鲜活例证。对社会政策托底的充分理解，我们可参考借鉴关信平教授的《筑牢"社会政策"托底的"底线"》一文。该文从"民生保障、社会稳定、经济发展"三个角度深入阐释了社会政策托底的内涵，具体如下[①]：

首先，社会政策要托民生保障的底，要切实保障人民群众的基本生活和在健康、教育、就业、住房、养老、育幼、残疾人照顾等方面的基本需要。这是社会政策的基本任务。尽管过去十多年里我国的民生保障水平已经有了很大的提升，但目前还存在一些不足。党的十九大报告中也指出在民生方面还存在短板。随着全面建成小康社会的到来，民众在各个方面的需要还会进一步提高，因此，应该按照党的十九大报告"提高保障和改善民生水平"的要求，在发展中不断提高总体福利水平。为此，在制定和实施社会政策的实践中，应该按照党中央的总体要求，通过具体的调查，认真分析民生方面还存在哪些短板，有针对性地完善社会政策，使其在弥补民生短板和提高民生保障水平方面发挥更大更好的作用。

其次，社会政策要托好社会稳定的底。社会稳定归根结底要基于充分的民生保障和在机会、权利和规则方面的公平正义。如果不切实解决社会公平正义的问题，社会中的矛盾就会层出不穷，社会是很难稳定的。尤其是在教育、医疗、住房等这些民众最为关切的领域中如果长期存在严重不均衡和不公平的情况，会导致广大群众的普遍不满，进而严重影响社会稳定。对此问题应该加快解决。社会政策正好是在这些方面发挥作用的重要手段。因此，应该通过制定和实施社会政策，在托住民生保障底的基础上，也要通过各种制度、规则去维护机会公平、权利公平和规则公平，并且通过合理的再分配去调节资源分配，使民众获得更加公平、更有质量的社会服务。

---

① 关信平. 筑牢"社会政策"托底的"底线" [EB/OL]. (2020-03-12) [2021-07-31]. http://www.rmlt.com.cn/2020/0312/572201.shtml.

最后，社会政策还要托住经济发展的底。传统的经济学与社会政策理论中的左翼和右翼往往都将社会政策与经济发展对立起来，认为社会政策会影响经济发展。但后来的理论与实践证明，社会政策与经济发展并不必然对立。相反，如果制度设计合理，社会政策还可能有效地促进经济发展。在过去以劳动密集型产业为基础的外向型经济发展方式下，过高的福利水平有可能推高劳动力成本，进而不利于吸引外资和扩大出口。但是在当下转变经济发展方式的背景下，过去的这种限制性因素正在弱化。相反，未来的经济发展更多地要靠科技支撑，需要全面提升全社会的人力资本，并且需要更多国内市场来拉动经济发展。尤其是在国际经济充满不确定性的情况下，国内市场对稳定经济运行和推动经济发展的作用就更加重要。在这种新的背景下，我们应该通过各种方式去提升人力资本和扩大国内市场。而制定和实施更多更好的社会政策无疑是达到这一目标的重要途径。一方面，社会政策可以通过向全民提供更加公平和更有质量的教育、健康等方面的社会服务而大幅度提高全社会的人力资本；另一方面也可以通过免除广大家庭在看病、孩子上学、养老、失业等方面的后顾之忧，从而有信心去扩大消费，进而带动国内市场的扩大。

总的来说，供给侧结构性改革过程中的利益调整必然会导致一部分人收益受损，例如落后产能淘汰导致失业，此时社会政策"兜底"的积极作用就以救济安置、再就业与创业帮扶等形式被直观地显现了。可以说，中国特色社会主义市场经济条件下，不断优化社会政策供给，充分发挥社会政策稳定社会、增进居民福利的作用，是极有利于供给侧结构性改革深化的，且不可或缺。

本章小结

习近平总书记强调："推进供给侧结构性改革，是贯彻落实党的十八届五中全会精神的一个重要举措。要牢固树立和贯彻落实创新、协调、绿色、开放、共享的发展理念，适应经济发展新常态，坚持稳中求进，坚持改革开放，实行宏观政策要稳、产业政策要准、微观政策要活、改革政策要实、社会政策要托底的政策，战略上坚持持久战，战术上打好歼灭战，在适度扩大总需求的同时，着力加强供给侧结构性改革，着力提高供给体系质量和效率，增强经济持续增长动力，推动我国社会生产力水平实现整体跃升。"①。

在此高屋建瓴的发展思想指导下，要实现经济又好又快地发展，解决已然显性化的结构性"痼疾"是其必然选择。"三去一降一补"正是破解这些结构难题的"金钥匙"，只有理解把握"五大政策支柱"的深刻内涵，打造好这串"金钥匙"，我们才能积极稳妥化解产能过剩，更好地帮助企业降低成本，化解房地产的库存，防范化解系统金融风险，弥补改善发展潜力的"欠账"，从而扩大有效供给，提升整体供给效能。

宏观政策要稳表明国家希冀供给侧结构性改革与经济平稳发展相容，这需要通过实施审慎的宏观经济政策实现。产业政策要准强调弥补市场失灵，进行差异化的精准施策，塑造合理化、高度化的产业结构，并牵引整体经济结构向现代化迈进。微观经济政策要活内在要求厘清政府与市场边界，制定顺应市场经济发展规律，且能阶段性灵活调整的经济政策。改革政策要实强调政策制定要坚持问题导向、有针对性和可操作性。社会政策要托底的意蕴在于，将社会政策视为兜住底线、保住基本的稳定器，并发

---

① 习近平. 习近平总书记在中央财经领导小组第十一次会议上的讲话［EB/OL］.（2015-11-10）［2021-07-30］. http://www.xinhuanet.com/politics/2015-11/10/c_1117099915.htm.

挥其在"民生保障、社会稳定、经济发展"三大方面的积极作用,夯实供给侧结构性改革的社会基础。

　　总的来说,以"三去一降一补"为核心内容的供给侧结构性改革,是经过实地深入调研和反复科学论证后的重要举措,是破解中国经济发展梗阻、实现经济发展质效加速改善的"良方"。依循党中央设计的"五大政策支柱",制定务实有效的政策,扎实推进"去产能、去库存、去杠杆、降成本、补短板"是供给侧结构性改革持续深化的有力保障。

参考文献

巴泽尔，1997. 产权的经济分析 [M]. 费方域，段毅才，译. 上海：上海人民出版社.

白春礼，2017. 加速科技成果转化，推动科技供给侧改革 [J]. 新重庆 (4)：12-14.

波特，2012. 国家竞争优势：上册 [M]. 李明轩，邱如美，译. 北京：中信出版社.

波特，2012. 国家竞争优势：下册 [M]. 李明轩，邱如美，译. 北京：中信出版社.

蔡昉，2016. 认识中国经济减速的供给侧视角 [J]. 经济学动态 (4)：14-22.

陈东琪，2017. 通向新增长之路：供给侧结构性改革论纲 [M]. 北京：人民出版社.

陈锡文，2016. 中国粮食既"多"又"少"需推进供给侧结构性改革 [EB/OL]. (2016-03-06) [2021-08-25]. http://www.xinhuanet.com/politics/2016lh/2016-03/06/c_1118247745.htm.

陈晓珊，刘洪铎，2016. 对外开放、金融发展与产能过剩化解：基于我国国有企业供给侧结构性改革的视角 [I] 财经科学 (10)：1-10.

陈璇雯，闫强明，2018. 服务业供给侧改革的难点与着力点 [J]. 人民论坛 (17)：90-91.

陈彦斌，2016. 理解供给侧改革的四个要点 [N]. 光明日报（理论版）-

01-06（15）.

丁任重，2015. 高度重视供给侧结构性改革［N］. 经济日报（理论版）- 11-19（14）.

丁任重，李标，2017. 供给侧结构性改革的马克思主义政治经济学分析［J］. 中国经济问题（1）：3-10.

丁任重，徐志向，2021. 科技创新开启国家发展新征程［N］. 中国社会科学报-01-06（3）.

丁任重，徐志向，2021. 习近平关于科技创新重要论述的战略内涵与实践指向［J］. 河北经贸大学学报（6）.

弗里德曼，布坎南，萨金特，等，2018. 欧美经济学家论供给侧［M］. 武良坤，译. 上海：上海财经大学出版社.

傅才武，曹余阳，2016. 探索文化领域供给侧与消费侧协同改革：政策与技术路径［J］. 江汉论坛（8）：120-128.

葛晓鹏，王庆云，2017. 交通运输系统供给侧结构性改革探讨［J］. 宏观经济管理（5）：46-50.

郭晗，任保平，2014. 结构变动、要素产出弹性与中国潜在经济增长率［J］. 数量经济技术经济研究（12）：72-84.

郭凯明，余靖雯，龚六堂，2015. 计划生育政策、城镇化与经济增长［J］. 金融研究（11）：47-63.

郭学能，卢盛荣，2018. 供给侧结构性改革背景下中国潜在经济增长率分析［J］. 经济学家（1）：29-40.

何德旭，姚战琪，2008. 中国产业结构调整的效应、优化升级目标和政策措施［J］. 中国工业经济（5）：46-56.

洪银兴，2011. 科技创新与创新型经济［J］. 管理世界（7）：1-8.

洪银兴，杨玉珍，2021. 构建新发展格局的路径研究［J］. 经济学家（3）：5-14.

胡鞍钢，周绍杰，任浩，2016. 供给侧结构性改革：适应和引领中国经济

新常态 [J]. 清华大学学报（哲学社会科学版）（2）：17-22.

黄群慧，2016. 论中国工业的供给侧结构性改革 [J]. 中国工业经济（9）：5-23.

黄群慧，2021. 新发展格局的理论逻辑、战略内涵与政策体系：基于经济现代化的视角 [J]. 经济研究（4）：4-23.

黄群慧，陈创练，2021. 新发展格局下需求侧管理与供给侧结构性改革的动态协同 [J]. 改革（3）：1-13.

黄祖辉，傅琳琳，李海涛，2016. 我国农业供给侧结构调整：历史回顾、问题实质与改革重点 [J]. 南京农业大学学报：社会科学版（6）：1-5.

纪念改革开放 40 周年系列选题研究中心，2016. 重点领域改革节点研判：供给侧与需求侧 [J]. 改革（1）：35-51.

贾康，2015. 供给侧改革的核心内涵是解放生产力 [J]. 中国经济周刊（49）：12-12.

贾康，2016. 产业政策与供给侧改革 [J]. 经济（31）：9.

贾康，2016. 供给侧结构性改革要领 [J]. 中国金融（1）：25-28.

贾康，苏京春，2016. 论供给侧改革 [J]. 管理世界（3）：1-24.

贾康，徐林，李万寿，等，2013. 中国需要构建和发展以改革为核心的新供给经济学 [J]. 财政研究（1）：2-15.

简新华，余江，2016. 马克思主义经济学视角下的供求关系分析 [J]. 马克思主义研究（4）：68-76.

江维国，2016. 我国农业供给侧结构性改革研究 [J]. 现代经济探讨（4）：15-19.

江小国，洪功翔，2016. 农业供给侧改革：背景、路径与国际经验 [J]. 现代经济探讨（10）：35-39.

姜长云，杜志雄，2017. 关于推进农业供给侧结构性改革的思考 [J]. 南京农业大学学报（社会科学版），17（1）：1-10.

焦斌龙，2017. 新常态下我国文化产业供给侧结构性改革的思考 [J]. 经济问题（5）：10-14.

金碚，2017.供给侧政策功能研究：从产业政策看政府如何有效发挥作用[J].经济管理，39（7）：6-18.

孔祥智，2016.农业供给侧结构性改革的基本内涵与政策建议[J].改革（2）：104-115.

李标，2016.中国集约型城镇化的理论与实证[M].成都：西南财经大学出版社.

李标，齐子豪，丁任重，2018.改革进程中的中国潜在GDP增长率：估计及预测[J].当代经济科学（6）：1-13.

李翀，2016.论供给侧改革的理论依据和政策选择[J].经济社会体制比较（1）：9-18.

李罡，2015.论英国的结构改革与经济增长：对撒切尔结构改革及其影响的再解读[J].欧洲研究，33（2）：60-80，6-7.

李国祥，2017.农业供给侧结构性改革 要主攻农业供给质量[J].农经（1）：11-13.

李璐，2016.供给侧改革视角下的研究生教育调控机制研究[D].北京：中国科学技术大学.

李杏，LUKE CHAN M W，2012.基于SYS-GMM的中国人口结构变化与经济增长关系研究[J].统计研究（4）：81-85.

列宁，2012.列宁选集：第2卷[M].中共中央编译局，译.北京：人民出版社.

刘红岩，朱守银，2016.农业供给侧结构性改革的推进方略探讨[J].经济研究参考（30）：5-9.

刘烈宏，2021.我国已建成全球最大5G网络[N/OL].（2021-04-19）[2021-07-30].https://m.gmw.cn/baijia/2021-04/19/1302240872.html.

刘世锦，2011.增长速度下台阶与发展方式转变[J].经济学动态（5）：3-9.

刘世锦，2014. "新常态"下如何处理好政府与市场的关系 [J]. 求是 (18)：9-13.

刘伟，2016. 经济增长与结构演进 [M]. 北京：中国人民大学出版社.

卢少云，孙珠峰，2017. 美国供给侧改革理论与实践分析 [J]. 太原理工大学学报（社会科学版），35（1）：61-66.

陆旸，蔡昉，2016. 从人口红利到改革红利：基于中国潜在增长率的模拟 [J]. 世界经济（1）：3-23.

罗必良，2017. 农业供给侧改革的关键、难点与方向 [J]. 农村经济（1）：1-10.

吕薇，马名杰，戴建军，等，2018. 转型期我国创新发展的现状、问题及政策建议 [J]. 中国软科学（3）：10-17.

马克思，1971. 政治经济学批判：序言、导言 [M]. 中共中央编译局，译. 北京：人民出版社.

马克思，2004. 资本论：第 2 卷 [M]. 中共中央编译局，译. 北京：人民出版社.

马克思，2004. 资本论：第 3 卷 [M]. 中共中央编译局，译. 北京：人民出版社.

马克思，恩格斯，2009. 马克思恩格斯文集：第 9 卷 [M]. 中共中央编译局，译. 北京：人民出版社.

马克思，恩格斯，2012. 马克思恩格斯选集：第 1 卷 [M]. 中共中央编译局，译. 北京：人民出版社.

马克思，恩格斯，2012. 马克思恩格斯选集：第 2 卷 [M]. 中共中央编译局，译. 北京：人民出版社.

毛中根，谢迟，叶胥，2020. 新时代中国新消费：理论内涵、发展特点与政策取向 [J]. 经济学家（9）：64-74.

梅新育，2004. 选择拉弗，还是凯恩斯？[N]. 人民日报-02-24.

苗圩，2016. 推进工业供给侧结构性改革是一场硬仗 [J]. 中国经贸导刊

(18)：6-7.

苗圩，2019. 我国已建成门类齐全现代工业体系 [N/OL]. (2019-09-22) [2021-07-30]. http://www.gov.cn/xinwen/2019-09/22/content_5432064.htm.

农民日报评论员，2017. 就地培养新型职业农民：四论学习贯彻习近平总书记在四川代表团重要讲话精神 [N/OL]. (2017-03-14) [2021-07-30]. http://www.farmer.com.cn/zt2017/lh/yw/201703/t20170314_1282194.htm.

农业部农村经济研究中心课题组，2017. 农业供给侧结构性改革：难点与对策 [M]. 北京：中国农业出版社.

逄锦聚，2016. 经济发展新常态中的主要矛盾和供给侧结构性改革 [J]. 政治经济学评论 (2)：15，28.

渠慎宁，2017. 供给侧结构性改革与国际产能合作暨第五届中国工业发展论坛综述 [J]. 中国工业经济 (2)：193-194.

任泽平，2016. 德国供给侧改革时期的调整、应对与经验 [J]. 理论学习 (4)：52-53.

荣朝和，2016. 论运输业发展阶段及其新常态和供给侧改革 [J]. 综合运输 (12)：1-6.

沈坤荣，2013. 中国经济增速趋缓的成因与对策 [J]. 学术月刊 (6)：95-100.

时杰，2016. 中国工业供给侧结构性改革的全球视角 [J] 现代国企研究 (9)：35-47.

舒尔茨，2006. 改造传统农业 [M]. 梁小民，译. 北京：商务印书馆.

苏京春，王琰，2019. 美国次贷危机后供给侧改革政策实践、评价与启示：基于问题资产救助计划的分析 [J]. 地方财政研究 (2)：107-112.

苏京春，王琰，2019. 美国二战后六轮减税的逻辑及演进中的宏观调控：兼论对我国供给侧结构性改革与宏观调控抉择的启示 [J]. 华中师范大学学报 (人文社会科学版)，58 (4)：38-50.

孙瑾, 2013. 经济周期测度与逆周期经济政策效应研究 [M]. 北京: 经济科学出版社.

滕泰, 2016. 供给侧的觉醒: 从财富原点再出发 [M]. 北京: 化学工业出版社.

王朝明, 张海浪, 2018. 供给侧结构性改革的理论基础: 马克思价值理论与西方供给学派理论比较分析 [J]. 当代经济研究 (4): 41-48, 99.

王钢, 2016. 日本供给侧改革的经验与启示 [J]. 西部金融 (4): 24-27.

王国刚, 2018. 金融脱实向虚的内在机理和供给侧结构性改革的深化 [J]. 中国工业经济 (7): 5-23.

王宏伟, 江飞涛, 贺俊, 等, 2017. 上海产业政策优化调整研究: 基于供给侧结构性改革的视角 [M]. 北京: 经济管理出版社.

王君, 周振, 2016. 从供给侧改革看我国产业政策转型 [J]. 宏观经济研究 (11): 114-121.

王立平, 申建文, 2018. 利率政策推进供给侧结构性改革的有效性检验 [J]. 统计与决策 (14): 152-155.

王丽, 王宁, 2017. 供给侧改革背景下的政府职能转变 [J]. 统计与管理 (2): 138-139.

王秋波, 魏联合, 2016. 德国供给侧改革的主要举措和成效 [J]. 党政视野 (5): 25.

王维, 陈杰, 毛盛勇, 2017. 基于十大分类的中国资本存量重估: 1978—2016 年 [J]. 数量经济技术经济研究 (10): 61-78.

王小鲁, 樊纲, 2000. 中国经济增长的可持续性: 跨世纪的回顾与展望 [M]. 北京: 经济科学出版社.

王一鸣, 陈昌盛, 2016. 重构新平衡: 宏观经济形势展望与供给侧结构性改革 [M]. 北京: 中国发展出版社.

王一鸣, 陈昌盛, 李承健, 2016. 正确理解供给侧结构性改革 [N]. 人民日报-03-29 (7).

温毅娴，占娟娟，2017. 工业供给侧结构性改革的路径研究［J］. 北方经贸（8）：102-106.

翁凌燕，朱俐，2017. 加快校办科技产业供给侧改革的几点建议［J］. 中国高校科技（8）：79-80.

吴敬琏，2016. 不能把"供给侧结构性改革"和"调结构"混为一谈［J］. 中国经贸导刊（10）：33-34.

吴敬琏，2016. 供给侧结构性改革政府要有所不为有所为［J］. 中国经贸导刊（16）：14-15.

吴敬琏，2016. 什么是结构性改革？它为何如此重要？［J］. 清华管理评论（11）：8-16.

吴庆军，王振中，龚永国，2018. 改革开放以来我国人均国民收入变动及发展趋势预测［J］. 华东经济管理，32（12）：42-48.

习近平，2015. 习近平总书记在2015年中央经济工作会议上的讲话［EB/OL］.（2015-12-21）［2021-07-30］. http://news. 12371. cn/2015/12/21/ARTI1450693867270300. shtml.

习近平，2015. 习近平总书记在中央财经领导小组第十一次会议上的讲话［EB/OL］.（2015-11-10）［2021-07-30］. http://www.xinhuanet.com/politics/2015-11/10/c_1117099915.htm.

习近平，2015. 习近平总书记在中央财经领导小组第十一次会议上的讲话［EB/OL］.（2015-11-10）［2121-07-30］. http://www.xinhuanet.com/politics/2015-11/10/c_1117099915.htm.

习近平，2016. 习近平总书记在省部级主要领导干部学习贯彻党的十八届五中全会精神专题研讨班上的讲话［EB/OL］.（2016-05-10）［2021-07-30］. http://www.xinhuanet.com/politics/2016-05/10/c_128972667.htm.

习近平，2016. 在省部级主要领导干部学习贯彻党的十八届五中全会精神专题研讨班上的讲话［N］. 人民日报-05-10（2）.

习近平，2016. 为建设世界科技强国而奋斗［N］. 人民日报-06-01（2）.

习近平, 2016. 习近平关于科技创新论述摘编 [M]. 北京：中央文献出版社.

习近平, 2016. 习近平总书记在 2016 年中央经济工作会议上的讲话 [EB/OL]. (2016-12-16) [2021-07-30]. http://news.12371.cn/2016/12/16/ARTI1481886083189302.shtml.

习近平, 2016. 在省部级主要领导干部学习贯彻党的十八届五中全会精神专题研讨班上的讲话 [N]. 人民日报-05-10 (2).

习近平, 2017. 决胜全面建成小康社会 夺取新时代中国特色社会主义伟大胜利 [N]. 人民日报-10-28 (1).

习近平, 2017. 习近平谈治国理政：第 2 卷 [M]. 北京：外文出版社.

习近平, 2017. 在参加十二届全国人大五次会议上海代表团审议时的讲话 [N]. 人民日报-03-06.

习近平, 2018. 习近平主席在出席亚太经合组织第二十六次领导人非正式会议时的讲话 [M]. 北京：人民出版社.

习近平, 2018. 在北京大学师生座谈会上的讲话 [N]. 人民日报-05-03 (2).

习近平, 2018. 在纪念马克思诞辰 200 周年大会上的讲话 [J]. 党建 (5)：4-10.

夏杰长, 李勇坚, 2010. 中国服务业投资的动态效率分析 [J]. 中国社会科学院研究生院学报 (6)：15-24.

向园园, 2017. 美国二战后历次减税的政策影响及其启示：中国供给侧结构性改革背景下的研究 [J]. 时代金融 (23)：25, 28.

熊彼特, 2017. 经济发展理论 [M]. 郭武军, 吕阳, 译. 北京：商务印书馆.

徐翔, 2017. 人口老龄化背景下的长期经济增长潜力研究 [J]. 金融研究 (6)：21-36.

徐志向, 丁任重, 2019. 新时代中国省际经济发展质量的测度、预判与路径选择 [J]. 政治经济学评论, 10 (1)：172-194.

徐志向，丁任重，张敏，2021. 马克思社会再生产理论视域下中国经济"双循环"新发展格局研究［J］. 政治经济学评论（5）.

许梦博，李世斌，2016. 基于马克思社会再生产理论的供给侧结构性改革分析［J］. 当代经济研究（4）：43-50.

薛伯英，1984. 战后美国政府"反周期"的经济政策初析［J］. 世界经济（6）：20-27.

严成樑，2016. 延迟退休、内生出生率与经济增长［J］. 经济研究（11）：30-45.

杨垚立，贺京同，2016. 我国工业行业供给侧改革的提升空间：基于中美对比分析［J］. 现代管理科学（6）：27-29

杨义萍，1990. 撒切尔政府的教育改革政策［J］. 西欧研究（3）：55-59.

易信，郭春丽，2018. 未来30年我国潜在增长率变化趋势及2049年发展水平预测［J］. 经济学家（2）：36-45.

袁富华，2012. 长期增长过程的"结构性加速"与"结构性减速"：一种解释［J］. 经济研究（3）：127-140.

张富禄，2016. 推进工业领域供给侧结构性改革的基本策略［J］. 中州学刊（5）：32-37.

张海鹏，2016. 我国农业发展中的供给侧结构性改革［J］. 政治经济学评论，7（2）：221-224.

张晓波，2018. 金融供给侧结构性改革、消费需求与经济增长的动态关系分析［J］. 统计与决策（15）：158-161.

张新，张毅，郑晓彬，2016. 基于供给侧结构性改革的低碳交通体系研究［J］. 北京联合大学学报：人文社会科学版，14（2）：104-111.

赵黎，2019. 新医改与中国农村医疗卫生事业的发展：十年经验、现实困境及善治推动［J］. 中国农村经济（9）：48-69.

赵志耘，2016. 以科技创新引领供给侧结构性改革［J］. 中国软科学（9）：1-6.

中共中央国务院，2006. 国民经济和社会发展第十一个五年规划纲要 ［EB/OL］. (2006－03－14) ［2021－08－16］. https://baike. baidu. com/redirect/96bezLANdVnjMU4PzxQwMOGLxieHZtokF4fccptb ＿ NnM5UtmiKYA9ahc9i44 F4ZgMPVaeg1jdvu5Z1LpqXcZNtcUd7_9wLVZ1qiGRLag-AZ7y03wnX4.

中共中央国务院，2017. 关于开展质量提升行动的指导意见 ［EB/OL］. (2017－09－12) ［2021－07－30］. http://www.gov.cn/zhengce/2017－09/12/content_5224580.htm.

中共中央国务院，2017. 中共中央国务院关于深入推进农业供给侧结构性改革加快培育农业农村发展新动能的若干意见 ［N］. 人民日报-02-06 (1).

中国农业农村部，2017. 农业部关于推进农业供给侧结构性改革的实施意见 ［EB/OL］. (2017－02－05) ［2021－07－30］. http://www.gov.cn/zhengce/2017-02/05/content_5165626.htm.

中国社会科学院经济研究所课题组，2012. 中国经济长期增长路径、效率与潜在增长水平 ［J］. 经济研究 (11)：4-17.

周密，盛玉雪，2018. 互联网时代供给侧结构性改革的主导性动力：工业化传统思路的局限 ［J］. 中国工业经济 (4)：39-58.

邹静娴，张斌，2018. 后中等收入经济体的对外开放：国际经验对中国的启示 ［J］. 国际经济评论 (2)：9-24.

AGHION P，HOWITT P，1992. A model of growth through creative destruction ［J］. Econometric，60 (2)：323－351.

ANAND R，CHENG K C，REHMAN S，et al.，2014. Potential growth in e-merging Asia ［R］. IMF working paper，No2.

CAO K H，BIRCHENALL J A，2013. Agricultural productivity，structural change，and economic growth in post-reform China ［J］. Journal of development economics，104 (3)：165－180.

HALMAI P，2015. Structural reforms and growth potential in the European Union ［J］. Public finance quarterly，60 (4)：510－525.

HAWKSWORTH J, AUDINO H , CLARRY R, et al., 2017. The long view: How will the global economic order change by 2050? [EB/OL]. [2021-07-30]. https://www.pwc.com/gx/en/world-2050/assets/pwc-world-in-2050-summary-report-feb-2017.pdf.

HSBC, 2011. The world in 2050: Quantifying the shift in the global economy [EB/OL]. [2021-07-30]. https://warwick.ac.uk/fac/soc/pais/research/re-searchcentres/csgr/green/foresight/economy/green_future_trends_report_-_the_world_in_2050_-_quantifying_the_shift_in_the_global_economy.pdf.

HSIEH C T, KLENOW P J, 2009. Misallocation and manufacturing TFP in China and India [J]. Quarterly journal of economics, 124 (4): 1403-1448.

HSU S, SIMON A C M, 2016. China's structural transformation: reaching potential GDP in the financial services sector [J]. China finance & economic review, 4 (1): 2-18.

JORGENSON D W, VU K M, 2010. Potential growth of the world economy [J]. Journal of policy modeling, 32 (5): 615-631.

OECD, 2012. Looking to 2060: long-term global growth prospects [R]. OECD economic policy papers, No. 3.

PETTIS M, 2016. Will China's new "supply side" reforms help China? [J]. Global economics, (2).

PRITCHETT L, SUMMERS H L, 2014. Asiaphoria meets regression to the mean [R]. NBER working paper, No. 20573.

SCACCIAVILLANI F, SWAGEL P, 2002. Measures of potential output: an application to Israel [J]. Applied economics, 34 (8): 945-957.

STEFANO E D, MARCONI D, 2018. Growth potential in emerging countries [M]. Cham: Springer.

STIGLITZ J E, 2003. Globalization and growth in emerging markets [J]. Journal of policy modeling, 26 (4): 465-484.

TIMOFEEV A G, BAYANDIN N I, KULIKOVA S V, 2018. Management of changes in socio-economic systems [M]. Cham: Springer.

UNITED NATIONS, 2017. Department of economic and social affairs, population division [EB/OL]. [2021-08-25]. World population prospects: the 2017 revision. https://esa.un.org/unpd/wpp/.

WARD K, 2011. The world in 2050: quantifying the shift in the global economy [EB/OL]. [2021-08-25]. https://warwick.ac.uk/fac/soc/pais/research/researchcentres/csgr/green/foresight/economy/2011_hsbc_the_world_in_2050_-_quantifying_the_shift_in_the_global_economy.pdf.

XU C, 2011. The Fundamental institutions of china's reforms and development [J]. Journal of economic literature, 49 (4): 1076-1151.

ZHANG J, 2008. China's economic growth: trajectories and evolving institutions [R]. WIDER working paper, No. 33.

附录

　　供给侧结构性改革是习近平新时代中国特色社会主义经济思想的重要内容构成。中国特色社会主义进入新时代之后，党中央坚持马克思主义中国化，顺应经济发展客观规律，主动适应世界经济发展趋势，准确把握经济发展大局，灵活运用马克思主义政治经济学基本原理，创新性地提出了供给侧结构性改革。

　　推进供给侧结构性改革需要从国家顶层设计层面深刻理解，全面把握供给侧结构性改革的理论精髓、本质要义、改革重点、主要任务、演进历程等。为此，本书甄选了自 2015 年 11 月供给侧结构性改革被党中央提出以来至 2018 年年底的中央经济工作会议期间，深入阐释供给侧结构性改革的重要会议报道、习近平总书记的重要讲话全文或部分共计 8 篇，以便读者参阅使用。

附录1　习近平主持召开中央财经领导小组第十一次会议

新华网北京11月10日电　中共中央总书记、国家主席、中央军委主席、中央财经领导小组组长习近平11月10日上午主持召开中央财经领导小组第十一次会议，研究经济结构性改革和城市工作。

习近平发表重要讲话强调，推进经济结构性改革，是贯彻落实党的十八届五中全会精神的一个重要举措。要牢固树立和贯彻落实创新、协调、绿色、开放、共享的发展理念，适应经济发展新常态，坚持稳中求进，坚持改革开放，实行宏观政策要稳、产业政策要准、微观政策要活、改革政策要实、社会政策要托底的政策，战略上坚持持久战，战术上打好歼灭战，在适度扩大总需求的同时，着力加强供给侧结构性改革，着力提高供给体系质量和效率，增强经济持续增长动力，推动我国社会生产力水平实现整体跃升。

中共中央政治局常委、国务院总理、中央财经领导小组副组长李克强，中共中央政治局常委、中央书记处书记、中央财经领导小组成员刘云山，中共中央政治局常委、国务院副总理、中央财经领导小组成员张高丽出席会议。

会议听取了国家发展改革委、财政部、人民银行等关于经济结构性改革问题的汇报，听取了住房城乡建设部关于加强城市规划建设管理的汇报。领导小组进行了讨论。

习近平在讲话中强调，宏观政策要稳，就是要坚持积极的财政政策和稳健的货币政策，为经济结构性改革营造稳定的宏观经济环境。产业政策要准，就是要准确定位经济结构性改革方向，发展实体经济，坚持创新驱动发展，激活存量增长动力，着力补齐短板，加快绿色发展，积极利用外资，积极稳妥扩大对外投资。微观政策要活，就是要坚持和完善基本经济制度，完善市场环境、激发企业活力和消费潜能，在制度上政策上营造宽松的市场经营和投资环境，营造商品自由流动、平等交换的市场环境。改革政策要实，就是要加大力度推动重点领域改革落地，加快推进对经济增长有重大牵引作用的国有企业、财税体制、金融体制等改革。社会政策要托底，就是要守住民生底线，做好就业和社会保障工作，切实保障群众基本生活。

习近平指出，推进经济结构性改革，要针对突出问题、抓住关键点。要促进过剩产能有效化解，促进产业优化重组。要降低成本，帮助企业保持竞争优势。要化解房地产库存，促进房地产业持续发展。要防范化解金融风险，加快形成融资功能完备、基础制度扎实、市场监管有效、投资者权益得到充分保护的股票市场。

习近平强调，推进经济结构性改革，要坚持解放和发展社会生产力，坚持以经济建设为中心不动摇，坚持五位一体总体布局。要坚持社会主义市场经济改革方向，使市场在资源配置中起决定性作用，调动各方面积极性，发挥企业家在推动经济发展中的重要作用，充分发挥创新人才和各级干部的积极性、主动性、创造性。

习近平指出，做好城市工作，首先要认识、尊重、顺应城市发展规律，端正城市发展指导思想。要推进农民工市民化，加快提高户籍人口城镇化率。要增强城市宜居性，引导调控城市规模，优化城市空间布局，加强市政基础设施建设，保护历史文化遗产。要改革完善城市规划，改革规划管理体制。要改革城市管理体制，理顺各部门职责分工，提高城市管理水平，落实责任主体。要加强城市安全监管，建立专业化、职业化的救灾救援队伍。

资料来源：新华网 http://www.xinhuanet.com/politics/2015-11/10/c_1117099915.htm.

附录2　中央经济工作会议在北京举行
习近平李克强作重要讲话

中央经济工作会议12月18日至21日在北京举行。中共中央总书记、国家主席、中央军委主席习近平，中共中央政治局常委、国务院总理李克强，中共中央政治局常委、全国人大常委会委员长张德江，中共中央政治局常委、全国政协主席俞正声，中共中央政治局常委、中央书记处书记刘云山，中共中央政治局常委、中央纪委书记王岐山，中共中央政治局常委、国务院副总理张高丽出席会议。

习近平在会上发表重要讲话，总结2015年经济工作，分析当前国内国际经济形势，部署2016年经济工作，重点是落实"十三五"规划建议要求，推进结构性改革，推动经济持续健康发展。李克强在讲话中阐述了明年宏观经济政策取向，具体部署了明年经济社会发展重点工作，并作总结讲话。

会议指出，今年以来，面对错综复杂的国际形势和艰巨繁重的国内改革发展稳定任务，我们按照协调推进"四个全面"战略布局的要求，贯彻落实去年中央经济工作会议决策部署，加强和改善党对经济工作的领导，坚持稳中求进工作总基调，牢牢把握经济社会发展主动权，主动适应经济发展新常态，妥善应对重大风险挑战，推动经济建设、政治建设、文化建设、社会建设、生态文明建设和党的建设取得重大进展。经济运行总体平稳，稳中有进，稳中有好，经济保持中高速增长，经济结构优化，改革开放向纵深迈进，民生持续改善，社会大局总体稳定。今年主要目标任务的完成，标志着"十二五"规划可以胜利收官，使我国站在更高的发展水平上。同时，由于多方面因素影响和国内外条件变化，经济发展仍然面临一些突出矛盾和问题，必须高度重视，采取有力措施加以化解。

会议认为，认识新常态、适应新常态、引领新常态，是当前和今后一个时期我国经济发展的大逻辑，这是我们综合分析世界经济长周期和我国发展阶段性特征及其相互作用作出的重大判断。必须统一思想、深化认识，切实把思想和行动统一到党中央重大判断和决策部署上来。必须克服困难、闯过关口，坚持辩证法，一方面我国经济发展基本面是好的，潜力大，韧性强，回旋余地大，另一方面也面临着很多困难和挑战，特别是结构性产能过剩比较严重。这是绕不过去的历史关口，加快改革创新，抓紧做好工作，就能顺利过关。必须锐意改革、大胆创新，必须解放思想、实事求是、与时俱进，按照创新、协调、绿色、开放、共享的发展理念，在理论上作出创新性概括，在政策上作出前瞻性安排，加大结构性改革力度，矫正要素配置扭曲，扩大有效供给，提高供给结构适应性和灵活性，提高全要素生产率。

会议指出，引领经济发展新常态，要努力实现多方面工作重点转变。推动经济发展，要更加注重提高发展质量和效益。稳定经济增长，要更加注重供给侧结构性改革。实施宏观调控，要更加注重引导市场行为和社会心理预期。调整产业结构，要更加注重加减乘除并举。推进城镇化，要更加注重以人为核心。促进区域发展，要更加注重人口经济和资源环境空间均衡。保护生态环境，要更加注重促进形成绿色生产方式和消费方式。保障改善民生，要更加注重对特定人群特殊困难的精准帮扶。进行资源配置，要更加注重使市场在资源配置中起决定性作用。扩大对外开放，要更加注重推进高水平双向开放。

会议强调，推进供给侧结构性改革，是适应和引领经济发展新常态的重大创新，是适应国际金融危机发生后综合国力竞争新形势的主动选择，是适应我国经济发展新常态的必然要求。

会议指出，明年是全面建成小康社会决胜阶段的开局之年，也是推进结构性改革的攻坚之年。做好经济工作要全面贯彻党的十八大和十八届三中、四中、五中全会精神，以邓小平理论、"三个代表"重要思想、科学发展观为指导，加强和改善党对经济工作的领导，统筹国内国际两个大局，按照"五位一体"总体布局和"四个全面"战略布局，牢固树立和贯彻落实创新、协调、绿色、开放、共享的发展理念，适应经济发展新常态，坚持改革开放，坚持稳中求进工作总基调，坚持稳增长、调结构、惠民生、防风险，实行宏观政策要稳、产业政策要准、微观政策要活、改革政策要实、社会政策要托底的总体思路，保持经济运行在合理区间，战略上坚持持久战，战术上打好歼灭战，着力加强结构性改革，在适度扩大总需求的同时，去产能、去库存、去杠杆、降成本、补短板，提高供给体系质量和效率，提高投资有效性，加快培育新的发展动能，改造提升传统比较优势，增强持续增长动力，推动我国社会生产力水平整体改善，努力实现"十三五"时期经济社会发展的良好开局。

会议强调，明年及今后一个时期，要在适度扩大总需求的同时，着力加强供给侧结构性改革，实施相互配合的五大政策支柱。第一，宏观政策要稳，就是要为结构性改革营造稳定的宏观经济环境。积极的财政政策要加大力度，实行减税政策，阶段性提高财政赤字率，在适当增加必要的财政支出和政府投资的同时，主要用于弥补降税带来的财政减收，保障政府应该承担的支出责任。稳健的货币政策要灵活适度，为结构性改革营造适宜的货币金融环境，降低融资成本，保持流动性合理充裕和社会融资总量适度增长，扩大直接融资比重，优化信贷结构，完善汇率形成机制。第二，产业政策要准，就是要准确定位结构性改革方向。要推进农业现代化、加快制造强国建设、加快服务业发展、提高基础设施网络化水平等，推动形成新的增长点。要坚持创新驱动，注重激活存量，着力补齐短板，加快绿色发展，发展实体经济。第三，微观政策要活，就是要完善市场环境、激发企业活力和消费者潜力。要做好为企业服务工作，在制度上、政策上营造宽松的市场经营和投资环境，鼓励和支持各种所有制企业创新发展，保护各种所有制企业产权和合法利益，提高企业投资信心，改善企业市场预期。要营造商品自由流动、平等交换的市场环境，破除市场壁垒和地方保护。要提高有效供给能力，通过创造新供给、提高供给质量，扩大消费需求。第四，改革政策要实，就是要加大力度推动改革落地。要完善落实机制，把握好改革试点，加强统筹协调，调动地方积极性，允许地方进行差别化探索，发挥基层首创精神。要敢于啃硬骨头、敢于涉险滩，抓好改革举措落地工作，使改革不断见到实效，使群众有更多获得感。第五，社会政策要托底，就是要守住民生底线。要更好发挥社会保障的社会稳定器作用，把重点放在兜底上，保障群众基本生活，保障基本公共服务。

会议认为，明年经济社会发展特别是结构性改革任务十分繁重，战略上要坚持稳中求进、把握好节奏和力度，战术上要抓住关键点，主要是抓好去产能、去库存、去杠杆、降成本、补短板五大任务。

第一，积极稳妥化解产能过剩。要按照企业主体、政府推动、市场引导、依法处置的办法，研究制定全面配套的政策体系，因地制宜、分类有序处置，妥善处理保持社会稳定和推进结构性改革的关系。要依法为实施市场化破产程序创造条件，加快破产清算案件审理。要提出和落实财税支持、不良资产处置、失业人员再就业和生活保障以及专项奖补等政策，资本市场要配合企业兼并重组。要尽可能多兼并重组、少破产清算，做好职工安置工作。要严格控制增量，防止新的产能过剩。

第二，帮助企业降低成本。要开展降低实体经济企业成本行动，打出"组合拳"。要降低制度性交易成本，转变政府职能、简政放权，进一步清理规范中介服务。要降低企业税费负担，进一步正税清费，清理各种不合理收费，营造公平的税负环境，研究降低制造业增值税税率。要降低社会保险费，研究精简归并"五险一金"。要降低企业财务成本，金融部门要创造利率正常化的政策环境，为实体经济让利。要降低电力价格，推进电价市场化改革，完善煤电价格联动机制。要降低物流成本，推进流通体制改革。

第三，化解房地产库存。要按照加快提高户籍人口城镇化率和深化住房制度改革的要求，通过加快农民工市民化，扩大有效需求，打通供需通道，消化库存，稳定房地产市场。要落实户籍制度改革方案，允许农业转移人口等非户籍人口在就业地落户，使他们形成在就业地买房或长期租房的预期和需求。要明确深化住房制度改革方向，以满足新市民住房需求为主要出发点，以建立购租并举的住房制度为主要方向，把公租房扩大到非户籍人口。要发展住房租赁市场，鼓励自然人和各类机构投资者购买库存商品房，成为租赁市场的房源提供者，鼓励发展以住房租赁为主营业务的专业化企业。要鼓励房地产开发企业顺应市场规律调整营销策略，适当降低商品住房价格，促进房地产业兼并重组，提高产业集中度。要取消过时的限制性措施。

第四，扩大有效供给。要打好脱贫攻坚战，坚持精准扶贫、精准脱贫，瞄准建档立卡贫困人口，加大资金、政策、工作等投入力度，真抓实干，提高扶贫质量。要支持企业技术改造和设备更新，降低企业债务负担，创新金融支持方式，提高企业技术改造投资能力。培育发展新产业，加快技术、产品、业态等创新。要补齐软硬基础设施短板，提高投资有效性和精准性，推动形成市场化、可持续的投入机制和运营机制。要加大投资于人的力度，使劳动者更好适应变化了的市场环境。要继续抓好农业生产，保障农产品有效供给，保障口粮安全，保障农民收入稳定增长，加强农业现代化基础建设，落实藏粮于地、藏粮于技战略，把资金和政策重点用在保护和提高农业综合生产能力以及农产品质量、效益上。

第五，防范化解金融风险。对信用违约要依法处置。要有效化解地方政府债务风险，做好地方政府存量债务置换工作，完善全口径政府债务管理，改进地方政府债券发行办法。要加强全方位监管，规范各类融资行为，抓紧开展金融风险专项整治，坚决遏制非法集资蔓延势头，加强风险监测预警，妥善处理风险案件，坚决守住不发生系统性和区域性风险的底线。

会议强调，推进结构性改革，必须依靠全面深化改革。要加大重要领域和关键环节改革力度，推出一批具有重大牵引作用的改革举措。要大力推进国有企业改革，加快改组组建国有资本投资、运营公司，加快推进垄断行业改革。要加快财税体制改革，抓住划分中央和地方事权和支出责任、完善地方税体系、增强地方发展能力、减轻企业负担等关键性问题加快推进。要加快金融体制改革，尽快形成融资功能完备、基础制度扎实、市场监管有效、投资者合法权益得到充分保护的股票市场，抓紧研究提出金融监管体制改革方案；加快推进银行体系改革，深化国有商业银行改革，加快发展绿色金融。要加快养老保险制度改革，完善个人账户，坚持精算平衡，提高统筹层次。要加快医药卫生体制改革，在保基本、强基层的基础上，着力建立新的体制机制，解决好群众看病难看病贵问题。

会议指出，要继续抓好优化对外开放区域布局、推进外贸优进优出、积极利用外资、加强国际产能和装备制造合作、加快自贸区及投资协定谈判、积极参与全球经济治理等工作。要改善利用外资环境，高度重视保护外资企业合法权益，高度重视保护知识产权，对内外资企业要一视同仁、公平对待。要抓好"一带一路"建设落实，发挥好亚投行、丝路基金等机构的融资支撑作用，抓好重大标志性工程落地。

会议强调，要坚持瞄准全面建成小康社会目标，牢牢抓住发展这个第一要务不放松，科学确定经济社会发展主要预期目标，把握好稳增长和调结构的平衡，稳定和完善宏观经济政策，加大对实体经济支持力度。坚持大力推进结构性改革，着力解决制约发展的深层次问题。坚持深入实施创新驱动发展战略，推进大众创业、万众创新，依靠改革创新加快新动能成长和传统动能改造提升。要用新思路新举措深挖内需潜力，持续扩大消费需求，发挥好有效投资对稳增长调结构的关键作用，深入推进新型城镇化。要大力优化产业结构，加快推进现代农业建设，着力抓好工业稳增长调结构增效益。要加快形成对外开放新格局，培育国际竞争新优势。要推动绿色发展取得新突破。要保住基本民生、兜住底线。要健全督查激励问责机制，促进各方面奋发有为、干事创业。

会议强调，要坚持中国特色社会主义政治经济学的重大原则，坚持解放和发展社会生产力，坚持社会主义市场经济改革方向，使市场在资源配置中起决定性作用，是深化经济体制改革的主线。要坚持调动各方面积极性，充分调动人的积极性，充分调动中央和地方两个积极性，注重调动企业家、创新人才、各级干部的积极性、主动性、创造性。要提高舆论引导能力，善于把握本质、主流和趋势，善于把握社会心理，善于把握时、度、效，深度分析，主动发声，澄清是非，更有针对性做好舆论引导工作。

会议号召，这次中央经济工作会议，既是对明年经济工作的全面部署，也是对推进结构性改革的重点部署。各级领导干部务必把思想统一到党中央决策部署上来，把握正确方向，脚踏实地推进，推动改革发展稳定各项工作不断取得实实在在的成效，推动实现更高质量、更有效率、更加公平、更可持续发展。

资料来源：共产党员网 http://news.12371.cn/2015/12/21/ARTI1450693867270300.shtml.

附录3　习近平在省部级主要领导干部学习贯彻
党的十八届五中全会精神专题研讨班上的讲话①

三、关于供给侧结构性改革

在去年的中央经济工作会议上，我突出强调了供给侧结构性改革问题，引起了热烈讨论，国际社会和国内各方面比较认同。但也有些同志向我反映说，对供给侧改革弄得还不是很明白，社会上很多讨论看了也不是很清楚。这里，我再讲讲这个问题。

首先，我要讲清楚，我们讲的供给侧结构性改革，同西方经济学的供给学派不是一回事，不能把供给侧结构性改革看成是西方供给学派的翻版，更要防止有些人用他们的解释来宣扬"新自由主义"，借机制造负面舆论。

西方供给学派兴起于 20 世纪 70 年代。当时凯恩斯主义的需求管理政策失效，西方国家陷入经济"滞胀"局面。供给学派强调供给会自动创造需求，应该从供给着手推动经济发展；增加生产和供给首先要减税，以提高人们储蓄、投资的能力和积极性。这就是供给学派代表人物拉弗提出的"拉弗曲线"，亦即"减税曲线"。此外，供给学派还认为，减税需要有两个条件加以配合：一是削减政府开支，以平衡预算；二是限制货币发行量，稳定物价。供给学派强调的重点是减税，过分突出税率的作用，并且思想方法比较绝对，只注重供给而忽视需求、只注重市场功能而忽视政府作用。

我们提的供给侧改革，完整地说是"供给侧结构性改革"，我在中央

<hr>

① 这是2016 年1 月习近平总书记在省部级主要领导干部学习贯彻党的十八届五中全会精神专题研讨班上的讲话的一部分。

经济工作会议上就是这样说的。"结构性"3个字十分重要，简称"供给侧改革"也可以，但不能忘了"结构性"3个字。供给侧结构性改革，重点是解放和发展社会生产力，用改革的办法推进结构调整，减少无效和低端供给，扩大有效和中高端供给，增强供给结构对需求变化的适应性和灵活性，提高全要素生产率。这不只是一个税收和税率问题，而是要通过一系列政策举措，特别是推动科技创新、发展实体经济、保障和改善人民生活的政策措施，来解决我国经济供给侧存在的问题。我们讲的供给侧结构性改革，既强调供给又关注需求，既突出发展社会生产力又注重完善生产关系，既发挥市场在资源配置中的决定性作用又更好发挥政府作用，既着眼当前又立足长远。从政治经济学的角度看，供给侧结构性改革的根本，是使我国供给能力更好满足广大人民日益增长、不断升级和个性化的物质文化和生态环境需要，从而实现社会主义生产目的。

供给和需求是市场经济内在关系的两个基本方面，是既对立又统一的辩证关系，二者你离不开我、我离不开你，相互依存、互为条件。没有需求，供给就无从实现，新的需求可以催生新的供给；没有供给，需求就无法满足，新的供给可以创造新的需求。

供给侧和需求侧是管理和调控宏观经济的两个基本手段。需求侧管理，重在解决总量性问题，注重短期调控，主要是通过调节税收、财政支出、货币信贷等来刺激或抑制需求，进而推动经济增长。供给侧管理，重在解决结构性问题，注重激发经济增长动力，主要通过优化要素配置和调整生产结构来提高供给体系质量和效率，进而推动经济增长。

纵观世界经济发展史，经济政策是以供给侧为重点还是以需求侧为重点，要依据一国宏观经济形势作出抉择。放弃需求侧谈供给侧或放弃供给侧谈需求侧都是片面的，二者不是非此即彼、一去一存的替代关系，而是要相互配合、协调推进。

当前和今后一个时期，我国经济发展面临的问题，供给和需求两侧都有，但矛盾的主要方面在供给侧。比如，我国一些行业和产业产能严重过剩，同时大量关键装备、核心技术、高端产品还依赖进口，国内庞大的市场没有掌握在我们自己手中。再比如，我国农业发展形势很好，但一些供给没有很好适应需求变化，牛奶就难以满足消费者对质量、信誉保障的要求，大豆生产缺口很大而玉米增产则超过了需求增长，农产品库存也过大了。还比如，我国一些有大量购买力支撑的消费需求在国内得不到有效供给，消费者将大把钞票花费在出境购物、"海淘"购物上，购买的商品已从珠宝首饰、名包名表、名牌服饰、化妆品等奢侈品向电饭煲、马桶盖、奶粉、奶瓶等普通日用品延伸。据测算，2014 年我国居民出境旅行支出超过 1 万亿元人民币。

事实证明，我国不是需求不足，或没有需求，而是需求变了，供给的产品却没有变，质量、服务跟不上。有效供给能力不足带来大量"需求外溢"，消费能力严重外流。解决这些结构性问题，必须推进供给侧改革。

从国际上看，当前世界经济结构正在发生深刻调整。国际金融危机打破了欧美发达经济体借贷消费，东亚地区提供高储蓄、廉价劳动力和产品，俄罗斯、中东、拉美等提供能源资源的全球经济大循环，国际市场有效需求急剧萎缩，经济增长远低于潜在产出水平。主要国家人口老龄化水平不断提高，劳动人口增长率持续下降，社会成本和生产成本上升较快，传统产业和增长动力不断衰减，新兴产业体量和增长动能尚未积聚。在这个大背景下，我们需要从供给侧发力，找准在世界供给市场上的定位。

从国内看，经济发展面临"四降一升"，即经济增速下降、工业品价格下降、实体企业盈利下降、财政收入下降、经济风险发生概率上升。这些问题的主要矛盾不是周期性的，而是结构性的，供给结构错配问题严重。需求管理边际效益不断递减，单纯依靠刺激内需难以解决产能过剩等结构性矛盾。因此，必须把改善供给结构作为主攻方向，实现由低水平供需平衡向高水平供需平衡跃升。

推进供给侧结构性改革，要从生产端入手，重点是促进产能过剩有效化解，促进产业优化重组，降低企业成本，发展战略性新兴产业和现代服务业，增加公共产品和服务供给，提高供给结构对需求变化的适应性和灵活性。简言之，就是去产能、去库存、去杠杆、降成本、补短板。

近年来，我国一些企业在推进供给侧结构性改革方面进行了成功探索。比如，前些年我国市场上各类手机争奇斗艳，既有摩托罗拉、诺基亚等国外品牌，也有国内厂商生产的手机，竞争十分激烈，一些企业破产倒闭。在这种情况下，我国一些企业从生产端入手，坚持自主创新，瞄准高端市场，推出高端智能手机，满足了人们对更多样的功能、更快捷的速度、更清晰的图像、更时尚的外观的要求，在国内外市场的占有率不断上升。世界手机市场竞争也十分激烈，名噪一时的摩托罗拉、诺基亚、爱立信手机如今已风光不再，甚至成了过眼烟云。元旦过后，我到重庆看了一家公司，他们生产的薄膜晶体管液晶显示器就是供给侧改革的成功案例。这几年，重庆笔记本电脑等智能终端产品和自主品牌汽车产业成长也很快，形成了全球最大电子信息产业集群和国内最大汽车产业集群，全球每3台笔记本电脑就有1台来自重庆制造。这说明，只要瞄准市场推进供给侧改革，产业优化升级的路子是完全可以闯出来的。

从国际经验看，一个国家发展从根本上要靠供给侧推动。一次次科技和产业革命，带来一次次生产力提升，创造着难以想象的供给能力。当今时代，社会化大生产的突出特点，就是供给侧一旦实现了成功的颠覆性创新，市场就会以波澜壮阔的交易生成进行回应。我看了一份材料，说在2015年世界经济论坛新兴技术跨界理事会上，18位科学家选出2015年十大新兴技术榜单，包括燃料电池汽车、新一代机器人、可循环利用的热固性塑料、精准基因工程技术、积材制造、自然人工智能、分布式制造、能够感知和避让的无人机、神经形态技术、数字基因组。我去年访问英国时，在曼彻斯特大学国家石墨烯研究院，诺贝尔物理学奖获得者康斯坦丁·诺沃肖洛夫教授和安德烈·海姆教授给我介绍了石墨烯研发情况和开发利用前景。石墨烯是一种新材料，发展前景十分广阔，所以英国政府和欧洲研究与发展基金会都给予了大力支持。这些科技创新带来了科技的飞跃，也将为经济发展提供强劲动力。因此，推进供给侧改革，必须牢固树立创新发展理念，推动新技术、新产业、新业态蓬勃发展，为经济持续健康发展提供源源不断的内生动力。

资料来源：新华网 http://www.xinhuanet.com/politics/2016-05/10/c_128972667.htm.

附录4　习近平主持召开中央财经领导小组第十二次会议

　　新华社北京1月26日电　中共中央总书记、国家主席、中央军委主席、中央财经领导小组组长习近平1月26日下午主持召开中央财经领导小组第十二次会议，研究供给侧结构性改革方案、长江经济带发展规划、森林生态安全工作。习近平发表重要讲话强调，供给侧结构性改革的根本目的是提高社会生产力水平，落实好以人民为中心的发展思想。要在适度扩大总需求的同时，去产能、去库存、去杠杆、降成本、补短板，从生产领域加强优质供给，减少无效供给，扩大有效供给，提高供给结构适应性和灵活性，提高全要素生产率，使供给体系更好适应需求结构变化。

　　中共中央政治局常委、国务院总理、中央财经领导小组副组长李克强，中共中央政治局常委、中央书记处书记、中央财经领导小组成员刘云山，中共中央政治局常委、国务院副总理、中央财经领导小组成员张高丽出席会议。

　　会议分别听取了国家发展改革委、财政部、住房城乡建设部、人民银行、国务院国资委关于去产能、去库存、去杠杆、降成本、补短板的8个工作方案思路的汇报，听取了国家发展改革委关于长江经济带发展规划纲要的汇报，听取了国家林业局关于森林生态安全问题的汇报。领导小组成员进行了讨论。

　　习近平在讲话中指出，制定好方案是做好供给侧结构性改革的基础。要把思想认识统一到党中央关于推进供给侧结构性改革的决策部署上来。去产能、去库存、去杠杆、降成本、补短板是工作重点，关系到供给侧结构性改革的开局、关系到"十三五"的开局。各地区各部门要坚定信心、坚决行动，抓紧抓好抓实，切实取得实效。

　　习近平强调，做好工作方案，一是情况要摸清，搞清楚现状是什么，深入调查研究，搞好基础数据测算，善于解剖麻雀，把实际情况摸准摸透、胸中有数、有的放矢。二是目的要明确，搞清楚方向和目的是什么，把握好手段，防止就事论事甚至本末倒置。三是任务要具体，搞清楚到底要干什么，确定的任务要具体化、可操作。四是责任要落实，搞清楚谁来干，做到可督促、可检查、能问责。五是措施要有力，搞清楚怎么办，用什么政策措施来办，政策措施要符合实际、有效有用、有操作性，让地方和相关部门知道怎么干。

习近平指出，长江是中华民族的生命河。推动长江经济带发展，理念要先进，坚持生态优先、绿色发展，把生态环境保护摆上优先地位，涉及长江的一切经济活动都要以不破坏生态环境为前提，共抓大保护，不搞大开发。思路要明确，建立硬约束，长江生态环境只能优化、不能恶化。要促进要素在区域之间流动，增强发展统筹度和整体性、协调性、可持续性，提高要素配置效率。要发挥长江黄金水道作用，产业发展要体现绿色循环低碳发展要求。推进要有力，必须加强领导、统筹规划、整体推动，提升发展质量和效益。

习近平强调，森林关系国家生态安全。要着力推进国土绿化，坚持全民义务植树活动，加强重点林业工程建设，实施新一轮退耕还林。要着力提高森林质量，坚持保护优先、自然修复为主，坚持数量和质量并重、质量优先，坚持封山育林、人工造林并举。要完善天然林保护制度，宜封则封、宜造则造、宜林则林、宜灌则灌、宜草则草，实施森林质量精准提升工程。要着力开展森林城市建设，搞好城市内绿化，使城市适宜绿化的地方都绿起来。搞好城市周边绿化，充分利用不适宜耕作的土地开展绿化造林；搞好城市群绿化，扩大城市之间的生态空间。要着力建设国家公园，保护自然生态系统的原真性和完整性，给子孙后代留下一些自然遗产。要整合设立国家公园，更好保护珍稀濒危动物。要研究制定国土空间开发保护的总体性法律，更有针对性地制定或修订有关法律法规。

资料来源：新华网 http://www.xinhuanet.com/politics/2016-01/26/c_1117904083.htm.

附录5　习近平主持召开中央财经领导小组第十三次会议

　　新华社北京5月16日电　中共中央总书记、国家主席、中央军委主席、中央财经领导小组组长习近平5月16日上午主持召开中央财经领导小组第十三次会议，分别研究落实供给侧结构性改革、扩大中等收入群体工作。习近平发表重要讲话强调，推进供给侧结构性改革，是综合研判世界经济形势和我国经济发展新常态作出的重大决策，各地区各部门要把思想和行动统一到党中央决策部署上来，重点推进"三去一降一补"，不能因为包袱重而等待、困难多而不作为、有风险而躲避、有阵痛而不前，要树立必胜信念，坚定不移把这项工作向前推进。要坚持以人民为中心的发展思想，在全社会大力弘扬勤劳致富、艰苦奋斗精神，激励人们通过劳动创造美好生活，不断提高生活水平。

　　中共中央政治局常委、国务院总理、中央财经领导小组副组长李克强，中共中央政治局常委、中央书记处书记、中央财经领导小组成员刘云山，中共中央政治局常委、国务院副总理、中央财经领导小组成员张高丽出席会议。

　　会议分别听取了国家发展改革委、国务院国资委、住房城乡建设部推进供给侧结构性改革有关工作方案的汇报，听取了江苏、重庆、河北以及深圳推进供给侧结构性改革情况的汇报，听取了国家发展改革委、财政部、人力资源社会保障部关于扩大中等收入群体工作的汇报。领导小组成员进行了讨论。

　　习近平指出，党中央作出推进供给侧结构性改革决策后，各地区各部门认识不断提高、主动开展工作，有关部门出台了一些政策措施，许多地区研究制定了综合性方案和专项方案，成效逐步显现，为推动经济社会发展作出了贡献。同时，有些政策措施需要进一步研究制定，有的地方还没有有力行动起来，有的工作抓得还不精准。供给侧结构性改革关系全局、关系长远，一定要切实抓好。要深刻理解时代背景，当前我国经济发展中有周期性、总量性问题，但结构性问题最突出，矛盾的主要方面在供给侧。要准确把握基本要求，供给侧结构性改革的根本目的是提高供给质量满足需要，使供给能力更好满足人民日益增长的物质文化需要；主攻方向是减少无效供给，扩大有效供给，提高供给结构对需求结构的适应性，当前重点是推进"三去一降一补"五大任务；本质属性是深化改革，推进国有企业改革，加快政府职能转变，深化价格、财税、金融、社保等领域基础性改革。要发挥好市场和政府作用，一方面遵循市场规律，善于用市场机制解决问题，另一方面政府要勇于承担责任，各部门各级地方政府都要勇于担当，干好自己该干的事。要突破重点难点，坚持重点论，集中攻关，以点带面。要把工作做细做实，有针对性制定政策、解疑释惑；具体工作要从实际出发，盯住看，有人管，马上干。要平衡好各方面关系，把握好节奏和力度，注意减少风险隐患。

习近平强调，扩大中等收入群体，关系全面建成小康社会目标的实现，是转方式调结构的必然要求，是维护社会和谐稳定、国家长治久安的必然要求。扩大中等收入群体，必须坚持有质量有效益的发展，保持宏观经济稳定，为人民群众生活改善打下更为雄厚的基础；必须弘扬勤劳致富精神，激励人们通过劳动创造美好生活；必须完善收入分配制度，坚持按劳分配为主体、多种分配方式并存的制度，把按劳分配和按生产要素分配结合起来，处理好政府、企业、居民三者分配关系；必须强化人力资本，加大人力资本投入力度，着力把教育质量搞上去，建设现代职业教育体系；必须发挥好企业家作用，帮助企业解决困难、化解困惑，保障各种要素投入获得回报；必须加强产权保护，健全现代产权制度，加强对国有资产所有权、经营权、企业法人财产权保护，加强对非公有制经济产权保护，加强知识产权保护，增强人民群众财产安全感。

资料来源：新华网 http://www.xinhuanet.com/politics/2016-05/16/c_1118875925.htm.

附录6 中央经济工作会议在北京举行
习近平李克强作重要讲话

中央经济工作会议 12 月 14 日至 16 日在北京举行。中共中央总书记、国家主席、中央军委主席习近平，中共中央政治局常委、国务院总理李克强，中共中央政治局常委、全国人大常委会委员长张德江，中共中央政治局常委、全国政协主席俞正声，中共中央政治局常委、中央书记处书记刘云山，中共中央政治局常委、中央纪委书记王岐山，中共中央政治局常委、国务院副总理张高丽出席会议。

习近平在会上发表重要讲话，分析当前国内国际经济形势，总结 2016 年经济工作，阐明经济工作指导思想，部署 2017 年经济工作。李克强在讲话中阐述了明年宏观经济政策取向，对明年经济工作作出具体部署，并作总结讲话。

会议认为，今年以来，我们全面贯彻去年中央经济工作会议决策部署，加强和改善党对经济工作的领导，坚持稳中求进工作总基调，坚持新发展理念，以推进供给侧结构性改革为主线，适度扩大总需求，坚定推进改革，妥善应对风险挑战，引导形成良好社会预期，经济社会保持平稳健康发展，实现了"十三五"良好开局。经济形势总的特点是缓中趋稳、稳中向好，经济运行保持在合理区间，质量和效益提高。经济结构继续优化，创新对发展的支撑作用增强。改革开放取得新突破，主要领域"四梁八柱"性改革基本出台，对外开放布局进一步完善。人民生活持续改善，贫困人口预计减少 1000 万以上。生态环境有所好转，绿色发展初见成效。成绩来之不易，必须充分肯定。同时，我国经济运行仍存在不少突出矛盾和问题，产能过剩和需求结构升级矛盾突出，经济增长内生动力不足，金融风险有所积聚，部分地区困难增多等。对这些问题，我们要高度重视，继续努力加以解决。

会议指出，党的十八大以来，我们初步确立了适应经济发展新常态的经济政策框架。第一，作出经济发展进入新常态的重大判断，把认识、把握、引领新常态作为当前和今后一个时期做好经济工作的大逻辑。第二，形成以新发展理念为指导、以供给侧结构性改革为主线的政策体系，引导经济朝着更高质量、更有效率、更加公平、更可持续的方向发展，提出引领我国经济持续健康发展的一套政策框架。第三，贯彻稳中求进工作总基调，强调要保持战略定力，坚持问题导向、底线思维，发扬钉钉子精神，一步一个脚印向前迈进。党中央对经济形势作出的重大判断、对经济工作作出的重大决策、对经济工作思想方法作出的重大调整，经受了实践检验，是符合实际的。全党同志要坚定信心，按照党中央确定的思路和方法，朝着我们的奋斗目标不断前进。

会议指出，2017年是实施"十三五"规划的重要一年，是供给侧结构性改革的深化之年。要全面贯彻党的十八大和十八届三中、四中、五中、六中全会精神，统筹推进"五位一体"总体布局和协调推进"四个全面"战略布局，坚持稳中求进工作总基调，牢固树立和贯彻落实新发展理念，适应把握引领经济发展新常态，坚持以提高发展质量和效益为中心，坚持宏观政策要稳、产业政策要准、微观政策要活、改革政策要实、社会政策要托底的政策思路，坚持以推进供给侧结构性改革为主线，适度扩大总需求，加强预期引导，深化创新驱动，全面做好稳增长、促改革、调结构、惠民生、防风险各项工作，促进经济平稳健康发展和社会和谐稳定，以优异成绩迎接党的十九大胜利召开。

会议强调，稳中求进工作总基调是治国理政的重要原则，也是做好经济工作的方法论，明年贯彻好这个总基调具有特别重要的意义。稳是主基调，稳是大局，在稳的前提下要在关键领域有所进取，在把握好度的前提下奋发有为。要继续实施积极的财政政策和稳健的货币政策。财政政策要更加积极有效，预算安排要适应推进供给侧结构性改革、降低企业税费负担、保障民生兜底的需要。货币政策要保持稳健中性，适应货币供应方式新变化，调节好货币闸门，努力畅通货币政策传导渠道和机制，维护流动性基本稳定。要在增强汇率弹性的同时，保持人民币汇率在合理均衡水平上的基本稳定。要把防控金融风险放到更加重要的位置，下决心处置一批风险点，着力防控资产泡沫，提高和改进监管能力，确保不发生系统性金融风险。要坚持基本经济制度，坚持社会主义市场经济改革方向，坚持扩大开放，稳定民营企业家信心。要加强预期引导，提高政府公信力。按照守住底线、突出重点、完善制度、引导舆论的思路，深入细致做好社会托底工作，扩大人民群众获得感，维护社会和谐稳定。

会议认为，我国经济运行面临的突出矛盾和问题，虽然有周期性、总量性因素，但根源是重大结构性失衡，导致经济循环不畅，必须从供给侧、结构性改革上想办法，努力实现供求关系新的动态均衡。供给侧结构性改革，最终目的是满足需求，主攻方向是提高供给质量，根本途径是深化改革。最终目的是满足需求，就是要深入研究市场变化，理解现实需求和潜在需求，在解放和发展社会生产力中更好满足人民日益增长的物质文化需要。主攻方向是提高供给质量，就是要减少无效供给、扩大有效供给，着力提升整个供给体系质量，提高供给结构对需求结构的适应性。根本途径是深化改革，就是要完善市场在资源配置中起决定性作用的体制机制，深化行政管理体制改革，打破垄断，健全要素市场，使价格机制真正引导资源配置。要加强激励、鼓励创新，增强微观主体内生动力，提高盈利能力，提高劳动生产率，提高全要素生产率，提高潜在增长率。

会议指出，今年以"三去一降一补"五大任务为抓手，推动供给侧结构性改革取得初步成效，部分行业供求关系、政府和企业理念行为发生积极变化。明年要继续深化供给侧结构性改革。

第一，深入推进"三去一降一补"。要总结今年工作，落实已部署的各项任务，根据新情况新问题完善政策措施，推动五大任务有实质性进展。去产能方面，要继续推动钢铁、煤炭行业化解过剩产能。要抓住处置

"僵尸企业"这个牛鼻子,严格执行环保、能耗、质量、安全等相关法律法规和标准,创造条件推动企业兼并重组,妥善处置企业债务,做好人员安置工作。要防止已经化解的过剩产能死灰复燃,同时用市场、法治的办法做好其他产能严重过剩行业去产能工作。去库存方面,要坚持分类调控,因城因地施策,重点解决三四线城市房地产库存过多问题。要把去库存和促进人口城镇化结合起来,提高三四线城市和特大城市间基础设施的互联互通,提高三四线城市教育、医疗等公共服务水平,增强对农业转移人口的吸引力。去杠杆方面,要在控制总杠杆率的前提下,把降低企业杠杆率作为重中之重。要支持企业市场化、法治化债转股,加大股权融资力度,加强企业自身债务杠杆约束等,降低企业杠杆率。要规范政府举债行为。降成本方面,要在减税、降费、降低要素成本上加大工作力度。要降低各类交易成本特别是制度性交易成本,减少审批环节,降低各类中介评估费用,降低企业用能成本,降低物流成本,提高劳动力市场灵活性,推动企业眼睛向内降本增效。补短板方面,要从严重制约经济社会发展的重要领域和关键环节、从人民群众迫切需要解决的突出问题着手,既补硬短板也补软短板,既补发展短板也补制度短板。要更有力、更扎实推进脱贫攻坚各项工作,集中力量攻克薄弱环节,把功夫用到帮助贫困群众解决实际问题上,推动精准扶贫、精准脱贫各项政策措施落地生根。

第二,深入推进农业供给侧结构性改革。要把增加绿色优质农产品供给放在突出位置,狠抓农产品标准化生产、品牌创建、质量安全监管。要加大农村环境突出问题综合治理力度,加大退耕还林还湖还草力度。要积极稳妥改革粮食等重要农产品价格形成机制和收储制度。抓好玉米收储制度改革,做好政策性粮食库存消化工作。细化和落实承包土地"三权分置"办法,培育新型农业经营主体和服务主体。深化农村产权制度改革,明晰农村集体产权归属,赋予农民更加充分的财产权利。统筹推进农村土地征收、集体经营性建设用地入市、宅基地制度改革试点。要严守耕地红线,推动藏粮于地、藏粮于技战略加快落地,保护和提高粮食综合生产能力。广辟农民增收致富门路。

第三，着力振兴实体经济。要坚持以提高质量和核心竞争力为中心，坚持创新驱动发展，扩大高质量产品和服务供给。要树立质量第一的强烈意识，开展质量提升行动，提高质量标准，加强全面质量管理。引导企业形成自己独有的比较优势，发扬"工匠精神"，加强品牌建设，培育更多"百年老店"，增强产品竞争力。实施创新驱动发展战略，既要推动战略性新兴产业蓬勃发展，也要注重用新技术新业态全面改造提升传统产业。要建设法治化的市场营商环境，加强引进外资工作，更好发挥外资企业对促进实体经济发展的重要作用。要更加重视优化产业组织，提高大企业素质，在市场准入、要素配置等方面创造条件，使中小微企业更好参与市场公平竞争。

第四，促进房地产市场平稳健康发展。要坚持"房子是用来住的、不是用来炒的"的定位，综合运用金融、土地、财税、投资、立法等手段，加快研究建立符合国情、适应市场规律的基础性制度和长效机制，既抑制房地产泡沫，又防止出现大起大落。要在宏观上管住货币，微观信贷政策要支持合理自住购房，严格限制信贷流向投资投机性购房。要落实人地挂钩政策，根据人口流动情况分配建设用地指标。要落实地方政府主体责任，房价上涨压力大的城市要合理增加土地供应，提高住宅用地比例，盘活城市闲置和低效用地。特大城市要加快疏解部分城市功能，带动周边中小城市发展。要加快住房租赁市场立法，加快机构化、规模化租赁企业发展。加强住房市场监管和整顿，规范开发、销售、中介等行为。

同时，要继续扎实推进以人为核心的新型城镇化，促进农民工市民化。要深入实施西部开发、东北振兴、中部崛起、东部率先的区域发展总体战略，继续实施京津冀协同发展、长江经济带发展、"一带一路"建设三大战略。

会议强调，要按照统筹推进、重点突破的要求加快改革步伐，更好发挥改革牵引作用。要深化国企国资改革，加快形成有效制衡的公司法人治理结构、灵活高效的市场化经营机制。混合所有制改革是国企改革的重要突破口，按照完善治理、强化激励、突出主业、提高效率的要求，在电力、石油、天然气、铁路、民航、电信、军工等领域迈出实质性步伐。加快推动国有资本投资、运营公司改革试点。要加强产权保护制度建设，抓紧编纂民法典，加强对各种所有制组织和自然人财产权的保护。坚持有错必纠，甄别纠正一批侵害企业产权的错案冤案。保护企业家精神，支持企业家专心创新创业。要稳妥推进财税和金融体制改革，落实推动中央与地方财政事权和支出责任划分改革，加快制定中央和地方收入划分总体方案，抓紧提出健全地方税体系方案。要深入研究并积极稳妥推进金融监管体制改革，深化多层次资本市场体系改革，完善国有商业银行治理结构，有序推动民营银行发展。要推动养老保险制度改革，加快出台养老保险制度改革方案。要有重点地推动对外开放，推进"一带一路"建设，发挥好政策性、开发性、商业性金融作用。要完善跨部门的统筹机制，加强对财税、金融、土地、城镇化、社会保障、生态文明等基础性重大改革的推进，既制定方案又推动落实。抓好重大改革顶层设计，也要充分调动地方和基层推动改革的积极性和主动性。

会议强调，要坚持党的基本路线，充分调动各方面干事创业的积极性，形成推动科学发展的合力，扎实做好各项工作。要创新和完善宏观调控，推进政策协同配套，提高政策精准性和有效性，保持经济运行在合理区间，抓好重点领域风险防控。深入推进简政放权、放管结合、优化服务和财税金融、国有企业等重要领域和关键环节改革。推动供需结构有效匹配、消费升级和有效投资良性互动、城乡区域协调发展，进一步释放国内需求潜力。深入实施创新驱动发展战略，广泛开展大众创业、万众创新，促进新动能发展壮大、传统动能焕发生机。加快现代农业建设，促进农业提质增效和农民持续增收。推进更深层次更高水平的双向开放，赢得国内发展和国际竞争的主动。持续加强节能环保和生态建设，推动绿色低碳发展取得新进展。更好统筹民生改善与经济发展，进一步织密扎牢民生保障网。

　　会议强调，做好经济工作，要贯彻落实党的十八届六中全会精神，把全面从严治党要求体现在党领导经济工作之中。各级领导干部特别是高级干部要把落实党中央经济决策部署作为政治责任，党中央制定的方针政策必须执行，党中央确定的改革方案必须落实。要深入调研，加强学习，提高本领，使制定的政策更加符合实际。要抓住想干事、敢干事这两个关键点，健全正向激励机制，促进干部创造性开展工作。全党坚定信心、知难而进，尽心尽力把经济工作做好。

　　资料来源：共产党员网 http://news.12371.cn/2016/12/16/ARTI1481886083189302.shtml.

附录7 中央经济工作会议举行
习近平李克强作重要讲话

中央经济工作会议12月18日至20日在北京举行。中共中央总书记、国家主席、中央军委主席习近平，中共中央政治局常委、国务院总理李克强，国务院副总理张高丽，中共中央政治局常委栗战书、汪洋、王沪宁、赵乐际、韩正出席会议。

习近平在会上发表重要讲话，总结党的十八大以来我国经济发展历程，分析当前经济形势，部署2018年经济工作。李克强在讲话中对明年经济工作作出具体部署，并作了总结讲话。

会议认为，党的十八大以来，我国经济发展取得历史性成就、发生历史性变革，为其他领域改革发展提供了重要物质条件。经济实力再上新台阶，经济年均增长7.1%，成为世界经济增长的主要动力源和稳定器。经济结构出现重大变革，推进供给侧结构性改革，促进供求平衡。经济体制改革持续推进，经济更具活力和韧性。对外开放深入发展，倡导和推动共建"一带一路"，积极引导经济全球化朝着正确方向发展。人民获得感、幸福感明显增强，脱贫攻坚战取得决定性进展，基本公共服务均等化程度不断提高，形成了世界上人口最多的中等收入群体。生态环境状况明显好转，推进生态文明建设决心之大、力度之大、成效之大前所未有，大气、水、土壤污染防治行动成效明显。

会议指出，5年来，我们坚持观大势、谋全局、干实事，成功驾驭了我国经济发展大局，在实践中形成了以新发展理念为主要内容的习近平新时代中国特色社会主义经济思想。我们坚持加强党对经济工作的集中统一领导，保证我国经济沿着正确方向发展；坚持以人民为中心的发展思想，贯穿到统筹推进"五位一体"总体布局和协调推进"四个全面"战略布局之中；坚持适应把握引领经济发展新常态，立足大局，把握规律；坚持使市场在资源配置中起决定性作用，更好发挥政府作用，坚决扫除经济发展的体制机制障碍；坚持适应我国经济发展主要矛盾变化完善宏观调控，相机抉择，开准药方，把推进供给侧结构性改革作为经济工作的主线；坚持问题导向部署经济发展新战略，对我国经济社会发展变革产生深远影响；坚持正确工作策略和方法，稳中求进，保持战略定力、坚持底线思维，一步一个脚印向前迈进。习近平新时代中国特色社会主义经济思想，是 5 年来推动我国经济发展实践的理论结晶，是中国特色社会主义政治经济学的最新成果，是党和国家十分宝贵的精神财富，必须长期坚持、不断丰富发展。

会议认为，中国特色社会主义进入了新时代，我国经济发展也进入了新时代，基本特征就是我国经济已由高速增长阶段转向高质量发展阶段。推动高质量发展，是保持经济持续健康发展的必然要求，是适应我国社会主要矛盾变化和全面建成小康社会、全面建设社会主义现代化国家的必然要求，是遵循经济规律发展的必然要求。推动高质量发展是当前和今后一个时期确定发展思路、制定经济政策、实施宏观调控的根本要求，必须加快形成推动高质量发展的指标体系、政策体系、标准体系、统计体系、绩效评价、政绩考核，创建和完善制度环境，推动我国经济在实现高质量发展上不断取得新进展。

会议指出，2018 年是贯彻党的十九大精神的开局之年，是改革开放 40 周年，是决胜全面建成小康社会、实施"十三五"规划承上启下的关键一年。做好明年经济工作，要全面贯彻党的十九大精神，以习近平新时代中国特色社会主义思想为指导，加强党对经济工作的领导，坚持稳中求进工作总基调，坚持新发展理念，紧扣我国社会主要矛盾变化，按照高质量发展的要求，统筹推进"五位一体"总体布局和协调推进"四个全面"战略布局，坚持以供给侧结构性改革为主线，统筹推进稳增长、促改革、调结构、惠民生、防风险各项工作，大力推进改革开放，创新和完善宏观调控，推动质量变革、效率变革、动力变革，在打好防范化解重大风险、精准脱贫、污染防治的攻坚战方面取得扎实进展，引导和稳定预期，加强和改善民生，促进经济社会持续健康发展。

会议强调，稳中求进工作总基调是治国理政的重要原则，要长期坚持。"稳"和"进"是辩证统一的，要作为一个整体来把握，把握好工作节奏和力度。要统筹各项政策，加强政策协同。积极的财政政策取向不变，调整优化财政支出结构，确保对重点领域和项目的支持力度，压缩一般性支出，切实加强地方政府债务管理。稳健的货币政策要保持中性，管住货币供给总闸门，保持货币信贷和社会融资规模合理增长，保持人民币汇率在合理均衡水平上的基本稳定，促进多层次资本市场健康发展，更好为实体经济服务，守住不发生系统性金融风险的底线。结构性政策要发挥更大作用，强化实体经济吸引力和竞争力，优化存量资源配置，强化创新驱动，发挥好消费的基础性作用，促进有效投资特别是民间投资合理增长。社会政策要注重解决突出民生问题，积极主动回应群众关切，加强基本公共服务，加强基本民生保障，及时化解社会矛盾。改革开放要加大力度，在经济体制改革上步子再快一些，以完善产权制度和要素市场化配置为重点，推进基础性关键领域改革取得新的突破。扩大对外开放，大幅放宽市场准入，加快形成全面开放新格局。

会议确定，按照党的十九大的要求，今后 3 年要重点抓好决胜全面建成小康社会的防范化解重大风险、精准脱贫、污染防治三大攻坚战。打好防范化解重大风险攻坚战，重点是防控金融风险，要服务于供给侧结构性改革这条主线，促进形成金融和实体经济、金融和房地产、金融体系内部的良性循环，做好重点领域风险防范和处置，坚决打击违法违规金融活动，加强薄弱环节监管制度建设。打好精准脱贫攻坚战，要保证现行标准下的脱贫质量，既不降低标准，也不吊高胃口，瞄准特定贫困群众精准帮扶，向深度贫困地区聚焦发力，激发贫困人口内生动力，加强考核监督。打好污染防治攻坚战，要使主要污染物排放总量大幅减少，生态环境质量总体改善，重点是打赢蓝天保卫战，调整产业结构，淘汰落后产能，调整能源结构，加大节能力度和考核，调整运输结构。

会议指出，要围绕推动高质量发展，做好8项重点工作。一是深化供给侧结构性改革。要推进中国制造向中国创造转变，中国速度向中国质量转变，制造大国向制造强国转变。深化要素市场化配置改革，重点在"破""立""降"上下功夫。大力破除无效供给，把处置"僵尸企业"作为重要抓手，推动化解过剩产能；大力培育新动能，强化科技创新，推动传统产业优化升级，培育一批具有创新能力的排头兵企业，积极推进军民融合深度发展；大力降低实体经济成本，降低制度性交易成本，继续清理涉企收费，加大对乱收费的查处和整治力度，深化电力、石油天然气、铁路等行业改革，降低用能、物流成本。

二是激发各类市场主体活力。要推动国有资本做强做优做大，完善国企国资改革方案，围绕管资本为主加快转变国有资产监管机构职能，改革国有资本授权经营体制。加强国有企业党的领导和党的建设，推动国有企业完善现代企业制度，健全公司法人治理结构。要支持民营企业发展，落实保护产权政策，依法甄别纠正社会反映强烈的产权纠纷案件。全面实施并不断完善市场准入负面清单制度，破除歧视性限制和各种隐性障碍，加快构建亲清新型政商关系。

三是实施乡村振兴战略。要科学制定乡村振兴战略规划。健全城乡融合发展体制机制，清除阻碍要素下乡各种障碍。推进农业供给侧结构性改革，坚持质量兴农、绿色兴农，农业政策从增产导向转向提质导向。深化粮食收储制度改革，让收储价格更好反映市场供求，扩大轮作休耕制度试点。

四是实施区域协调发展战略。要实现基本公共服务均等化，基础设施通达程度比较均衡，人民生活水平大体相当。京津冀协同发展要以疏解北京非首都功能为重点，保持合理的职业结构，高起点、高质量编制好雄安新区规划。推进长江经济带发展要以生态优先、绿色发展为引领。要围绕

"一带一路"建设，创新对外投资方式，以投资带动贸易发展、产业发展。支持革命老区、民族地区、边疆地区、贫困地区改善生产生活条件。推进西部大开发，加快东北等老工业基地振兴，推动中部地区崛起，支持东部地区率先推动高质量发展。科学规划粤港澳大湾区建设。提高城市群质量，推进大中小城市网络化建设，增强对农业转移人口的吸引力和承载力，加快户籍制度改革落地步伐。引导特色小镇健康发展。

五是推动形成全面开放新格局。要在开放的范围和层次上进一步拓展，更要在开放的思想观念、结构布局、体制机制上进一步拓展。有序放宽市场准入，全面实行准入前国民待遇加负面清单管理模式，继续精简负面清单，抓紧完善外资相关法律，加强知识产权保护。促进贸易平衡，更加注重提升出口质量和附加值，积极扩大进口，下调部分产品进口关税。大力发展服务贸易。继续推进自由贸易试验区改革试点。有效引导支持对外投资。

六是提高保障和改善民生水平。要针对人民群众关心的问题精准施策，着力解决中小学生课外负担重、"择校热""大班额"等突出问题，解决好婴幼儿照护和儿童早期教育服务问题。注重解决结构性就业矛盾，解决好性别歧视、身份歧视问题。改革完善基本养老保险制度，加快实现养老保险全国统筹。继续解决好"看病难、看病贵"问题，鼓励社会资金进入养老、医疗等领域。着力解决网上虚假信息诈骗、倒卖个人信息等突出问题。做好民生工作，要突出问题导向，尽力而为、量力而行，找准突出问题及其症结所在，周密谋划，用心操作。

七是加快建立多主体供应、多渠道保障、租购并举的住房制度。要发展住房租赁市场特别是长期租赁，保护租赁利益相关方合法权益，支持专业化、机构化住房租赁企业发展。完善促进房地产市场平稳健康发展的长效机制，保持房地产市场调控政策连续性和稳定性，分清中央和地方事权，实行差别化调控。

八是加快推进生态文明建设。只有恢复绿水青山，才能使绿水青山变成金山银山。要实施好"十三五"规划确定的生态保护修复重大工程。启动大规模国土绿化行动，引导国企、民企、外企、集体、个人、社会组织等各方面资金投入，培育一批专门从事生态保护修复的专业化企业。深入实施"水十条"，全面实施"土十条"。加快生态文明体制改革，健全自然资源资产产权制度，研究建立市场化、多元化生态补偿机制，改革生态环境监管体制。

会议强调，要充分调动各方面干事创业的积极性，有力有序做好经济工作。要创新和完善宏观调控，实施好积极的财政政策和稳健的货币政策，健全经济政策协调机制，保持经济运行在合理区间。扎实推进供给侧结构性改革，促进新动能持续快速成长，加快制造业优化升级，继续抓好"三去一降一补"，深化简政放权、放管结合、优化服务改革。加快建设创新型国家，推动重大科技创新取得新进展，促进大众创业、万众创新上水平。加大重要领域和关键环节改革力度，营造支持民营企业发展良好环境，深化国企国资、财政金融等改革。实施乡村振兴战略，激发区域发展新活力。确保重大风险防范化解取得明显进展，加大精准脱贫力度，务求污染防治取得更大成效。增强消费对经济发展的基础性作用，发挥投资对优化供给结构的关键性作用。推动形成全面开放新格局。在发展中提高保障和改善民生水平。

会议要求，各级党委和政府要增强"四个意识"，自觉维护党中央权威和集中统一领导，把思想和行动统一到党的十九大精神上来，统一到党中央对明年经济工作的部署上来。要完善对党中央决策部署的执行、监督、考评、奖惩等工作机制，落实主体责任，确保令行禁止。要加强学习和实践，培养专业能力，弘扬专业精神。要大兴调查研究之风，找准短板弱项，解决实际问题。要完善干部考核评价机制，为干部大胆创新探索撑腰鼓劲。要确保换届工作稳妥有序、风清气正，引导广大干部树立正确政绩观。

会议号召，全党全国更紧密团结在以习近平同志为核心的党中央周围，锐意进取，埋头苦干，扎扎实实做好各项工作，确保经济工作明年开好局、起好步。

资料来源：共产党员网 http://news.12371.cn/2017/12/20/ARTI1513767487382671.shtml.

附录8　中央经济工作会议在北京举行
习近平李克强作重要讲话

中央经济工作会议12月19日至21日在北京举行。中共中央总书记、国家主席、中央军委主席习近平，中共中央政治局常委、国务院总理李克强，中共中央政治局常委栗战书、汪洋、王沪宁、赵乐际、韩正出席会议。

习近平在会上发表重要讲话，总结2018年经济工作，分析当前经济形势，部署2019年经济工作。李克强在讲话中对明年经济工作作出具体部署，并作了总结讲话。

会议认为，今年是全面贯彻党的十九大精神的开局之年。在以习近平同志为核心的党中央坚强领导下，全党全国落实党的十九大作出的战略部署，坚持稳中求进工作总基调，按照高质量发展要求，有效应对外部环境深刻变化，迎难而上、扎实工作，宏观调控目标较好完成，三大攻坚战开局良好，供给侧结构性改革深入推进，改革开放力度加大，稳妥应对中美经贸摩擦，人民生活持续改善，保持了经济持续健康发展和社会大局稳定，朝着实现全面建成小康社会的目标迈出了新的步伐。成绩来之不易。

会议指出，一年来，我们在实践中深化了对做好新形势下经济工作的规律性认识：必须坚持党中央集中统一领导，发挥掌舵领航作用；必须从长期大势认识当前形势，认清我国长期向好发展前景；必须精准把握宏观调控的度，主动预调微调、强化政策协同；必须及时回应社会关切，有针对性主动引导市场预期；必须充分调动各方面积极性，形成全局工作强大合力。

会议强调，在充分肯定成绩的同时，要看到经济运行稳中有变、变中有忧，外部环境复杂严峻，经济面临下行压力。这些问题是前进中的问题，既有短期的也有长期的，既有周期性的也有结构性的。要增强忧患意识，抓住主要矛盾，有针对性地加以解决。

会议指出，我国发展仍处于并将长期处于重要战略机遇期。世界面临百年未有之大变局，变局中危和机同生并存，这给中华民族伟大复兴带来重大机遇。要善于化危为机、转危为安，紧扣重要战略机遇新内涵，加快经济结构优化升级，提升科技创新能力，深化改革开放，加快绿色发展，参与全球经济治理体系变革，变压力为加快推动经济高质量发展的动力。

会议强调，明年是中华人民共和国成立70周年，是全面建成小康社会关键之年，做好经济工作至关重要。要以习近平新时代中国特色社会主义思想为指导，全面贯彻党的十九大和十九届二中、三中全会精神，统筹推进"五位一体"总体布局，协调推进"四个全面"战略布局，坚持稳中求进工作总基调，坚持新发展理念，坚持推动高质量发展，坚持以供给侧结构性改革为主线，坚持深化市场化改革、扩大高水平开放，加快建设现代化经济体系，继续打好三大攻坚战，着力激发微观主体活力，创新和完善宏观调控，统筹推进稳增长、促改革、调结构、惠民生、防风险工作，保持经济运行在合理区间，进一步稳就业、稳金融、稳外贸、稳外资、稳投资、稳预期，提振市场信心，增强人民群众获得感、幸福感、安全感，保持经济持续健康发展和社会大局稳定，为全面建成小康社会收官打下决定性基础，以优异成绩庆祝中华人民共和国成立70周年。

会议指出，宏观政策要强化逆周期调节，继续实施积极的财政政策和稳健的货币政策，适时预调微调，稳定总需求；积极的财政政策要加力提效，实施更大规模的减税降费，较大幅度增加地方政府专项债券规模；稳健的货币政策要松紧适度，保持流动性合理充裕，改善货币政策传导机制，提高直接融资比重，解决好民营企业和小微企业融资难融资贵问题。结构性政策要强化体制机制建设，坚持向改革要动力，深化国资国企、财税金融、土地、市场准入、社会管理等领域改革，强化竞争政策的基础性地位，创造公平竞争的制度环境，鼓励中小企业加快成长。社会政策要强化兜底保障功能，实施就业优先政策，确保群众基本生活底线，寓管理于服务之中。

会议认为，我国经济运行主要矛盾仍然是供给侧结构性的，必须坚持以供给侧结构性改革为主线不动摇，更多采取改革的办法，更多运用市场化、法治化手段，在"巩固、增强、提升、畅通"八个字上下功夫。要巩固"三去一降一补"成果，推动更多产能过剩行业加快出清，降低全社会各类营商成本，加大基础设施等领域补短板力度。要增强微观主体活力，发挥企业和企业家主观能动性，建立公平开放透明的市场规则和法治化营商环境，促进正向激励和优胜劣汰，发展更多优质企业。要提升产业链水平，注重利用技术创新和规模效应形成新的竞争优势，培育和发展新的产业集群。要畅通国民经济循环，加快建设统一开放、竞争有序的现代市场体系，提高金融体系服务实体经济能力，形成国内市场和生产主体、经济增长和就业扩大、金融和实体经济良性循环。

会议指出，今年三大攻坚战初战告捷，明年要针对突出问题，打好重点战役。打好防范化解重大风险攻坚战，要坚持结构性去杠杆的基本思路，防范金融市场异常波动和共振，稳妥处理地方政府债务风险，做到坚定、可控、有序、适度。打好脱贫攻坚战，要一鼓作气，重点解决好实现"两不愁三保障"面临的突出问题，加大"三区三州"等深度贫困地区和特殊贫困群体脱贫攻坚力度，减少和防止贫困人口返贫，研究解决那些收入水平略高于建档立卡贫困户的群体缺乏政策支持等新问题。打好污染防治攻坚战，要坚守阵地、巩固成果，聚焦做好打赢蓝天保卫战等工作，加大工作和投入力度，同时要统筹兼顾，避免处置措施简单粗暴。要增强服务意识，帮助企业制定环境治理解决方案。

会议确定，明年要抓好以下重点工作任务。

一是推动制造业高质量发展。要推动先进制造业和现代服务业深度融合，坚定不移建设制造强国。要稳步推进企业优胜劣汰，加快处置"僵尸企业"，制定退出实施办法，促进新技术、新组织形式、新产业集群形成和发展。要增强制造业技术创新能力，构建开放、协同、高效的共性技术研发平台，健全需求为导向、企业为主体的产学研一体化创新机制，抓紧布局国家实验室，重组国家重点实验室体系，加大对中小企业创新支持力度，加强知识产权保护和运用，形成有效的创新激励机制。

二是促进形成强大国内市场。我国市场规模位居世界前列，今后潜力更大。要努力满足最终需求，提升产品质量，加快教育、育幼、养老、医疗、文化、旅游等服务业发展，改善消费环境，落实好个人所得税专项附加扣除政策，增强消费能力，让老百姓吃得放心、穿得称心、用得舒心。我国发展现阶段投资需求潜力仍然巨大，要发挥投资关键作用，加大制造业技术改造和设备更新，加快5G商用步伐，加强人工智能、工业互联网、物联网等新型基础设施建设，加大城际交通、物流、市政基础设施等投资力度，补齐农村基础设施和公共服务设施建设短板，加强自然灾害防治能力建设。

三是扎实推进乡村振兴战略。要坚持农业农村优先发展，切实抓好农业特别是粮食生产，推动藏粮于地、藏粮于技落实落地，合理调整"粮经饲"结构，着力增加优质绿色农产品供给。要重视培育家庭农场、农民合作社等新型经营主体，注重解决小农户生产经营面临的困难，把他们引入现代农业发展大格局。要改善农村人居环境，重点做好垃圾污水处理、厕所革命、村容村貌提升。要总结好农村土地制度改革三项试点经验，巩固改革成果，继续深化农村土地制度改革。

四是促进区域协调发展。要统筹推进西部大开发、东北全面振兴、中部地区崛起、东部率先发展。目前京津冀、粤港澳大湾区、长三角等地区发展呈现出许多新特点，规模经济效应开始显现，基础设施密度和网络化程度全面提升，创新要素快速集聚，新的主导产业快速发展，要推动这些地区成为引领高质量发展的重要动力源。要增强中心城市辐射带动力，形成高质量发展的重要助推力。要推动长江经济带发展，实施长江生态环境系统性保护修复，努力推动高质量发展。要推动城镇化发展，抓好已经在城镇就业的农业转移人口的落户工作，督促落实2020年1亿人落户目标，提高大城市精细化管理水平。

五是加快经济体制改革。要深化四梁八柱性质的改革，以增强微观主体活力为重点，推动相关改革走深走实。要加快国资国企改革，坚持政企分开、政资分开和公平竞争原则，做强做优做大国有资本，加快实现从管企业向管资本转变，改组成立一批国有资本投资公司，组建一批国有资本运营公司，积极推进混合所有制改革，加快推动中国铁路总公司股份制改造。要支持民营企业发展，营造法治化制度环境，保护民营企业家人身安全和财产安全。要以金融体系结构调整优化为重点深化金融体制改革，发展民营银行和社区银行，推动城商行、农商行、农信社业务逐步回归本源。要完善金融基础设施，强化监管和服务能力。资本市场在金融运行中具有牵一发而动全身的作用，要通过深化改革，打造一个规范、透明、开放、有活力、有韧性的资本市场，提高上市公司质量，完善交易制度，引导更多中长期资金进入，推动在上交所设立科创板并试点注册制尽快落地。要推进财税体制改革，健全地方税体系，规范政府举债融资机制。要切实转变政府职能，大幅减少政府对资源的直接配置，强化事中事后监管，凡是市场能自主调节的就让市场来调节，凡是企业能干的就让企业干。

六是推动全方位对外开放。要适应新形势、把握新特点，推动由商品和要素流动型开放向规则等制度型开放转变。要放宽市场准入，全面实施准入前国民待遇加负面清单管理制度，保护外商在华合法权益特别是知识产权，允许更多领域实行独资经营。要扩大进出口贸易，推动出口市场多元化，削减进口环节制度性成本。要推动共建"一带一路"，发挥企业主体作用，有效管控各类风险。要精心办好第二届"一带一路"国际合作高峰论坛。要推动构建人类命运共同体，积极参与世贸组织改革，促进贸易和投资自由化便利化。要落实阿根廷中美元首会晤共识，推进中美经贸磋商。

七是加强保障和改善民生。要完善制度、守住底线，精心做好各项民生工作。要把稳就业摆在突出位置，重点解决好高校毕业生、农民工、退役军人等群体就业。要增加对学前教育、农村贫困地区儿童早期发展、职业教育等的投入。要完善养老护理体系，努力解决大城市养老难问题。要下更大气力抓好食品药品安全、安全生产和交通安全。要深化社会保障制度改革，在加快省级统筹的基础上推进养老保险全国统筹，把更多救命救急的好药纳入医保。要继续划转部分国有资本充实社保基金。要构建房地产市场健康发展长效机制，坚持房子是用来住的、不是用来炒的定位，因城施策、分类指导，夯实城市政府主体责任，完善住房市场体系和住房保障体系。

会议强调，我国发展拥有足够的韧性、巨大的潜力，经济长期向好的态势不会改变。要全面正确把握宏观政策、结构性政策、社会政策取向，确保经济运行在合理区间。要实施好积极的财政政策和稳健的货币政策，实施就业优先政策，推动更大规模减税、更明显降费，有效缓解企业融资难融资贵问题。要着力优化营商环境，深入推进"放管服"改革，促进新动能加快发展壮大。要落实创新驱动发展战略，全面提升创新能力和效率，提高大众创业万众创新水平。要瞄准全面建成小康社会硬任务，推进脱贫攻坚和乡村振兴。要持续释放内需潜力，推动区域协调发展。要深化财税金融、国资国企等重点领域改革，坚决破除民营企业发展障碍，增强发展内生动力。要推进更高水平对外开放，着力稳外贸、稳外资。要协同推动经济发展和环境保护，加强污染防治和生态建设。要突出保基本兜底线，更好保障和改善民生。

会议要求，做好经济工作，必须加强党中央集中统一领导，提高党领导经济工作能力和水平，坚持党的基本理论、基本路线、基本方略不动摇，坚持把发展作为党执政兴国的第一要务，坚持以经济建设为中心，激励干部担当作为，鼓励创造性贯彻落实，加强学习和调查研究，在学习和实践中找思路、想办法，营造良好舆论环境。

会议号召，全党全国要紧密团结在以习近平同志为核心的党中央周围，上下同心，迎难而上，以经济社会发展的优异成绩迎接中华人民共和国成立70周年！

资料来源：共产党员网 http：//www.12371.cn/2018/12/24/ARTI1545614580780592.shtml.

后记

　　本专著涉及的内容较为广泛，撰写难度相对较大。此专著出版之际，笔者心中可谓是喜忧参半。令人欣慰的是，功夫不负有心人，三年多的无形劳动终于成功蕴生"学术果实"；令人忧心的是，囿于理论认知、学术积累的成长性与部分资料的不可获取性等主客观因素，本专著可能仍然存在一些论述、表达不充分之处。希冀读者审读之时，予以斧正。

　　笔者在撰写本专著的过程中，参考借鉴了诸多前辈、学者关于供给侧结构性改革的相关研究，并尽可能地吸取了不同部门、行业等推进供给侧结构性改革的经济实践经验。尽管专著内文采用了大量"脚注"对这些相关成果进行引用，但可能难免会出现疏忽遗漏，敬请原谅。在此，对他们一并表示诚挚的谢意。

　　本专著的撰写与成稿，得到马克思主义经济学家丁任重教授切中肯綮的指导。事往日迁，在记忆深处依然清晰如初的是丁老师简单朴实却醍醐灌顶的育人话语："不要说你想做什么，而要看你能做什么，你做成了什么。"学者之路漫漫，我们仍需坚定初心，踏实前行。

　　最后，感谢西南财经大学以及科研处、经济学院为本专著撰写提供了良好的科研软环境与硬环境，感谢同行评审专家提出的中肯意见，感谢西南财经大学出版社工作人员对本专著出版的鼎力支持与辛勤付出。

李标

2021 年 10 月 10 日

于西南财经大学光华园